新能源汽车技术专业职业教育创新规划教材

Xinnengyuan Qiche Gailun

新能源汽车概论

北京教盟博飞汽车科技有限公司　组织编写
吴晓斌　刘海峰　主　编
周茂杰　主　审

人民交通出版社股份有限公司
China Communications Press Co.,Ltd.

内 容 提 要

本书是新能源汽车技术专业职业教育创新规划教材之一。全书包括5个项目、10个工作任务，主要介绍了新能源汽车现状与发展趋势、新能源汽车类型、结构特征与性能评价、纯电动汽车、混合动力汽车、其他能源动力汽车。

本书可作为职业院校新能源汽车技术专业的教学用书，也可作为汽车维修专业培训用书和相关技术人员的参考书。

图书在版编目(CIP)数据

新能源汽车概论/吴晓斌，刘海峰主编；北京教盟博飞汽车科技有限公司组织编写. —北京：人民交通出版社股份有限公司，2017.5

新能源汽车技术专业职业教育创新规划教材

ISBN 978-7-114-13806-5

Ⅰ.①新… Ⅱ.①吴… ②刘… ③北… Ⅲ.①新能源—汽车—职业教育—教材 Ⅳ.①U469.7

中国版本图书馆CIP数据核字(2017)第100145号

书　　名：新能源汽车概论
著 作 者：吴晓斌　刘海峰
责任编辑：夏　韡　时　旭
出版发行：人民交通出版社股份有限公司
地　　址：(100011)北京市朝阳区安定门外外馆斜街3号
网　　址：http://www.ccpress.com.cn
销售电话：(010)59757973
总 经 销：人民交通出版社股份有限公司发行部
经　　销：各地新华书店
印　　刷：北京市密东印刷有限公司
开　　本：787×1092　1/16
印　　张：11.75
字　　数：265千
版　　次：2017年5月　第1版
印　　次：2018年8月　第3次印刷
书　　号：ISBN 978-7-114-13806-5
定　　价：28.00元
(有印刷、装订质量问题的图书由本公司负责调换)

编审委员会

主　任：阚有波　李洪港

副主任：吴荣辉　尹万建　戴育红　朱建柳

委　员：（按姓氏笔画排序）

丁继斌　王玉珊　王　亮　王　杰　王绍乾
王　鑫　方照阳　计洪芳　白树全　包科杰
冯志福　田晓鸿　冯本勇　冯相民　刘海峰
刘　涛　刘建洲　孙　华　孙　庆　朱　岸
许小明　沈　晶　严　锐　李治国　李港涛
李建东　吴晓斌　张宏坤　张莉莉　张晶磊
杨少波　杨效军　宋广辉　肖　强　陈　宁
陈晓希　陈旭宇　陆益飞　周　峰　周志国
周茂杰　周广春　孟繁营　郑　振　武晓斌
涂金林　赵金国　唐志桥　唐　勇　徐利强
徐艳飞　高永星　郭　端　梁　钢　康　阳
康雪峰　董蹬高　曾　鑫　蔺宏良

前言
FOREWORD

进入21世纪以来，我国提出"节能和新能源汽车"战略，政府高度关注新能源汽车的研发和产业化。《中共中央关于制定国民经济和社会发展第十三个五年规划的建议》中要求实施新能源汽车推广计划，提高电动车产业化水平。这意味着新能源汽车产业将迎来黄金5年，新能源汽车产业或将迎来爆发式的增长。

在新能源和清洁能源汽车行业前、后市场对技能人才需求量不断增大的前景下，由北京教盟博飞汽车科技有限公司和安莱（北京）汽车技术研究院课程开发团队主导，联合汽车制造厂的新能源专家和职业院校的教育专家，共同编写了这套新能源汽车教材。本套教材以新能源汽车的使用和维修为方向，改变以往新能源汽车课程偏重设计制造技术，导致理论性太强的缺点，使课程更贴近实际操作。

本套教材结合新能源汽车企业岗位需求，针对新能源汽车企业调研高频典型工作任务，并对此做教学加工，共计输出5门课程，62个任务：《新能源汽车概论》《新能源汽车高压安全与防护》《新能源汽车动力电池与驱动电机》《新能源汽车电气技术》《新能源汽车维护与故障诊断》。本套教材主要以工作过程为主线，以任务驱动教学为主要形式的开发思路进行编写。

在开发本套教材的过程中，为了提高学生学习兴趣，在"相关知识"中开发了多媒体动画，在"任务实施"中拍摄制作了实训视频，并设置二维码。使用者只需用平板电脑或手机扫描对应的二维码，即可以学习相关资源的知识。为了方便教师教学，同期开发了教材的配套教学资源：课程标准、教学设计、任务工单（工作页）、教学课件、配套试题、实训视频、多媒体动画、维修案例等。了解更多资源，教师和学生可通过电脑或手机登录新能源汽车资源库地址：http://edu.885car.com，或用手机扫描封底下方的二维码。

《新能源汽车概论》全书条理清晰，层次分明；图文对照，整合移动多媒体技术；形象、生动地阐述了纯电动汽车的使用结构与基本控制原理，油电混合动力汽车的主要类型和结构特点，典型油电混合动力汽车的运行模式，以及燃料电池汽车、燃气汽车、醇类燃料汽车和太阳能汽车的结构与原理。内容包括5个项目，10个工作任务，以当前市场上主流的比亚迪、北汽新能源、普锐斯等新能源汽车车型为主编写。

本教材由北京教盟博飞汽车科技有限公司组织编写。嘉兴市交通学校吴晓斌、山东交通技师学院刘海峰担任主编，武汉机电工程学校朱岸、西安航空职业技术学院张莉莉、德州职业技术学院孟繁营担任副主编。广西交通技师学院周茂杰主审。

由于编者水平和经验有限，难免存在缺点和疏漏，恳请广大读者批评指正。

编委会

2017年3月

目录
CONTENTS

项目一

新能源汽车现状与发展趋势

本项目主要学习新能源汽车现状与发展趋势，分为两个任务学习。

任务1　新能源汽车现状与发展趋势认知；

任务2　新能源汽车的政策法规与标准认知。

通过2个任务学习，掌握新能源汽车的现状与发展趋势，以及国家相关的政策法规与标准，并能够利用网络搜索新能源汽车现状与发展趋势，以及政策法规与标准的资料，并撰写报告。

任务1　新能源汽车现状与发展趋势认知

提出任务

近年来,随着能源危机和环境污染的加剧,新能源汽车成为汽车行业的热门话题。作为汽车行业的从业人员,你知道什么是新能源汽车吗？对于新能源汽车的现状与发展,你又了解多少呢？

任务要求

知识要求

1. 能够描述气候变暖、环境污染、能源危机与新能源汽车的关系;
2. 能够描述新能源汽车的定义;
3. 能够描述新能源汽车的现状;
4. 能够描述新能源汽车的发展趋势。

能力要求

1. 能够利用互联网等资源查询新能源汽车现状与发展趋势的相关信息;
2. 能够撰写新能源汽车现状与发展趋势报告。

相关知识

1. 气候变暖、环境污染及能源危机与新能源汽车的关系

自汽车问世以来,由于需要消耗燃油并排放废气,汽车对气候变暖、环境污染以及能源危机的影响是汽车行业无法回避的问题。

1)汽车对气候变暖的影响

温室气体是指:二氧化碳(CO_2)、甲烷(CH_4)、一氧化二氮(N_2O)、氟化合物。二氧化碳是大气主要的温室气体之一。汽车每燃烧1kg汽油排出3.08kg的二氧化碳。当二氧化碳含量升高时,会增强大气对太阳光中红外线辐射的吸收,阻止地球表面的热量向外散发,使地球表面的平均气温上升,这就是所谓的温室效应。地球上接连出现的“厄尔尼诺”和“拉尼娜”现象都与温室效应加剧有关。城市因人口密集、高楼密集、公路密集,导致“城市热岛

效应”更为严重。温室气体像毯子一样把热束缚在低层大气里,城市年平均气温比郊区高1℃,甚至更多。城市热岛效应已经改变了地方天气形势,特别是雨量分布形势已经发生改变,这是全球变暖在城市的反应。

随着全球范围内工业的发展,温室气体的排放有了明显的上升,从1900年以来,由于温室气体的原因,地球的平均温度已经增加了0.6℃。为了阻止气温的变化,必须减少温室气体的排放。1997年12月,由联合国气候变化框架公约参加国在日本京都召开会议,起草并制定的《京都议定书》,英文名称为“Kyoto Protocol”,又译《京都协议书》或《京都条约》,全称《联合国气候变化框架公约的京都(议定书)》是《联合国气候变化框架公约》(United Nations Framework Convention on Climate Change,UNFCCC)的补充条款。经过国际社会多年的共同努力于2005年2月16日正式生效,签署的国家已达185个。

京都协议书规定(图1-1-1),在2008年至2012年间,工业国家必须减少温室气体的排放,相比1990年排放数量减少5%。

缔约方		量化的限制或减少排放的承诺(基准年或基准期百分比)
	澳大利亚	92
	英国	92
	法国	92
	德国	92
	美国	93

图1-1-1　《京都议定书》规定

这一公约的出现刺激了太阳能电池产业的公司股价的大幅上涨。从而新能源这一名词渐渐走入人们的视线,逐渐蔓延到了对温室效应有直接影响的汽车行业。

2)汽车对环境污染的影响

伴随我国国民经济的持续快速发展,大城市大气环境污染问题日益突出,如图1-1-2所示。北京、广州、上海、重庆等大城市,导致市区大气污染以机动车为重要污染源,如图1-1-3所示。许多国家的大、中城市的空气污染有五成以上来源于汽车尾气。

图1-1-2　污染中的城市

图1-1-3　汽车尾气

目前,绝大部分汽车采用的发动机是内燃机。汽车发动机燃烧燃料产生动力的同时排放出尾气。尾气的主要成分是二氧化碳(CO_2)、一氧化碳(CO)、氮氧化物(NO_x)和碳氢化合物(HC),还有铅尘和烟尘等污染物和一些固体细微颗粒物。

二氧化碳是燃油正常燃烧的产物，是造成气候变暖的主要原因，但对人体没有直接伤害。一氧化碳与血液中的血红蛋白结合的速度比氧气快250倍，从而削弱血液向各组织输送氧的功能，危害中枢神经系统，造成人的感觉、反应、理解、记忆力等机能障碍，重者危害血液循环系统，导致生命危险。氮氧化物和碳氢化合物在太阳紫外线作用下，产生一种具有刺激性的化学烟雾，其对人体最突出的危害是刺激眼睛和上呼吸道黏膜；尾气中颗粒物成分很复杂，并具有较强的吸附能力，可以吸附各种金属粉尘、强致癌物质和病原微生物等，颗粒物随呼吸进入人体，会引起呼吸系统疾病及恶性肿瘤。

除了汽车尾气给环境带来的不利影响，汽车在生产、使用乃至报废过程中都会造成环境的污染。汽车制造过程中，塑料制件中使用的氟利昂破坏臭氧层，铅基涂料会造成铅污染，油漆溶剂的散逸也会造成污染等。

为了降低汽车对环境的污染，世界各国都制定了一系列的与汽车尾气排放相关的标准。欧洲汽车废气排放标准是欧盟国家为限制汽车废气排放污染物对环境造成的危害而共同采用的汽车废气排放标准。当前对几乎所有类型的车辆排放的氮氧化物、碳氢化合物、一氧化碳和悬浮粒子（Particulate Matter，PM）都有限制。对每一种车辆类型，汽车废气排放标准有所不同。欧洲标准是由欧洲经济委员会（ECE）的汽车废气排放法规和欧盟（EU）的汽车废气排放指令共同加以实现的。在欧洲，汽车废气排放的标准一般每四年更新一次。相对于美国和日本的汽车废气排放标准来说，测试要求比较宽泛，因此，欧洲标准也是发展中国家大都沿用的汽车废气排放体系。由于我国的乘用车车型大多从欧洲引进生产技术，我国大体上采用欧洲标准体系。

3）汽车对能源危机的影响

随着我国经济的高速发展，推动了能源需求快速增长。根据美国能源信息署发布的《2013年度国际能源展望》，以中国、印度为主的新兴市场国家是世界能源消费增长的主要驱动因素，到2040年，全球石油消费量将大增32%。根据《中国2050年低碳情景和低碳发展之路》预测在基准情境下，到2050年，我国一次性能源需求量将增加66.57亿t标准煤。在石油进口依存度持续上升情况下，国际石油价格直接影响到我国的能源安全、经济安全乃至国家安全。

近年来我国汽车产业发展迅速，已成为全球第一大汽车市场。2009年我国汽车产销量已经跃居全球第一。据统计，到2020年我国汽车的燃油需求量将达到2.56亿t，而全球石油储量仅够再用约40年，能源短缺已经成为全球问题。

4）发展新能源汽车的意义

从能源利用方式上汽车从传统汽车到混合动力汽车，再发展到纯电动汽车，如图1-1-4所示。

新能源汽车所带来的环境效益和经济效益表现如下：

（1）降低环境污染

新能源汽车，特别是纯电动汽车和燃料电池电动汽车在本质上是一种零排放汽车，一般无直接排放污染物，间接污染物主要产生于非可再生能源的发电与氢气制取过程。其污染物可以采取集中治理的方法加以控制；混合动力电动汽车在纯电动行驶模式下同样具有零排放的效果，同时由于减少了燃油消耗，二氧化碳排放可降低30%以上。另外，电动汽车比同类燃油车辆噪声低5dB以上，大规模推广电动汽车将大幅度降低城市噪声。

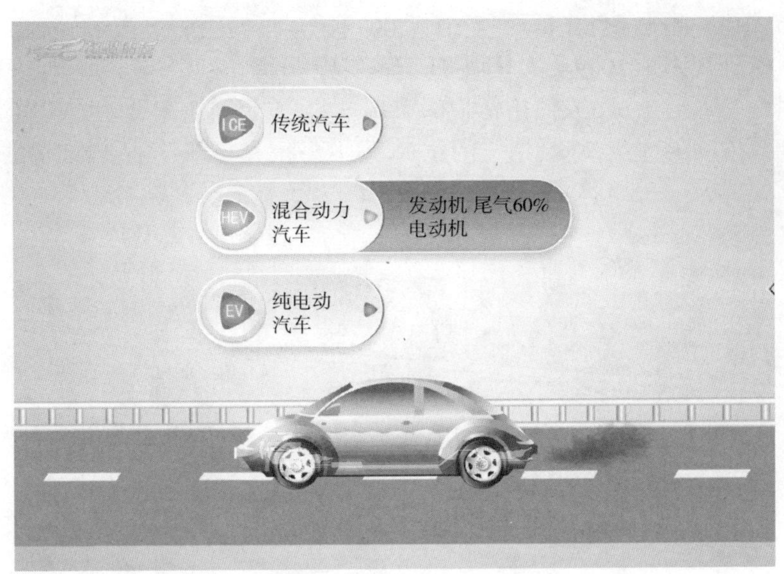

如图 1-1-4　汽车发展趋势

(2)节约能源

据测算,传统燃油从开采到汽车利用的平均能量利用率仅 14% 左右,采用混合动力技术后,能量利用率可以提高 30% 以上。另外,插电式混合动力电动汽车和纯电动汽车可以利用电网夜间波谷充电,提高电网的综合效率。

(3)优化能源消耗结构

我国已探明的石油储量仅占世界石油储量的 2% ~3% ,从 1993 年开始我国成为石油进口国。目前,我国交通运输石油消耗量约占石油总消耗量的一半。由于电动汽车具有能源来源多元化的特点,各种可再生能源可以转化为电能或化学能加以有效利用;同时,利用电网对电动汽车进行充电,增加了电力在交通能源领域中的应用,减少了对石油资源的依赖,优化了交通能源构成。

2. 新能源和新能源汽车的定义

1)什么是新能源

新能源又称非常规能源,是指传统能源之外的各种能源形式,刚开始开发利用或正在积极研究、有待推广的能源,如太阳能、地热能、风能、海洋能、生物质能和核聚变能等。新能源越来越多地被用到风电产业、地热利用产业、沼气发电产业、生物质产业、太阳能光伏产业,新能源汽车产业。图 1-1-5 为新能源的产业示意图。

2)什么是新能源汽车

什么是新能源汽车(New Energy Vehicles)呢?

汽车根据内燃机加注的燃料不同,有汽油汽车、柴油汽车以及添加乙醇的汽油汽车等。而新能源汽车是集合前文所述的汽车与新能源利用的双重含义。我们一般把利用内燃机的汽车称为传统汽车,对比新能源汽车,根据新能源汽车利用能源方式的不同,有纯电动或油电混合式新能源汽车、替代燃料新能源汽车以及其他形式的新能源汽车。

2009 年 6 月，工业与信息化部（工产业〔2009〕第 44 号）公告发布了《新能源汽车生产企业及产品准入管理规则》（2009 年 7 月 1 日正式实施），明确指出：新能源汽车是指采用非常规的车用燃料作为动力来源（或使用常规的车用燃料、采用新型车载动力装置），综合车辆的动力控制和驱动方面的先进技术，形成的技术原理先进、具有新技术、新结构的汽车。

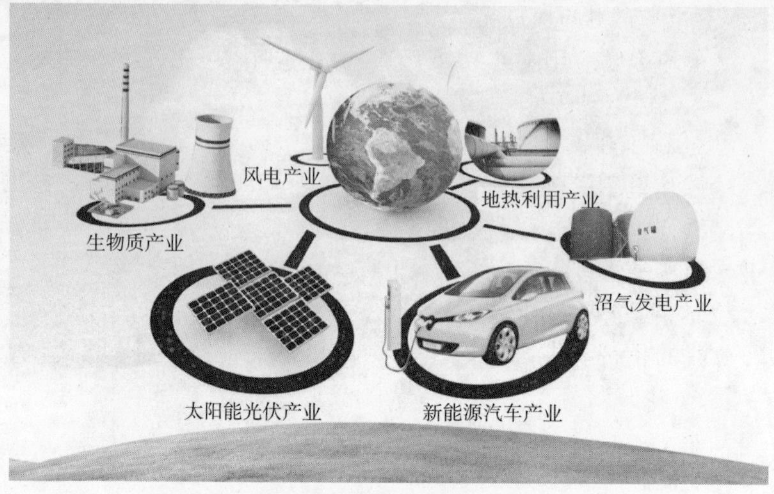

图 1-1-5　新能源的产业示意图

非常规的车用燃料：指除汽油、柴油、天然气（NG）、液化石油气（LPG）、乙醇汽油（EG）、甲醇、二甲醚之外的燃料。

根据 2012 年发布的《节能与新能源汽车产业发展规划（2012－2020 年）》主要政策，在 2012 年沿用新能源汽车名词，分类包括插电式混合动力汽车、纯电动汽车和燃料电池汽车。主要特征是采用新型动力系统，完全或主要依靠新型能源驱动的汽车。

工业和信息化部、国家税务总局通过发布《免征车辆购置税的新能源汽车车型目录》，自 2014 年 9 月 1 日至 2017 年 12 月 31 日，对购置的新能源汽车免征车辆购置税。列入目录的新能源汽车须同时符合以下条件：

（1）获得许可在中国境内销售的纯电动汽车、插电式（含增程式）混合动力汽车、燃料电池汽车。

（2）使用的动力电池不包括铅酸电池。

（3）纯电动续驶里程须符合新能源汽车纯电动续驶里程要求。

（4）插电式混合动力乘用车综合燃料消耗量（不含电能转化的燃料消耗量）与现行的常规燃料消耗量国家标准中对应目标值相比小于 60%；插电式混合动力商用车综合燃料消耗量（不含电能转化的燃料消耗量）与现行的常规燃料消耗量国家标准中对应限值相比小于 60%。

（5）通过新能源汽车专项检测，符合新能源汽车标准要求。

3. 新能源汽车的现状

1）国外新能源汽车现状

由于气候变暖、环境污染、能源危机等原因，新能源汽车的开发早已引起了全球汽车生

产厂家的关注，一些著名的汽车公司转向研究和开发新能源汽车。各国政府也相继发布新能源汽车发展战略和国家计划，加大政策支持力度，增加研发投入，全力推进新能源汽车产业化。随着新能源汽车技术瓶颈突破的预期大大加快，新能源汽车产业进入了快速发展的新阶段。

(1)国外纯电动汽车的状况

国外纯电动汽车的主要应用在小型乘用车、大型公交车、市政与邮政等特殊用途车辆。如图1-1-6所示是奥迪纯电动汽车。

图1-1-6　奥迪纯电动汽车

纯电动汽车已经有100多年的历史，但由于传统铅酸电池的连续行驶里程等使用性能指标不能够满足纯电动汽车的要求，使纯电动汽车的研发处于停滞不前的地步。随着高性能锂离子电池和一体化电力驱动系统等技术的发展应用，纯电动汽车再次受到各国政府和企业的重视。纯电动汽车已在续驶里程、动力性、快充等方面取得了可喜的进展，已经进入实用化阶段。

目前，纯电动汽车的技术攻关重点集中在提高动力电池性能、降低成本方面。与传统的汽车性能、成本比较，要满足产业化要求，纯电动汽车动力电池的质量能量密度需大幅度提高，成本也需大幅度下降。

(2)国外混合动力汽车的状况

日本最早研发混合动力汽车，并最先实现了产业化。丰田普锐斯(Prius)于1997年10月底问世，是世界上最早实现批量生产的混合动力汽车，全球累计销量已超过200万辆。如图1-1-7所示是丰田普锐斯混合动力汽车。早期的普锐斯采用氢镍电池，串并联控制方式，百公里油耗3.4L。目前，普锐斯已推出第三代产品，采用锂电池作为动力电池，其性能得到大幅度改善。自1997年丰田首先在日本推出普锐斯混合动力汽车以来，其他各大汽车厂家纷纷推出混合动力汽车产品，如本田Insight、通用Saturn VUE、福特Escape等。随着技术的成熟和生产规模的扩大，成本大幅下降。欧洲混合动力汽车技术起步较晚，采取与美国合作方式共享混合动力总成技术，主要应用于采用传统技术油耗较高的车型上。

图1-1-7　丰田普锐斯混合动力汽车

国际上，混合动力商用车也取得了快速发展，已开发了混合动力公交车、市政用车和军用车等。尤其是美国在混合动力公交客车的开发和应用上取得了一定的成果，目前已有多个车型在运行。欧洲客车和卡车生产商已将目光聚焦在混合动力技术上。德国奔驰、瑞典沃尔沃和波兰索拉丽斯等相继开发了混合动力商用车。混合动力技术是由单一发动机驱动向纯电动驱动转移的必经环节。合理采用混合动力技术可以较明显地节油减碳，并将成本控制在一定范围内，因此，混合动力汽车已成为世界各国汽车公司产业化的重点。随着电池技术的逐步成熟，逐渐提高混合度以实现传统能源向电气化转化，是混合动力技术发展的方向。前期主要为单电机并联、双电机并联和双电机混联等方案，后期将向插电式方案发展，实现向纯电动方案过渡。在动力系统结构方面，混合动力汽车将向更高的集成度发展。根据车用能源的发展情况，有发动机与电机集成、传动系系与电机集成两种趋势，从而实现向电动化转型。

(3)国外燃料电池汽车的状况

氢燃料电池汽车是使用液态氢作为汽车的动力电池能源，与大气中的氧发生化学反应，从而产生电能来起动电动机，进而驱动汽车。由于燃料电池汽车技术的战略意义十分重大，世界各发达国家和地区都在潜心致力于燃料电池汽车的研究，美国通用与日本丰田、美国国际燃料电池公司与日本东芝、德国奔驰与西门子、法国雷诺与意大利 De Nora 公司等纷纷组成强大的跨国联盟，优势互补，联合开发并推出了一系列的燃料电池汽车。

近年来，燃料电池出现模块化趋势，单个燃料电池模块的功率范围被界定在一定的范围之内，通过提高产品性能实现模块化组装，以满足不同车辆对燃料电池功率等级的要求。通过采用混合动力技术，优化蓄电池和燃料电池的能量分配，以有效提高燃料电池的寿命、降低系统成本为目的。燃料电池汽车技术攻关的焦点是提高可靠性、耐久性。目前美国能源部正在支持几种新型锂离子化学电池的探索性研究。方案涉及对锂合金/高电压正极材料、锂硫电池、锂金属电池/锂聚合物电池的研究等。据悉，目前美国政府还向有技术优势的汽车厂商提供超过 250 亿美元的贷款，并对改过电池工业提供了 20 多亿美元的补贴。

2)国内新能源汽车的现状

2012 年 7 月 9 日，国务院正式发布了《节能与新能源汽车产业发展规划》(以下简称《规划》)，明确以纯电动汽车为新能源汽车发展和汽车工业转型的主要战略取向，《规划》内容明确以纯电驱动为汽车产业未来的重要方向，也是解决汽车普及过程带来的能源与环境问题的根本性措施，具有战略性意义。

自 2014 年 9 月 1 日至 2017 年底，我国对获得许可在中国境内销售(包括进口)的纯电动以及符合条件的插电式(含增程式)、混合动力、燃料电池三类新能源汽车，免征车辆购置税。2014 年 7 月，国务院办公厅发布《关于加快新能源汽车推广应用的指导意见》(以下简称《指导意见》)，部署进一步加快新能源汽车推广应用。《指导意见》从总体要求、充电设施建设、积极引导企业创新商业模式、推动公共服务领域推广应用、进一步完善政策体系、坚决破除地方保护、加快创新能力建设、进一步加强组织领导等 8 个方面提出 30 条具体政策措施，促进新能源汽车产业转型升级。

“十一五”以来，我国提出“节能和新能源汽车”战略，政府高度关注新能源汽车的研发和产业化。在国家政策的倡导与支持下，我国各地有关节能与新能源汽车的产品研发及示范推广可谓风起云涌。2012 年底，北京、上海、深圳等 25 个试点城市共示范推广各类节能与新能源汽车 2.74 万辆。2013 年中国新能源汽车产量为 17563 辆，其中纯电动汽车 14243 辆，插电式混合动力汽车 3290 辆；新能源汽车销售 17642 辆，其中纯电动汽车销售 14604 辆，插电式混合动力汽车销售 3038 辆。2014 年新能源汽车生产 78499 辆，销售 74763 辆，比 2013 年分别增长 3.5 倍和 3.2 倍；其中纯电动汽车产销分别完成 48605 辆和 45048 辆，比 2013 年分别增长 2.4 倍和 2.1 倍；插电式混合动力汽车产销分别完成 29894 辆和 29715 辆，比 2013 年分别增长 8.1 倍和 8.8 倍。2015 年我国新能源汽车生产 340471 辆，销售 331092 辆，同比分别增长 3.3 倍和 3.4 倍，远高于同期非新能源车汽车的产销增量。其中纯电动汽

车产销分别完成254633辆和247482辆，同比分别增长4.2倍和4.5倍。

从技术方面来说，我国新能源汽车业内共识是：国内新能源汽车厂商在动力电池、驱动电机、电控系统三大核心技术上，与国际先进水平仍有较大差距。特别是动力电池技术，以及混合动力系统，国内除了比亚迪等少数厂商以外，很多厂商没有专门的生产线，不具备量产能力。

我国新能源汽车的动力电池以磷酸铁锂为主，但电池生产技术水平参差不齐。据我国汽车技术中心相关人士提供的数据，国内大部分采用磷酸铁锂电池的纯电动汽车，电池容量等参数差距很大，这也限制了新能源汽车的发展。

4. 新能源汽车的发展趋势

随着科学技术的发展，新能源汽车的主要发展趋势如下：

1）突破动力电池技术是关键

作为动力源，现在还没有任何一种电池能与石油相提并论，动力电池已成为限制电动汽车发展的瓶颈。因此，研究和开发不污染环境、成本低廉、性能优良的动力电池，是大量推广使用电动汽车的前提。

2）驱动电机呈多样化发展

美国倾向于采用交流感应电动机，其主要优点是结构简单、可靠，质量较小，但控制技术较复杂。日本多采用永磁无刷直流电动机，优点是效率高、起动转矩大、质量较小，缺点是成本高，且有高温退磁、抗震性较差。德国、英国等大力开发开关磁阻电动机，优点是结构简单、可靠，成本低，缺点是质量较大，易产生噪声。

3）纯电动汽车向超微型发展

由于受续驶里程的影响，纯电动汽车向超微型发展。超微型汽车降低了对动力性和续驶里程的要求，充电过程比较简单，车速不高，较适合于市内或社区小范围内使用。

4）采用混合动力汽车作为过渡产品

混合动力汽车是内燃机汽车和纯电动汽车之间的过渡产品，既充分发挥了现有内燃机技术优势，又尽可能发挥电机驱动无污染的优势。

5）燃料电池汽车成为竞争的焦点

燃料电池汽车在成本和整体性能上，特别是续驶里程和补充燃料时间上明显优于其他电池的电动汽车，并且燃料电池所用的燃料来源广泛，又可再生，并可实现无污染、零排放等环保标准。因此，燃料电池汽车已成为世界各大汽车公司21世纪激烈竞争的焦点。燃料电池及氢动力发动机车型被看作新能源汽车最终的解决方案。

6）开发新一代车用能源动力系统

开发新一代车用能源动力系统，发展新能源汽车。重点发展各种液态代用燃料发动机及其混合动力汽车，并逐步过渡到发展采用生物燃料的混合动力汽车和可充电的混合动力汽车；进一步发展以天然气为主体的气体燃料基础设施，分步建设长期可持续利用的气体燃料供应网络；以天然气发动机为基础，发展各种燃气动力，尤其是天然气/氢气内燃机及其混合动力；发展新一代燃料电池发动机及其混合动力；大力推进动力电池的技术进步，发展适合我国国情的纯电动汽车尤其是微型纯电动汽车。以城市公交车辆为重点，以点带面，稳步推进新能源汽车的示范与商业化。

7)政府的政策和资金支持加大

政府对加快新能源汽车的发展起着至关重要的作用,政府要加大资金投入和政策引导,汽车企业要加大对新能源汽车研发的力度;同时要加大示范运行范围和力度,为新能源汽车规模化、产业化发展做准备。

任务实施

(一)工作准备

(1)防护装备:常规实训工装。

(2)专用工具、设备:新能源汽车整车或挂图、模型;能连接互联网的计算机或移动终端。

(二)实施步骤

(1)参观实训室新能源汽车或挂图,初步认识新能源汽车。

(2)利用互联网查询新能源汽车的现状和发展。

打开计算机或移动终端的浏览器,利用"百度"等搜索工具,搜索"新能源汽车;现状;发展"等关键词,查询并记录相关的信息。需要查询的信息包含以下内容:

①目前市场上有哪些类型新能源汽车。

②国内混合动力汽车销量排行前3位的品牌及车型。

③检索国内纯电动汽车销量排行前3位的品牌及车型。

④说明新能源汽车的主要发展瓶颈。

(3)根据查询获取的信息,撰写《新能源汽车的现状与发展报告》。

学习测试

1. 填空题

(1)汽车对______、______以及______的影响是汽车行业无法回避的问题。

(2)大城市导致市区大气污染以______为首要污染源。

(3)______汽车和______电动汽车在本质上是一种零排放汽车。

(4)新能源又称______能源,是指传统能源之外的各种能源形式。

(5)新能源汽车是指采用非常规的______作为动力来源的汽车。

2. 判断题

(1)电动汽车比同类燃油车辆噪声高。 ( )

(2)混合动力电动汽车在纯电动行驶模式下同样具有零排放的效果,也减少了燃油消耗。 ( )

(3)丰田普锐斯(Prius),是世界上最早实现批量生产的混合动力汽车。 ( )

(4)电动汽车更需要基础设施的配套,而这不是一家企业能解决的,需要各企业联合起

来与当地政府部门一起建设，才会有大规模推广的机会。　(　　)

(5)我国新能源汽车采用的动力电池以磷酸铁锂为主。　(　　)

3. 单项选择题

(1)以下不属于新能源的是(　　)。

A. 太阳能　B. 风能　C. 核能　D. 无烟煤

(2)以下属于非常规车用燃料的是(　　)。

A. 汽油、柴油　B. 天然气(NG)、液化石油气(LPG)

C. 氢燃料　D. 乙醇汽油

(3)新能源汽车包括(　　)氢发动机汽车、其他新能源等各类别产品。

A. 混合动力汽车　B. 纯电动汽车

C. 燃料电池电动汽车　D. 以上全部都是

(4)目前电动汽车的缺点是(　　)。

A. 蓄电池储存能量少　B. 价格高

C. 需要配套设施　D. 以上全部都是

(5)以下属于新能源汽车的发展趋势是(　　)。

A. 突破动力电池技术是关键

B. 驱动电机呈多样化发展

C. 燃料电池汽车成为竞争的焦点

D. 以上全部都是

任务2　新能源汽车的政策法规与标准认知

提出任务

作为汽车行业从业人员，你知道国家对新能源汽车有哪些法规和标准吗？国家对新能源汽车的优惠政策又有哪些？新能源电动汽车用不用驾驶执照及上牌照？老年代步车算不算新能源汽车？如果你不能回答这些问题，那么我们一起来学习吧。

任务要求

知识要求

1. 能够描述国家对新能源汽车的战略规划；
2. 能够描述新能源汽车的政策与法规；
3. 能够描述新能源汽车的标准。

能力要求

1. 能够利用互联网等资源查询新能源汽车的政策、法规与标准；
2. 能够根据新能源汽车的政策、法规与标准，撰写相关报告。

相关知识

1. 国家对新能源汽车的战略规划

虽然汽车排放的尾气是否为雾霾的主要"元凶"，还有很多争论。但通过新能源汽车的推广，取代传统燃油汽车，逐步减少汽车排放对环境的污染，同时降低能源消耗，已经成为政府施政共识。为了促进新能源汽车的发展，国家对新能源汽车进行了战略规划。

1）指导思想及基本原则

贯彻落实发展新能源汽车的国家战略，以纯电驱动为新能源汽车发展的主要战略取向，重点发展纯电动汽车、插电式（含增程式）混合动力汽车和燃料电池汽车，以市场主导和政府扶持相结合，建立长期稳定的新能源汽车发展政策体系，创造良好发展环境，加快培育市场，促进新能源汽车产业健康快速发展。

(1)创新驱动,产学研用结合。新能源汽车生产企业和充电设施生产建设运营企业要着力突破关键核心技术,加强商业模式创新和品牌建设,不断提高产品质量,降低生产成本,保障产品安全和性能,为消费者提供优质服务。

(2)政府引导,市场竞争拉动。地方政府要相应制定新能源汽车推广应用规划,促进形成统一、竞争、有序的市场环境。建立和规范市场准入标准,鼓励社会资本参与新能源汽车生产和充电运营服务。

(3)双管齐下,公共服务带动。把公共服务领域用车作为新能源汽车推广应用的突破口,扩大公共机构采购新能源汽车的规模,通过示范使用增强社会信心,降低购买使用成本,引导个人消费,形成良性循环。

(4)因地制宜,明确责任主体。地方政府承担新能源汽车推广应用主体责任,要结合地方经济社会发展实际,制定具体实施方案和工作计划,明确工作要求和时间进度,确保完成各项目标任务。

2)加快充电设施建设

(1)制定充电设施发展规划和技术标准

完善充电设施标准体系建设,制定实施新能源汽车充电设施发展规划,鼓励社会资本进入充电设施建设领域,积极利用城市中现有的场地和设施,推进充电设施项目建设,完善充电设施布局。电网企业要做好相关电力基础网络建设和充电设施报装增容服务等工作。图1-2-1是新能源汽车配套的充电设施。

图1-2-1　配套的充电设施

(2)完善城市规划和相应标准

将充电设施建设和配套电网建设与改造纳入城市规划,完善相关工程建设标准,明确建筑物配建停车场、城市公共停车场预留充电设施建设条件的要求和比例。加快形成以使用者居住地、驻地停车位(基本车位)配建充电设施为主体,以城市公共停车位、路内临时停车位配建充电设施为辅助,以城市充电站、换电站为补充的,数量适度超前、布局合理的充电设施服务体系。研究在高速公路服务区配建充电设施,积极构建高速公路城际快充网络,如图1-2-2所示。

(3)完善充电设施用地政策

鼓励在现有停车场(位)等现有建设用地上设立他项权利建设充电设施。通过设立他项权利建设充电设施的,可保持现有建设用地已设立的土地使用权及用途不变。在符合规划的前提下,利用现有建设用地新建充电站的,可采用协议方式办理相关用地手续。政府供应独立新建的充电站用地,其用途按城市规划确定的用途管理,应采取招标拍卖挂牌方式出让或租赁方式供应土地,可将建设要求列入供地条件,地价确定可考虑政府支持的要求。供应其他建设用地需配建充电设施的,可将配建要求纳入土地供应条件,依法妥善处理充电设施使用土地的产权关系。严格充电站的规划布局和建设标准管理。严格充电站用地改变用途管理,确需改变用途的,应依法办理规划和用地手续。图1-2-3所示是居民小区配套的新能源汽车服务设施。

图1-2-2　高速公路及城市配套的服务设施

图1-2-3　居民小区配套的服务设施

(4)完善用电价格政策

充电设施经营企业可向电动汽车用户收取电费和充电服务费。2020年以前,对电动汽车充电服务费实行政府指导价管理。对向电网经营企业直接报装接电的经营性集中式充电设施用电,执行大工业用电价格;对居民家庭住宅、居民住宅小区等非经营性分散充电桩按其所在场所执行分类目录电价;对党政机关、企事业单位和社会公共停车场中设置的充电设施用电执行一般工商业及其他类用电价格。电动汽车充电设施用电执行峰谷分时电价政策。将电动汽车充电设施配套电网改造成本纳入电网企业输配电价。

(5)推进充电设施关键技术攻关

依托国家科技计划加强对新型充电设施及装备技术、前瞻性技术的研发,对关键技术的检测认证方法、充电设施消防安全规范以及充电网络监控和运营安全等方面给予科技支撑。支持企业探索发展适应行业特征的充电模式,实现更安全、更方便的充电。

(6)鼓励公共单位加快内部停车场充电设施建设

具备条件的政府机关、公共机构及企事业等单位新建或改造停车场,应当结合新能源汽车配备更新计划,充分考虑职工购买新能源汽车的需要,按照适度超前的原则,规划设置新能源汽车专用停车位、配建充电桩。

(7)落实充电设施建设责任

地方政府要把充电设施及配套电网建设与改造纳入城市建设规划,因地制宜制定充电设施专项建设规划,在用地等方面给予政策支持,对建设运营给予必要补贴。电网企业要配合政府做好充电设施建设规划。

2. 新能源汽车的政策与法规

2015 年 5 月 19 日,国务院印发的《中国制造 2025》里提到"节能与新能源汽车"作为重点发展领域。中华人民共和国工业和信息化部(以下简称工信部)指出,目前在新能源汽车方面首要目标是到 2020 年,自主品牌纯电动和插电式新能源汽车年销量突破 100 万辆,在国内市场占 70% 以上。到 2025 年,与国际先进水平同步的新能源汽车年销量 300 万辆,在国内市场占 80% 以上。可以预见新能源汽车在国家政策支持下,未来将有一轮高速发展。

1)新能源汽车的政策

为加快汽车产业技术进步,着力培育战略性新兴产业,推进节能减排,2015 年 4 月 29 日,财政部、国家发改委、工信部和科学技术部四部委联合下发的新一轮新能源汽车补贴政策正式出台,在未来 5 年,补贴额度大幅退坡。自 2010 年中央实施新能源汽车补贴政策以来,补贴额度逐年下降,享受补贴的车辆标准逐年提高。同时,政府对汽车企业的燃料消耗限值不断降低,显示政府希望由市场力量来推动新能源汽车的发展。

具体的退坡办法是:2017—2020 年,除燃料电池汽车外,其他新能源车型补贴标准都实行退坡,其中:2017—2018 年补贴标准在 2016 年基础上下降 20%,2019—2020 年补贴标准在 2016 年基础上下降 40%。

表 1-2-1 是 2015—2020 年国家对新能源汽车补贴的政策。

2015—2020 年国家新能源补贴政策(万元/辆)　　表 1-2-1

年	车辆类型	纯电续驶里程 R(工况)(km)			
		$80\leq R\leq150$	$150\leq R\leq250$	$R\geq250$	$R\geq50$
2015	纯电动乘用车	3.15	4.50	5.40	—
	包括增程式在内的插电式混合动力乘用车	—	—	—	3.15
	燃料电池乘用车	18.00			
2016	纯电动乘用车	2.50	4.50	5.50	—
	包括增程式在内的插电式混合动力乘用车	—	—	—	3.00
2017—2018	纯电动乘用车	2.00	3.60	4.40	—
	包括增程式在内的插电式混合动力乘用车	—	—	—	2.40
2019—2020	纯电动乘用车	1.50	2.70	3.30	—
	包括增程式在内的插电式混合动力乘用车	—	—	—	1.80
	燃料电池乘用车	20.00			

国家对新能源乘用车补贴对象依然是纯电动汽车、插电式混合动力汽车和燃料电池汽车，但对车辆的技术要求进一步提高。其中，纯电动汽车的补贴门槛，由以前的80km续航里程提高到100km，对车辆的最高时速也要求不低于100km。

表1-2-2为有关的媒体汇总整理的2013—2020年的新能源汽车国家补贴标准表，仔细对比一下，会发现不少变化。

2013—2020年新能源汽车国家补贴标准(万元/辆) 表1-2-2

车型类别	续驶里程R(km)	年份							
		2013	2014	2015	2016	2017	2018	2019	2020
纯电动乘用车	(80≤R<150)	3.5	3.325	3.15	—	—	—	—	—
	(100≤R<150)	—	—	—	2.5	2	2	1.5	1.5
	150≤R<250	5	4.75	4.5	4.5	3.6	3.6	2.7	2.7
	R≥250	6	5.7	5.4	5.5	4.4	4.4	3.3	3.3
插电式混合动力乘用车(含增程式)	R≥50	3.5	3.325	3.15	3	2.4	2.4	1.8	1.8
燃料电池乘用车	—	20	19	18	20	20	20	20	20

首先，补贴退坡幅度大大提升。2014年的补贴标准是在2013年的基础上下降5%，2015年则是在2013年的基础上下降10%。但是新一轮补贴退坡幅度则大大提升，2017—2018年补助标准在2016年基础上下降20%，2019—2020年补助标准在2016年基础上下降40%。

以续驶里程大于250km的纯电动乘用车为例，2014及2015年的补贴标准较2013年分别下降0.3万元和0.6万元，但是2017—2018年补贴标准则较2016年下降了1.1万元和2.2万元，新政的补贴下降幅度足够大，再加上2017年与2018年、2019年与2020年的补贴标准一致，所以此次新政在未来能否刺激市场提前发力还是未知。

其次，从2016年开始，能够享受补贴的纯电动汽车的续驶里程门槛从80km提高到了100km，这给本来要求"转正"的低速电动车冲击不小。

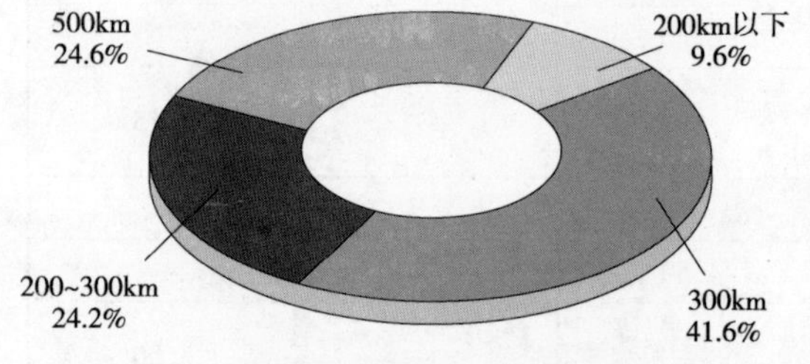

图1-2-4 消费者对新能源汽车续驶里程的要求

从消费者的角度来看，消费者对新能源汽车续驶里程要求比例如图1-2-4所示，要求逐渐提高。

比如众泰、康迪、唐骏、陆地方舟等以生产微型电动车的企业来说，大部分产品虽然续驶里程勉强够格，但是行驶速度还达不到新政要求的100km/h以上的标准，所以无法享受国家补贴。而这也正好体现了国家对于汽车产品性能以及技术等方面越来越高的要求。使得汽车生产企业不得不推出顺应国家政策导向、满足市场需求的高质量产品。

第三，2016年的补贴标准相比2015年的标准并非统一下调，而是有升有降。其中，续驶里程超过250km的纯电动汽车以及燃料电池汽车的补贴额度都比2015年高。

针对续驶里程超过250km的纯电动汽车的补贴，2016年的补贴额度为5.5万元，高于2015年的5.4万元。显然，政府希望汽车企业生产续驶里程更高的电动汽车。

但针对续驶里程介于 150km 和 250km 之间（150km≤R<250km）的纯电动汽车，2015 年与 2016 年的补贴额度持平，都是 4.5 万元。

第四，燃料电池乘用车补贴不但没有退坡，而且在 2015 年的基础上有所增加，恢复到 2013 年的补贴额度，并且一直持续到 2020 年，显示政府对燃料电池汽车的推广力度在逐渐加强。

2013—2015 年期间，燃料电池乘用车的补贴标准逐年递减 5%，从 2013 年的 20 万元降低到 2015 年的 18 万元，但 2016 年到 2020 年又恢复到 20 万元。这与燃料电池汽车的商业化进程不断推进有很大关系。

同时国家在原有优惠的基础上财政部再次发布了《关于 2016—2020 年新能源汽车推广应用财政支持政策的通知》，其中指出在 2016—2020 年，对消费者购买的进入国家新能源车目录的纯电动汽车、插电式混合动力汽车和燃料电池汽车继续给予购车补贴。图 1-2-5 所示为国家对纯电动汽车、插电式混合动力汽车和燃料电池汽车继续补贴标准。

图 1-2-5　纯电动汽车、插电式混合动力汽车和燃料电池汽车继续补贴标准

2）新能源汽车使用管理办法

随着国家对新能源汽车的日益重视以及社会环境的需要，新能源汽车必将逐步取代传统汽车，汽车行业也将迎来一次史无前例的汽车革命，但是随着新能源汽车渐渐走进大众生活，国家对新能源汽车出台了哪些法律法规和管理办法呢？

（1）新能源汽车的驾驶资格

很多人误以为电动汽车不用烧油，应该跟老年代步车一样无需驾驶证便可直接上路，但据交通管理部门介绍：电动汽车属于四轮机动车，无驾驶证开车上路会被依法扣留车辆。只要是在道路上行驶的被认定为“机动车”车辆，都需要驾驶员有驾驶证，可是纯电动汽车在国内是一个法律法规上的“漏洞”，国内现在已经有很多杂牌的电动汽车上市销售，但这些车辆根本没法上牌照。如老年代步车，这种车没有行业标准，也没有颁布什么目录，生产许可证任何一家都办不了。这样的车上路以后，交通管理部门不管，其他部门更不管。

交通管理部门表示：老年人代步车、老年电动车的车速，是参照电动轮椅的国家标准，时速限制在 10km。如果超速，或者用来非法营运、载货，都将按照道路交通安全法的规定进行处罚。

但是电动汽车一般认为就是指纯电动汽车或混合动力汽车，或燃料电池汽车。电动汽车的车长、车宽，包括车速都和机动车一样，最高时速 60km，车辆性能远远大于老年代步车，所以电动汽车还是机动车，驾驶者必须持有 C 类驾驶证才能上路行驶。

根据《中华人民共和国道路交通安全法》第九十九条规定，未取得机动车驾驶证、机动车驾驶证被吊销或者机动车驾驶证被暂扣期间驾驶机动车的，处以二百元以上二千元以下罚款，可以并处十五日以下拘留。如果无证驾驶机动车发生交通事故的，按照交通事故的严重性可能会承担刑事责任。因此提醒广大驾驶员，不管是机动车还是电动汽车，持合法手续和驾驶证是对自己和他人安全的保障。而在遇到交通事故时，交警处理方法公平公正，都将负有事故责任，所以，电动汽车也要按规定行驶，做到安全驾驶。

(2)新能源汽车的牌照

新能源汽车上牌照必须符合工信部发布的《道路机动车辆生产企业及产品公告》(以下简称《公告》)相关规定，以及拥有车辆合格证、购车发票、完税证明、交强险等。而未列入《公告》的汽车，按照规定不能上牌。

根据《中华人民共和国道路交通安全法》及相关法律法规规定，国家对机动车实行登记制度，机动车经公安机关交通管理部门登记后，方可上道路行驶。公安机关交通管理部门对机动车登记的依据之一是列入《公告》的产品。如果市民购买的电动汽车为《公告》内的产品，也就是在车管所的车辆目录中能够查到信息的汽车，就可以到车管所，按照《机动车驾驶证申领和使用规定》中所列的对应车辆，申请相应的准驾车型。符合相关条件的电动汽车上牌手续与普通机动车一样。但是因为现阶段国家政策鼓励，新能源车在一线大城市是可以享受不限行及单独摇号池摇号的鼓励政策(图1-2-6)。

图1-2-6　新能源汽车享受的特殊政策

凡在工信部《公告》目录上能够查询到车型的电动汽车，均可在指定地点登记上牌，并按机动车统一规范管理。

城市微型电动汽车，各项指标符合国家相关条件，可以按照规定申领牌照，使得车辆及驾驶更有保障，并且享受免除车辆购置税、不受车牌尾号限制，以及购车补贴等鼓励政策。

3. 新能源汽车的标准

我国新能源汽车标准的制订工作，是伴随着国内新能源汽车产业化发展而产生的。早在开始新能源汽车的研究开发时，我国就意识到相关技术标准研究的重要性。我国对新能源汽车标准的制订工作始于1998年，这一年全国汽车标准化技术委员会成立了电动车辆标准化分技术委员会，正式开始研究制订我国的新能源汽车标准。我国在选择制订新能源汽车标准时主要依据国内新能源汽车产业开发和应用的趋势，并参考和借鉴国外相关行业性组织已出台的标准。电动车辆标准化分技术委员会对国外新能源车辆标准化工作进行充分的分析和研究后，将新能源汽车分为纯电动汽车、混合动力汽车和燃料电池汽车三种类型，并制定相应标准。因对这三类新能源汽车研究开发的进度不同，所以相关标准制订工作也不同步。我国在"九五"期间开始制定纯电动汽车标准，"十五"期间着手制订混合动力汽车标准，"十一五" 期间着手制订燃料电池汽车标准，而目前为推动电动汽车商业化发展，我国正加快制订相关基础设施的技术标准。目前我国已经制定并发布的新能源汽车相关国家标准和行业标准共计42项，其中22项已列为新能源汽车产品准入的专项检验标准，形成了整

车、动力电池、驱动电机等相关检测评价和产品认证能力。2010 年 7 月 28 日，工业和信息化部对汽车行业标准进行报批公示，其中涉及 6 项电动汽车行业标准。

1）纯电动汽车标准

我国现行的与纯电动汽车相关的标准见表 1-2-3。

我国现行的纯电动汽车相关标准　　表 1-2-3

序号	标准代号	标 准 名 称
1	QC/T 744—2006	电动汽车用金属氢化物镍蓄电池
2	QC/T 743—2006	电动汽车用锂离子蓄电池
3	QC/T 742—2006	电动汽车用铅酸蓄电池
4	QC/T 741—2014	车用超级电容器
5	GB/Z 18333.2—2015	电动汽车用锌空气电池
6	GB/T 4094.2—2005	电动汽车操纵杆、指示器及信号装置的标志
7	GB/T 24552—2009	电动汽车用风窗玻璃除霜除雾系统的性能要求及试验方法
8	GB/T 24347—2009	电动汽车 DC/DC 转换器
9	GB/T 20234.1—2015	电动汽车传导充电用连接装置　第 1 部分：通用要求
10	GB/T 20234.2—2015	电动汽车传导充电用连接装置　第 2 部分：交流充电接口
11	GB/T 20234.3—2015	电动汽车传导充电用连接装置　第 3 部分：直流充电接口
12	GB/T 19836—2005	电动汽车用仪表
13	GB/T 19596—2017	电动汽车术语
14	GB/T 18488.2—2015	电动汽车用驱动电机系统　第 2 部分：试验方法
15	GB/T 18488.1—2015	电动汽车用驱动电机系统　第 1 部分：技术条件
16	GB/T 18487.3—2001	电动车辆传导充电系统　电动车辆交流与直流充电机（站）
17	GB/T 18487.2—2001	电动车辆传导充电系统　电动车辆与交流/直流电源的连接要求
18	GB/T 18487.1—2015	电动汽车传导充电系统　第 1 部分：通用要求
19	GB/T 18388—2005	电动汽车定型试验规程
20	GB/T 18387—2008	电动车辆的电磁场发射强度的限值和测量方法宽带 9kHz－30MHz
21	GB/T 18386—2017	电动汽车能量消耗率和续驶里程　试验方法
22	GB/T 18385—2005	电动汽车　动力性能　试验方法
23	GB/T 18384.3—2015	电动汽车安全要求　第 3 部分：人员触电防护
24	GB/T 18384.2—2015	电动汽车安全要求　第 2 部分：功能安全与故障防护
25	GB/T 18384.1—2015	电动汽车安全要求　第 1 部分：车载可充电储能系统（REESS）
26	GB/T 17619—1998	机动车电子电器组件的电磁辐射抗扰性限值和测量方法
27	QC/T 840—2010	电动汽车用动力蓄电池产品规格尺寸

我国从“九五”期间就开始把纯电动汽车列入国家重大科技产业工程项目并投入大量资金进行研发工作。在“九五”国家重大科技产业工程——“标准的制订”项目中，全国汽车标准化委员会电动汽车分技术委员会组织针对“九五”电动汽车开发项目，完成了 16 项纯电动汽车急需标准的制订工作，其中有 2 项为国家指导性技术文件（GB /Z）。这 16 项标准包括整车、动

力电池、电机及其控制器、充电器四大方面(表1-2-3),这也是我国第一批电动汽车标准。随后,我国又陆续修订了这些标准,同时增加制定了操纵件、指示器及信号装置的标志,风窗玻璃除霜除雾系统的性能要求及试验方法,DC/DC转换器,传导充电用接口,仪表及电动汽车术语等标准,现已初步形成纯电动汽车标准体系,为"十二五"小型纯电动汽车的产业化奠定了基础。截至目前,我国已公布25项纯电动汽车标准,2项纯电动汽车标准已通过审核。下一阶段,需要补充电动汽车各系统、总成及关键零部件的性能试验方法与技术要求等。

电动汽车标准体系由三部分组成。一是整车标准,有整车性能、安全要求等;二是电动汽车部件标准主要是储能装置——动力电池、超级电容器、燃料电池,还有电机及控制器;第三部分是基础设施标准,有能源动力、站车通信及接口、能源补给。

2)混合动力汽车标准

混合动力汽车是国际上最先得到规模化商业应用的产品。根据国外开发和应用的进展情况,"十五"期间,科技部将发展混合动力技术明确为新能源汽车研究和产业化的重点。在科技部的要求和支持下,混合动力汽车标准的前期研究工作自2002年初启动。随后,电动车辆标准化分技术委员会针对标准制定的重点领域和技术路线在国内相关企业和高等学校、研究机构进行了较为广泛和深入的调研,同时对国内外标准资料进行收集分析。截至目前,我国已出台的混合动力汽车标准主要包括6个整车标准、2个研究报告。现行的混合动力汽车标准见表1-2-4。

我国现行的混合动力汽车标准 表1-2-4

序号	标准代号	标 准 名 称
1	GB/T 19750—2005	混合动力电动汽车定型试验规程
2	GB/T 19751—2005	混合动力电动汽车安全要求
3	GB/T 19752—2005	混合动力电动汽车动力性能试验方法
4	GB/T 19753—2013	轻型混合动力电动汽车能量消耗量试验方法
5	GB/T 19754—2015	重型混合动力电动汽车能量消耗量试验方法
6	GB/T 19755—2016	轻型混合动力电动汽车污染物排放控制要求及测量方法

近期,《重型混合动力汽车能量消耗量试验方法》正在进行修订,主要补充了可外接电的重型混合动力汽车能量消耗量试验方法。《重型混合动力汽车排气污染物测试方法》现已完成征求意见稿。目前我国制定的混合动力汽车标准已基本能够适应对混合动力汽车产品,特别是整车性能测试的要求。下一阶段,需要补充各种类型的混合动力车(如插电式混合动力车、串联插电式混合动力车)整车性能试验方法与技术要求,其各系统、总成及关键零部件的性能试验方法与技术要求等。

3)燃料电池汽车标准

"十一五"期间,我国基本建立了燃料电池汽车的研发体系,在整车集成技术、动力平台的成熟性、整车的可靠性方面有了新的提高,部分样车进行了示范运行。在这些基础上,我国启动了燃料电池汽车标准制定工作,目前已制定完成了术语、安全、燃料电池发动机、加氢车等标准,并开展了加注装置、车载氢系统等标准的研究。然而由于燃料电池汽车受技术水平和经济性的影响,短时期内仍无法实现商业化,燃料电池汽车标准的制定工作较其他两类电动汽车缓慢。我国现行的燃料电池汽车标准见表1-2-5。

我国现行的燃料电池汽车标准　表 1-2-5

序号	标准代号	标 准 名 称
1	GB/T 24549—2009	燃料电池电动汽车安全要求
2	GB/T 24548—2009	燃料电池电动汽车术语
3	GB/T 24554—2009	燃料电池发动机性能试验方法
4	GB/T 23645—2009	乘用车用燃料电池发动系统测试方法
5	GB/T 23646—2009	电动自行车用燃料电池发电系统技术条件

4）基础设施技术标准

2009 年，政府出台的《汽车产业调整和振兴规划》中提出我国要实施新能源汽车战略，推动纯电动汽车、插电式混合动力汽车及其关键零部件的产业化。由于电动汽车基础设施建设是电动汽车实现产业化的前提，所以国家标准委积极开展电动车基础设施技术标准的研究工作。2010 年 4 月 28 日，《电动汽车传导式充电接口》《电动汽车充电站通用要求》《电动汽车电池管理系统与非车载充电机之间的通信协议》三项国家标准通过了全国汽车标准化技术委员会电动车辆分技术委员会审查。近期，《氢燃料电池汽车示范运行规范》及《燃料电池汽车示范运行配套设施规范》已完成征求意见稿，该规范是根据氢燃料电池汽车及配套设施的特点，为确保示范运行安全、规范而提供的技术管理文件。电动汽车基础设施技术标准的制定，为我国推进电动汽车产业发展奠定了基础。我国现行的新能源汽车基础设施标准见表 1-2-6。

我国现行的新能源汽车基础设施标准　表 1-2-6

序号	标准代号	标 准 名 称
1	QC/T 841—2010	电动汽车传导式充电接口
2	GB/T 29781—2013	电动汽车充电站通用要求
3	QC/T 842－2010	电动汽车电池管理系统与非车载充电机之间的通信协议

5）动力电池质量标准

标准规定了电动乘用车动力电池（包括蓄电池箱及箱内部件）总质量占整车整备质量的比值不宜大于 30%。这是为了保证车辆能够使用性能和可承载质量，防止因动力电池过重产生性能降低。这一比值的提出也有助于引导我国企业在产品研发过程中应用能量密度高和功率密度高的动力电池。该指标的目的是限制车辆为了提高续驶里程等性能，无限量增加动力电池的数量。

6）轴荷分配

标准规定对前置前驱动（FF）的车辆，满载时前轴负荷不宜小于 55%；对于前置后驱动（FR）的车辆，满载时后轴负荷不宜大于 52%；对于后置后驱动（RR）的车辆，满载时后轴负荷不宜大于 60%。由于目前很多纯电动乘用车都不是全新设计，而是在现有车型上改装，有可能因蓄电池安装空间问题，使整车轴荷分配不合理。

7）行李舱容积

标准规定对四座及以上车辆，行李舱容积不宜小于 0.3m^3，防止我国电动汽车动力电池的布置都会占用行李舱的空间。

8）提示性的声响

标准规定“车辆在设计时应考虑车辆起动、车速低于 20km/h 时能给车外人员发出适当的提示性声响”。

由于电动汽车在行驶过程中没有发动机声音，给行人等带来安全隐患，因此提出了应有适当提示性声响，至于提示性声响类型，由企业自行决定。由于国际上尚处于研讨的技术，因此目前不硬性规定必须要有该功能。

9）爬坡性能

标准规定，车辆最大爬坡度应不低于20%，是因为城市道路使用的车辆，经常有立交桥、车库进出等较陡路面情况。

10）续驶里程

标准规定采用工况法测试的续驶里程应大于80km。续驶里程是电动汽车最重要的指标之一。纯电动汽车推向市场的一大阻碍是其较短的续驶里程，但为了增加续驶里程而多装蓄电池，又会导致制动性能、轴荷分配、行李舱容积等变化。

任务实施

（一）工作准备

（1）防护装备：常规实训工装。

（2）专用工具、设备：能连接互联网的计算机或移动终端。

（二）实施步骤

（1）新能源汽车政策、法规与标准查询。打开电脑或移动终端的浏览器，利用“百度”等搜索工具，分别搜索“新能源汽车、政策、法规”等关键词，查询并记录相关的信息。

（2）撰写报告对所查询出的相关信息进行分析、学习和讨论，并撰写报告。

拓展知识

以下列举2016年国家相关的新能源汽车政策、法规和标准，供参考。

1.《新能源汽车推广应用推荐目录》

2016年1月14日，工信部发布《新能源汽车推广应用推荐车型目录》（第1批），共有247款车型进入此次目录。原《节能与新能源汽车示范推广应用工程推荐车型目录》的车型，自2016年1月1日起废止。

在纯电动轿车方面，北京、华泰、华泰元田、中华、吉利、吉利美日、江淮、力帆、长安、比亚迪、奇瑞、荣威12个品牌的车型入选。插电式混合动力乘用车方面，比亚迪、荣威、传祺三个品牌的车型入选。另外，传祺、中华增程式混合动力轿车，华泰圣达菲纯电动多用途乘用车，御捷马纯电动运动型乘用车入选此次目录。

纯电动客车方面，福田、大通、安凯、宇通、海格、金龙、恒通、申龙、南车、星凯龙、江西、南车时代、蜀都等品牌的车型入选。

自2009年8月国家推出《节能与新能源汽车示范推广应用工程推荐车型目录》，历经76批，新能源车产品技术迅速提升，产品标准也快速规范，以前的产品设计与目前的法规要求已经有较大的差距，有必要重新审定产品和符合技术标准的范围，这样才能有效地推动产品升级和现有销售产品的技术进步。

2.《关于“十三五”新能源汽车充电基础设施奖励政策及加强新能源汽车推广应用的通知》

2016年1月18日财政部、科技部、工业和信息化部、发展改革委、国家能源局等五部委联合发布《关于“十三五”新能源汽车充电基础设施奖励政策及加强新能源汽车推广应用的通知》，旨在加快推动新能源汽车充电基础设施建设，培育良好的新能源汽车应用环境，2016—2020年中央财政将继续安排资金对充电基础设施建设、运营给予奖补。

通知规定奖补对象，中央财政充电基础设施建设运营奖补资金是对充电基础设施配套较为完善、新能源汽车推广应用规模较大的省(区、市)政府的综合奖补。

“十三五”期间，国家通过把充电基础设施奖励与省市新能源汽车推广量绑定的方式，刺激地方政府保持推广新能源汽车的势头。政府奖励意不在于充电而在于地方新能源汽车推广量。

3.《新能源汽车废旧动力蓄电池综合利用行业规范条件》和《新能源汽车废旧动力蓄电池综合利用行业规范公告管理暂行办法》

2016年2月4日，工信部发布了《新能源汽车废旧动力蓄电池综合利用规范条件》(征求意见稿)(以下简称《规范条件》)，要求废旧动力蓄电池综合利用企业建立完整的可追溯体系，包括且不限于废旧动力蓄电池来源、主要参数、拆解检测、综合利用及产品流向等内容，建立废旧动力蓄电池综合利用数据库。

《规范条件》中规定动力蓄电池是指为新能源汽车动力系统提供能量的蓄电池，主要包括金属氢化物镍动力蓄电池和锂离子动力蓄电池。废旧动力蓄电池包括经使用后剩余容量及充放电性能无法保障新能源汽车正常行驶或因其他原因拆卸后不再使用的动力蓄电池；报废新能源汽车上的动力蓄电池；经梯级利用后报废的动力蓄电池；动力蓄电池生产企业生产过程中报废的动力蓄电池；其他需回收利用的动力蓄电池。

废旧动力蓄电池的综合利用是指对新能源汽车废旧动力蓄电池进行多层次、多用途的合理利用过程，主要包括梯级利用、资源再生利用、原材料能量回收利用等。

该规范和管理办法能促进新能源汽车废旧动力蓄电池综合利用产业规模化、规范化、专业化发展，提高新能源汽车废旧动力蓄电池综合利用水平。

4.《汽车动力蓄电池行业规范条件》补充通知

通知要求未列入《公告》的单体和系统企业，在申报《汽车动力蓄电池行业规范条件》时，应按《汽车动力蓄电池产品检验标准目录》要求对典型产品进行检测，并提供具有动力蓄电池检测资质机构出具的检测报告。采用未列入目录企业单体产品的系统企业申报时，需同时提交具有动力蓄电池检测资质机构出具的单体产品检测报告。

新标准的制定有望在一定程度上打击那种不具备技术条件的企业，还能避免由此带来动力电池产能过剩的风险，并为整个行业的健康有序发展带来积极的影响。

5.《新能源汽车碳配额管理办法（征求意见稿）》

2016 年 8 月 11 日，发改委办公厅发布《新能源汽车碳配额管理办法》（征求意见稿），明确“遵照国务院领导同志批示精神，为加快建立促进我国新能源汽车产业健康发展的市场化、法制化长效机制，加强对汽车温室气体排放的控制和管理，我们研究制定了《新能源汽车碳配额管理办法》（征求意见稿）。新能源汽车碳配额，是汽车企业生产（不含出口）和进口的新能源汽车在使用过程中相对于燃油汽车减少的二氧化碳排放量。企业可以通过生产、进口新能源汽车生成新能源汽车碳配额或从碳排放市场交易获取新能源汽车碳配额。该办法自 2017 年开始试行，2018 年正式实施。”

碳配额办法的出台，体现了政府引导新能源汽车产业发展思路的转变，由补贴激励转为恩威并济，由过往的财政补贴转为对车企的配额约束，由他驱到自驱，有望建立新能源汽车产业市场化、法制化的长效机制。

6.《新能源汽车生产企业及产品准入管理规定（修订征求意见稿）》

《新能源汽车生产企业及产品准入管理规定（修订征求意见稿）》在企业准入方面，修订意见稿对比 2009 年的准入规则主要有八大变化，涉及生产能力和条件、设计开发、生产一致性、售后服务能力等方面，新规则要求更加严格具体。产品准入方面，修订意见稿将新能源汽车产品相关的多项旧标准都更新为最新的标准要求。随着技术和市场的不断发展，产品相关标准在不断修订完善，准入要求随之变化也在情理之中。电池、充电等方面的推荐性国标。

该修订意见能大大促进企业设计研发能力。部分企业由此可能被此次修订撤销生产资质，这是决定几百家新能源汽车企业生死的头顶利剑。

7.《企业平均燃料消耗量与新能源汽车积分并行管理暂行办法（征求意见稿）》

本次对在中国境内销售乘用车的企业的平均燃料消耗量和新能源乘用车生产情况进行分别考核，从而实现平均燃料消耗与新能源汽车积分并行管理。新能源乘用车占比高的乘用车企业最为受益于该办法的实施；新能源车占比高的车企既能显著降低自身的平均燃耗水平，也可以通过出售新能源车积分提高新能源乘用车的盈利能力。此外考虑到该项政策推出后，整车厂会加大力度推进传统车的节油减排，我们认为在节能以及轻量化技术方面具有优势的企业也将受益于该政策。

汽车节能的过程也是在减排，所以这个对促进汽车本身的技术进步的意义很大，虽然挑战很大，从汽车行业协会的角度来看，我们还是建议尽快推出，否则没有约束，没有规则，就会出现不公平竞争，“4 阶段标准”所实施的效果将大打折扣。

8.《节能与新能源汽车技术路线图》

本次发布的路线图为“1 +7”，主要包括：总体技术路线图、节能汽车技术路线图、纯电动和插电式混合动力汽车技术路线图、氢燃料电池汽车技术路线图、智能网联汽车技术路线图、汽车制造技术路线图、汽车动力电池技术路线图、汽车轻量化技术路线图。

本项技术路线图描绘了我国汽车产业技术未来 15 年发展蓝图。总体目标是：至 2030 年，汽车产业碳排放总量先于国家提出的“2030 年达峰”的承诺和汽车产业规模达峰之前，在 2028 年提前达到峰值，新能源汽车逐渐成为主流产品、汽车产业初步实现电动化转型，智能网联汽车技术产生一系列原创性科技成果，并有效普及应用，技术创新体系基本成熟，持续创新能力和零部件产业具备国际竞争力。

技术路线图为汽车产业发展指明了发展方向，明晰了重点和路径，这是振奋人心的专家共识，希望成为行业一致的行动指南。关于路线图的推进，要持续开展路线图动态研究和评估，并推动产学研用等各方力量开展广泛而深入的合作，通过创新资源联合，成立创新联盟和创新中心，多渠道布局前瞻基础技术，依托路线图院士专家平台，打造满足汽车强国建设战略咨询需求的高端智库平台，为汽车强国建设提供高质量决策支撑服务。

9.《四轮低速电动车技术条件》立项

项目名称为“四轮低速电动车技术条件”，标准性质为“推荐”，项目周期为 24 个月，主管部门为“工业和信息化部”，归口单位为“全国汽车标准化技术委员会”，起草单位为“中国汽车技术研究中心、上海机动车检测中心”。此举标志着四轮低速电动车技术条件国家标准正式立项，预示着四轮低速电动车将迎来国家的规范化政策。

标准制定后，大批不符合标准的企业或将面临被淘汰出局的危险，同时部分优质企业将迎来“转正”良机。最终《四轮低速电动乘用车技术条件》国家标准将指引低速电动车产业向一个明确的方向的发展。

10.《汽车动力电池行业规范条件(2017 年)》征求意见稿

2016 年 11 月 22 日，工信部发布了《汽车动力电池行业规范条件(2017 年)》(以下简称《规范条件》)。意见稿明确提出：锂离子动力电池单体企业年产能力不低于 80 亿瓦时，金属氢化物镍动力电池单体企业年产能力不低于 1 亿瓦时，超级电容器单体企业年产能力不低于 1 千万瓦时。系统企业年产能力不低于 80000 套或 40 亿瓦时。生产多种类型的动力电池单体企业、系统企业，其年产能力需分别满足上述要求。

《规范条件》对电池企业的产能设置了较高的门槛，目前 95% 的动力电池企业将被淘汰出局。有利于加快中国动力电池实现规模效应的进展，从而更早降低成本。由于动力电池占新能源汽车成本的 30% ~50%，随着动力电池成本的下降，新能源汽车的价格有望大幅下降，从而缩小与传统汽车的价格差，有利于新能源汽车走向私人用车市场。

学习测试

1. 填空题

(1)2015 年 5 月 19 日，国务院印发的《中国制造 2025》里提到________作为重点发展领域。

(2)自 2010 年中央实施新能源汽车补贴政策以来，补贴额度逐年________，享受补贴的车辆标准逐年________。

(3)我国新能源汽车产品准入的专项检验标准,形成了________、________、________等相关检测评价和产品认证能力。

(4)我国将新能源汽车分为________、________和________三种类型并制定相应标准。

(5)标准规定采用工况法测试的续驶里程应大于________。

2. 判断题

(1)燃料电池新能源车的补贴标准逐年递增。 ( )

(2)电动汽车不用燃油,应该跟老年代步车一样无需驾驶证便可直接上路 ( )

(3)城市微型电动汽车,各项指标符合国家相关条件,可以按照规定申领牌照。 ( )

(4)纯电动汽车是国际上最先得到规模化商业应用的产品。 ( )

(5)燃料电池汽车的英文是:Pure Electric Vehicle。 ( )

3. 单项选择题

(1)按照国家规定,电动汽车上牌。必须符合工信部发布的《全国机动车辆生产企业及产品公告》相关规定,以及拥有车辆合格证、购车发票、( )、交强险等,而未列入《道路机动车辆生产企业及产品公告》的汽车,按照规定不能上牌照。

A. 购车质量检查报告　　B. 汽车尾气合格证明

C. 完税证明　　D. 新车出厂证明

(2)下面哪项不属于新能源车优惠政策( )。

A. 购车补贴　　B. 不限行　　C. 免征购置税　　D. 不摇号

(3)目前纯电动汽车(EV)电池续驶里程补贴门槛为( )km。

A. 60　　B. 80　　C. 100　　D. 120

项目二

新能源汽车类型、结构特征与性能评价

本项目主要介绍新能源汽车的类型、结构特征与性能评价，分为两个任务学习。

任务1　新能源汽车类型与结构特征；

任务2　新能源汽车参数与性能评价。

通过以上两个任务的学习，你将能够了解到什么是新能源汽车，并掌握当前新能源汽车的类型、结构特征，常见的新能源车型及其参数与性能评价。

任务1 新能源汽车类型与结构特征

提出任务

作为一名汽车专业的学生,你知道新能源汽车有哪些类型?新能源汽车与传统的汽车有什么区别吗?

任务要求

知识要求

1. 能够描述新能源汽车的类型;
2. 能够描述新能源汽车的基本性能特征;
3. 能够描述新能源汽车与传统汽车的区别。

能力要求

能够正确识别纯电动及油电混合动力新能源汽车的类型。

相关知识

1. 新能源汽车的类型

新能源汽车有很多种分类方式,以下介绍两种常见的分类方式。

1)按油、电的分配比例分类

根据目前市场上成熟车辆的形式,结合传统汽车、纯电动汽车和混合动力汽车,按照油、电的分配比例,划分成图2-1-1所示级别的油电类新能源汽车。

ICE:纯内燃机驱动的汽车,100%的动力能源来自内燃机输出。

HEV:油电混合动力汽车,通常情况下,电力输出能量占到电力与内燃机总能量的25%左右。

PHEV:插电式混合动力汽车,因为此类汽车可以通过外部电网获取电能,电力输出一般较高,占到45%左右。

BEV:纯电动汽车,驱动车辆的动力全部是电能。

油电类新能源汽车类型如图2-1-2所示。

图 2-1-1 按油、电比例划分的新能源汽车类型

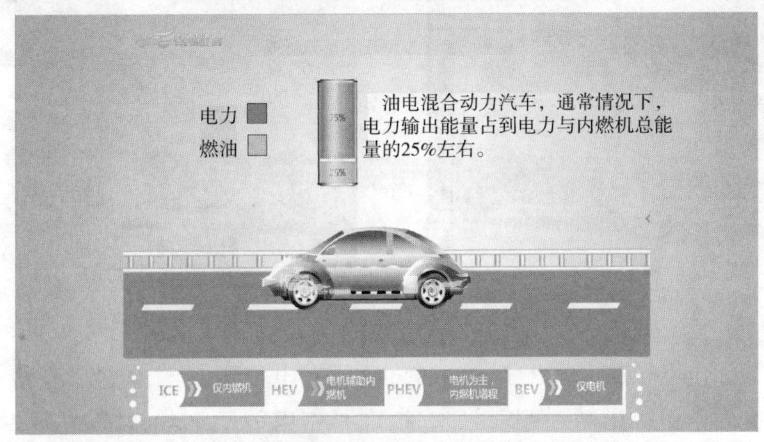

图 2-1-2 油电类新能源汽车类型

2）按驱动系统获取能源的方式分类

鉴于当前新能源汽车的技术发展，按照新能源汽车驱动系统获取能源的方式，分为两种类型，如图 2-1-3 所示。

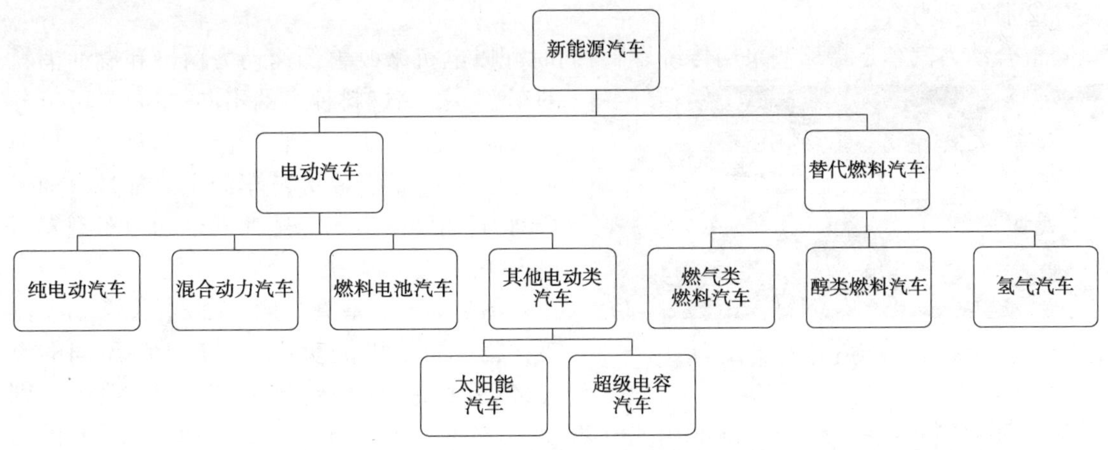

图 2-1-3 按驱动系统获取能源方式划分的新能源汽车类型

一是以电力驱动技术为主的电动汽车；二是在内燃机基础上研发以替代燃料技术为主

的替代燃料汽车,如氢能源汽车、LPG 燃料汽车等。在这里有一点需要特别注意的是,对于燃料电池汽车和太阳能汽车、超级电容汽车等,实际上也可以归类到电动类型汽车中,主要原因在于此类汽车的能源最终都是转换成电力的形式存储在汽车或者直接通过电机驱动车辆的。

(1)电动汽车类型

电动类型的新能源汽车从动力结构的角度可以分为纯电动汽车和混合动力汽车,同时也包括燃料电池汽车及其他电动类汽车,如太阳能汽车和超级电容汽车等(图 2-1-3)。

①纯电动汽车

纯电动汽车顾名思义就是全部采用电力驱动的汽车,利用驱动电机来驱动车辆。图 2-1-4a)为丰田普锐斯电动概念轿车,图 2-1-4b)我们看到的并非是加油口而是充电插座。

a)车外形

b)充电插座

图 2-1-4 丰田普锐斯电动概念轿车

纯电动汽车优点在于技术相对简单成熟,只要有电力供应的地方都能够充电。但目前作为动力的蓄电池单位质量储存的能量太少,而且蓄电池成本高,又没形成经济规模,故购买价格较贵。

有专家认为,对于纯电动汽车而言,目前最大的障碍就是基础设施建设以及价格影响了产业化的进程,与混合动力汽车相比,纯电动汽车更需要基础设施的配套,而这不是一家企业能解决的,需要各企业联合起来与当地政府部门一起建设,才会有大规模推广的机会。

②混合动力汽车

混合动力汽车是指那些采用传统燃料,同时配以电机来改善低速动力输出和燃油消耗的车型。按照燃料种类的不同,主要又可以分为汽油混合动力和柴油混合动力两种。目前国内市场上,混合动力汽车的主流都是汽油混合动力,而国际市场上柴油混合动力车型发展也很快。

图 2-1-5 雷克萨斯 CT200h 混合动力汽车

图 2-1-5 是雷克萨斯 CT200h 混合动力汽车,其汽油、电机传动系统拥有 4 种不同的设置,包括节能、普通、运动和 EV 4 种模式,特别是 EV 模式值得关注,允许 CT200h 用纯电动力以 45km/h 的速度行驶 2km,搭载 1.8L 的四缸发动机,另外还配有一个大功率的直流电机,在配合汽油发动机的时候,整车可以提供约 180 马力(132kW)的最大功率。

③燃料电池汽车

燃料电池汽车(图2-1-6)是指以氢气、甲醇等为燃料,通过化学反应产生电流,依靠电机驱动的汽车。燃料电池的能量是通过氢气和氧气的化学作用,直接变成电能。燃料电池的化学反应过程不会产生有害产物,因此,燃料电池汽车是无污染的汽车。燃料电池的能量转换效率比内燃机要高2~3倍,因此,从能源的利用和环境保护方面,燃料电池汽车是一种理想的汽车。

④太阳能汽车

普通的电动汽车是一种以电力为能源的车辆,一般使用铅酸电池或是锂离子电池进行供电。而太阳能电动汽车是在此基础上,将太阳能转化成电能对车进行供电的,在很大程度上降低了电动车的使用成本,而且非常环保。图2-1-7为太阳能电动汽车。

图2-1-6　燃料电池汽车结构示意图

图2-1-7　太阳能电动汽车

太阳能电动汽车的主要优点是:

a.以光、电代替油,可节约有限的石油资源。白天,太阳能电池把光能转换为电能自动存储在动力电池中。在晚间或阴雨天,可以利用家用交流电(220V)进行充电,确保车辆照常行驶。

b.无污染。因为不用燃油,不会排放污染大气的有害气体。

c.无噪声。没有内燃机,行驶时不会听到燃油汽车的轰鸣声。

太阳能电动汽车的缺点是:

a.开发成本较高。

b.受自然条件(阳光)的限制。

⑤超级电容汽车

超级电容汽车采用了超级电容储能装置。利用双电层原理制成的大容量电容称为超级电容,利用超级电容储能的装置就称为超级电容储能装置。其动力系统结构原理如图2-1-8所示,超级电容存储的电能配合电池的电能,经过逆变器加载到电机,实现对车辆的驱动。

我国第一辆超级电容公交车,2006年8月28日在上海投入运营。使用证明,该车起步动作迅速有力,运行时清洁、经济、方便,在车顶上的可伸缩受电弓可快速升降,与公交车站上方的高压馈线碰触就可充电,中途充电30s可行驶3~5km。图2-1-9是超级电容客车的电容组。

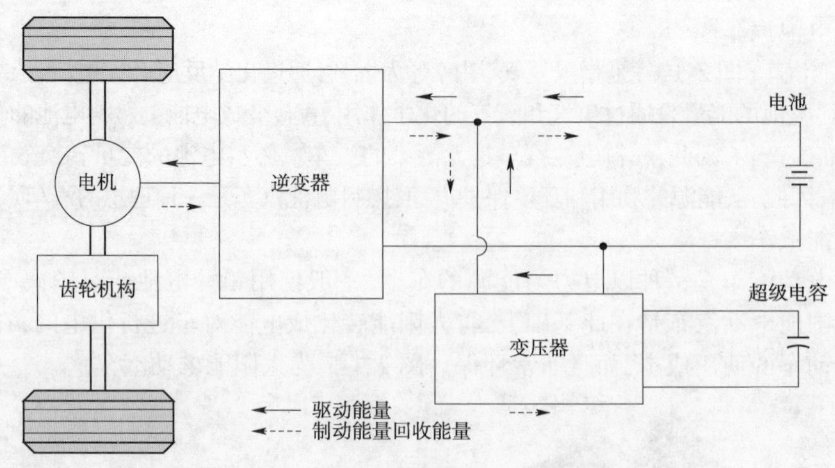

图 2-1-8 超级电容客车动力系统原理

(2)替代燃料汽车类型

①燃气类燃料汽车

燃气类燃料汽车简称燃气汽车,是指用压缩天然气(CNG)、液化石油气(LPG)和液化天然气(LNG)作为燃料的汽车。燃气汽车由于其排放性能好,可调整汽车燃料结构,运行成本低、技术成熟、安全可靠,所以被世界各国公认为当前最理想的替代燃料汽车。目前,燃气仍然是世界汽车代用燃料的主流,在我国代用燃料汽车中占到90%左右。

燃气汽车一般又分为3种类型,即专用气体燃料汽车、两用燃料汽车和双燃料汽车。专用气体燃料汽车是以液化石油气、天然气或煤气等气体为发动机燃料的汽车,如天然气汽车、液化石油气汽车等,这种汽车可以充分发挥天然气理化性能特点,价格低、污染少,是最清洁的汽车;两用燃料汽车是指具有两套相对独立的供给系统,一套供给天然气或液化石油气,另一套供给天然气或液化石油气之外的燃料,两套燃料供给系统可分别但不可共同向汽缸供给燃料的汽车,如汽油/压缩天然气两用燃料汽车、汽油/液化石油气两用燃料汽车等;双燃料汽车是指具有两套燃料供给系统,一套供给天然气或液化石油气,另一套供给天然气或液化石油气之外的燃料,两套燃料供给系统按预定的配比同时向汽缸供给燃料,在汽缸中混合燃烧的汽车,如柴油—压缩天然气双燃料汽车、柴油—液化石油气双燃料汽车等。

图2-1-10所示是长安志翔双燃料乘用车,以93号无铅汽油和CNG天然气为燃料,使用1.6L汽油发动机,采用永磁减速式直流起动电机。

图 2-1-9 超级电容客车电容组

图 2-1-10 长安志翔双燃料汽车

②醇类燃料汽车

乙醇俗称酒精，因此，使用乙醇为燃料的汽车，也可叫酒精汽车。如果采用生物乙醇作为燃料，则可以称为生物燃料或生物乙醇汽车。

用乙醇代替石油燃料的历史已经很长，无论是从生产上和应用上的技术都已经很成熟。在汽车上使用乙醇，可以提高燃料的辛烷值，增加氧含量，使发动机缸内燃烧更完全，可以降低废气中的有害物质。

图2-1-11所示为沃尔沃生物乙醇汽车。

③氢气汽车

也称氢动力汽车或氢燃料汽车，是一种真正实现零排放的交通工具，排放出的是纯净水，具有无污染、零排放、储量丰富等优势。因此，氢气汽车是传统汽车最理想的替代方案。但是从制造成本而言，与传统动力汽车相比，氢气动力汽车成本至少要高出20%。

中国长安汽车在2007年完成了中国第一台高效零排放氢内燃机点火汽车，并在2008年北京车展上展出了自主研发的中国首款氢气动力概念跑车“氢程”，如图2-1-12所示。

图2-1-11　沃尔沃生物乙醇汽车

图2-1-12　“氢程”概念跑车

2. 新能源汽车基本性能特征

从技术的角度，新能源汽车具有传统汽车无法通过改进内燃机或变速器来获取的基本性能。

1）如果是混合动力汽车，可以优化内燃机运行工况，节省燃油

针对汽油燃料的内燃机，最佳的空燃比略大于14.7:1。但是如果是单一内燃机动力的汽车，其经常需要运行在加速、爬坡以及冷起动等工况，此时为了追求动力性，其空燃比会偏离最佳空燃比，从而导致油耗增加和排放变差。混合动力汽车其中一个设计方式就是通过驱动电机的动力输出，来弥补汽车行驶工况变化时内燃机的不足。通过对车辆驱动线路的改进，让驱动电机的动力根据行驶工况的改变来输出，而让内燃机的运行转速保持稳定，并始终工作在最佳的空燃比附近。如图2-1-13所示。

2）非常平滑和快捷的动力输出

如果是纯电动汽车，驱动车辆的驱动部件是电机。电机具有加电后反应快、低速输出转矩大等特点，把这一特性再通过变速器输出到车轮上，汽车表现出来起步快，同时运转平稳流畅，具备无级变速器的优点。

如果是混合动力汽车，它的驱动力通常来自内燃机输出动力和驱动电机输出动力，相比

较于传统汽车仅有一种内燃机动力来源,混合动力汽车能够在车辆急加速的情况下,及时通过调动电机或者增加电机的输出功率的方式来提升输出转矩,增加车辆的动力性。而传统汽车如果需要做到快速加速,就必须通过增加燃油供给,并经过一个完整的吸气、压缩、做功、排气的工作循环,导致输出动力的滞后性。图 2-1-14 所示是混合动力采用电机辅助来平滑输出转矩的曲线图。

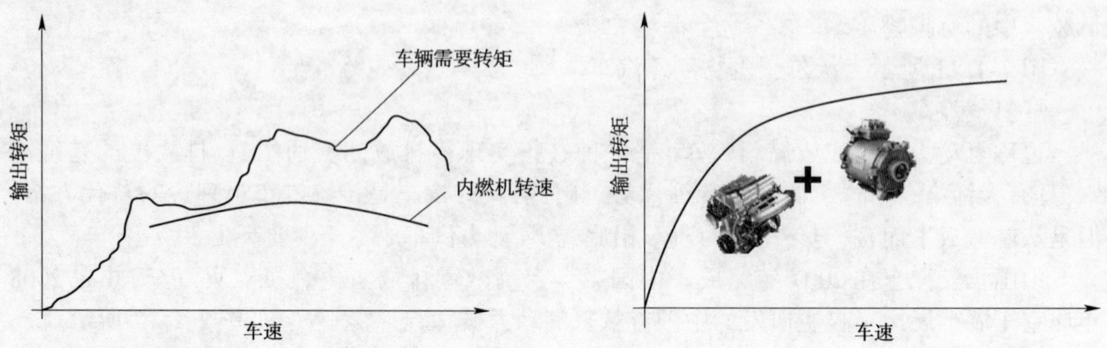

图 2-1-13　内燃机能够在不同工况下保持稳定和空燃比　　图 2-1-14　混合动力采用电机辅助来平滑输出转矩

3)轻松实现自动停机与自动起动

如图 2-1-15 所示,新能源汽车采用自动起停系统,能够轻松实现自动停机与自动起动的控制。纯电动汽车在停车等待红灯时,只需要关闭供给电机的电能即可实现零能量消耗。采用混合动力的汽车,通常内燃机都会取消了传统的 12V 起动机,改由驱动电机来直接驱动内燃机的起动。因此,当车辆控制系统监测到不需要内燃机运行的情况下,例如当车辆在等待红灯时处于怠速运行情况下,系统将会自动关闭内燃机的运行,需要的时候再通过驱动电机快速、短时间起动内燃机。这样的设计能够进一步降低车辆在怠速时的燃油消耗和尾气排放。

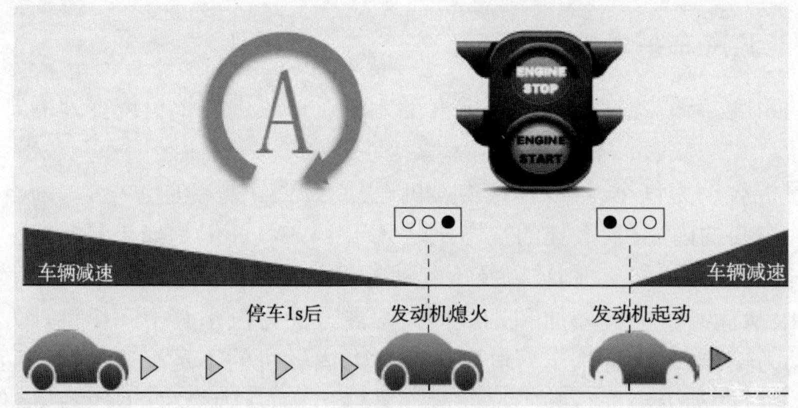

图 2-1-15　自动起停工作示意图

4)能量利用率将更高

传统汽车的能量利用率很低。内燃机从吸入燃油和空气到输出动力,需要经过 4 个行程,真正能够把燃油所产生的能量有 35% 用在驱动车辆上已经算是非常高的了。

那么为什么这么低呢?白白消耗的能量在哪里呢?

实际上内燃机工作时,很大一部分被作为热量消耗掉了,如图 2-1-16 所示。例如需要对

内燃机进行水冷，这部分热能量就是不能被利用的。还有就是车辆制动时，有一部分能量被制动摩擦损耗掉，如果能保持车辆匀速前进，不踩制动踏板，要比常踩制动踏板汽车油耗要低。

但是，新能源汽车中的纯电动汽车因为取消了内燃机，因此，可以降低如热量散失、未完全燃烧等损失，其有效利用率超过了50%以上。此外，即使是混合动力汽车，由于通过电力系统的辅助来优化内燃机的工作，有些混合度较高的混合动力可以大部分时间都是纯电力驱动，其能量利用率也有大幅的提高。

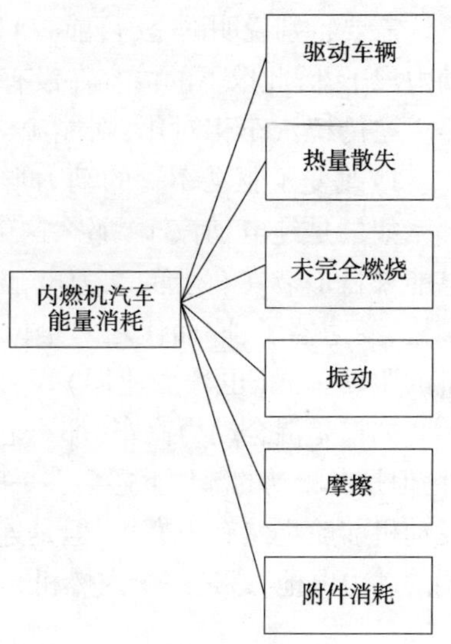

图2-1-16　内燃机汽车能量消耗主要方式

此外，新能源汽车有一个很重要的能量利用方式就是制动能量回收。如图2-1-17所示，制动能量回收是指通过连接车辆驱动电机。在新能源汽车需要制动时，先给电机上加载负荷让电机利用这个负荷来发电，逆向拖动使车辆制动的一种方式。制动能量回收可以有效降低因制动导致的摩擦能量消耗。

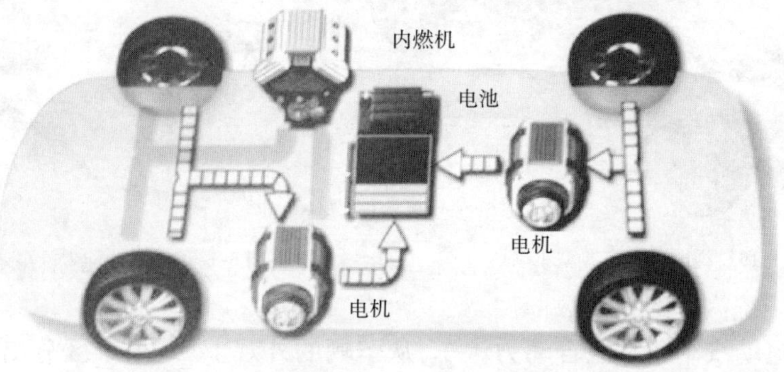

图2-1-17　制动能量回收路径

3. 新能源汽车与传统汽车的区别

新能源汽车的基础仍然是汽车，只是驱动车辆的能源形式变了。因此要了解新能源汽车，首先得具备传统汽车的基础知识。

图2-1-18是新能源汽车基本结构特征，说明了新能源汽车是在传统汽车一些系统的基础上，改进了驱动汽车的动力，如采用了存储电能的动力电池加电机，或者是继续保留内燃机，但通过增加一套电力驱动来优化内燃机燃烧的混合动力。

图2-1-18　新能源汽车基本结构特征

需要特别说明的是,目前我们所说的新能源汽车一般就是指纯电动汽车或油电类型混合动力汽车,因此以下的内容在没有特别说明的情况下,所述的新能源汽车即为上述两种类型。

与传统汽车相对比,新能源汽车具有一些基本的结构特征,这包括:

1)改变了驱动车辆的动力形式

如果是纯电动汽车,那么这个驱动这个汽车行驶的动力就是全部依靠电机,电机的驱动电能来自加装在车上的动力电池。如图 2-1-19 所示,它的驱动系统上不再有传统汽车的内燃机、变速器了,取而代之的是位于尾部的动力电池,以及位于原内燃机位置的一个带有电机的驱动单元(也称变速器)。

如果是混合动力汽车,那么它的驱动系统会继续看到有传统汽车的内燃机、变速器等部件,但是在驱动的部件上还会多一些部件,这就是增加的电力驱动系统。如图 2-1-20 所示,车辆发动机前舱仍然有内燃机,但是连接内燃机位置会多了一条明显的橙色电缆,以及位于电缆末端的动力电池,这是一个内燃机与电力组合的混合动力汽车驱动系统典型结构。

图 2-1-19　纯电动汽车典型驱动结构

图 2-1-20　混合动力汽车典型驱动结构

2)保留了传统汽车的大多数部件

无论是纯电动汽车还是混合动力汽车,从车辆的外观上,是很难区分出来的,因为这类新能源汽车仍然是汽车,改进的只是在一些看不到的地方。如图 2-1-21 所示,卡罗拉的传统汽车版和混合动力版,从外观上并不能明显看出混合动力的区别特征。

a)传统版

b)混合动力版

图 2-1-21　传统版与混合动力版丰田卡罗拉外观

要注意的是新能源汽车与传统汽车相比,有着类似的车身设计以及汽车的基本设计要素,如行驶系统、制动系统、转向系统、车身电器等。

3)因为驱动系统和运行模式的改变,整车部分系统也做了升级

新能源汽车的动力源不再只是内燃机,因此,虽然新能源汽车是在传统汽车基础之上诞

生的，但是新能源汽车有些系统是不同于传统汽车的，例如空调与暖风系统、发电系统以及加注能源的形式等。

（1）空调动力源与暖风加热方式不同

新能源汽车的空调压缩机一般直接采用电机驱动，区别于传统汽车通过内燃机曲轴皮带的驱动形式。如图 2-1-22 所示。

a)传统汽车曲轴皮带驱动压缩机

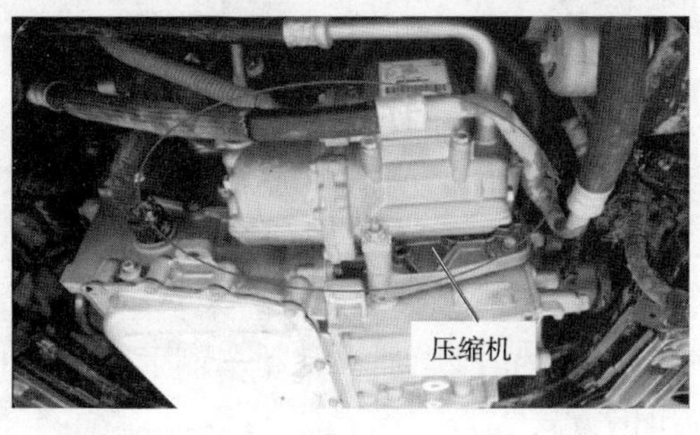

b)纯电动车高压电驱动压缩机

图 2-1-22　新能源汽车与内燃机汽车空调系统压缩机

在暖风实现的形式上，由于新能源汽车没有内燃机 70℃以上的热量来源，驱动电机产生的热能又达不到，大多数的纯电动汽车通常是利用电加热的方式来产生暖风。其中，电加热的方式有两种，一种是通过高压电加热类似传统空调与暖风系统中的冷却液，再经过循环为暖风水箱提供热量；另一种是直接通过高压电驱动 PTC 加热器来加热经过蒸发箱的空气实现暖风。如图 2-1-23 所示。

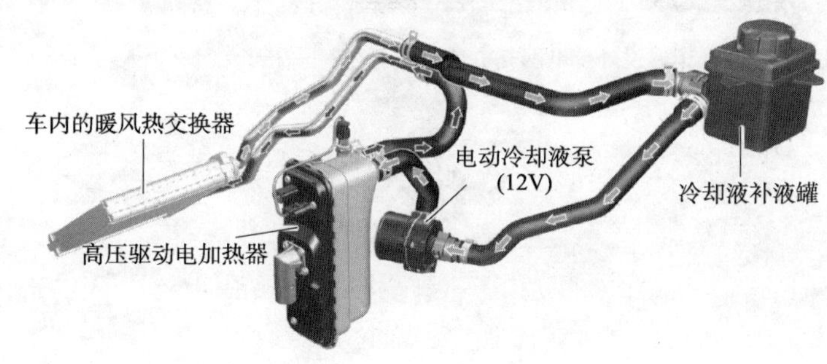

a)利用高压加热冷却液再制暖方式

b)利用PTC直接加热进风空气制暖方式

图 2-1-23　纯电动汽车暖风加热系统

这里所说的 PTC 又称暖风加热器，是正温度系数的加热器英文缩写。它是汽车制造热风的主要来源，PTC 最大的优势就是发热速度快，温度高（可控）、使用方便，该部件安装在暖风蒸发箱总成内部。

（2）给全车车身电器供电的电源不同

新能源汽车通常不再安装发电机，车载电气设备用电和 12V 蓄电池的充电都是由车辆上的动力电池（高压蓄电池）来提供的。例如，纯电动汽车在运行过程中，动力电池通过一个 DC/DC 转换器，将高电压转换成 12V 低压为蓄电池和车载电器提供 12V 电源，如图 2-1-24 所示。

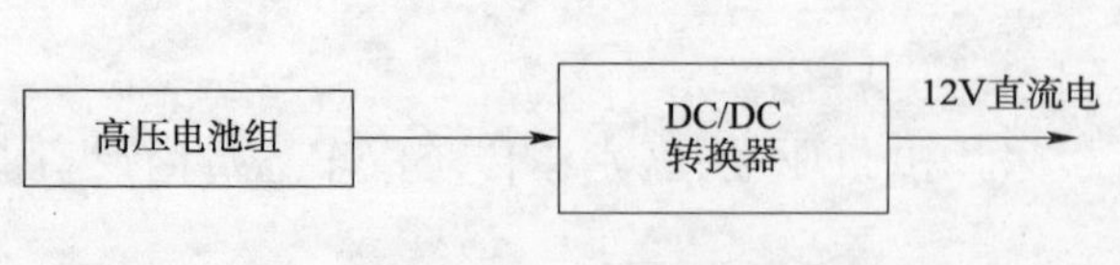

a)纯电动汽车12V电源系统的转换过程

b)纯电动汽车的DC/DC转换器

图 2-1-24　纯电动汽车车载 12V 充电系统

(3)补充能源的形式不同

如果是纯电动汽车,行驶车辆的能源主要是通过外部电网提供的电能,而如果是混合动力汽车,其行驶车辆的能源有来自电网的电能,也有传统汽车使用的燃油,这就不同于传统汽车仅仅是依靠燃油来驱动车辆了。图 2-1-25 是新能源汽车通过外部电网充电获取能源及充电的方式。

图 2-1-25　新能源汽车通过外部电网充电获取能源

任务实施

(一)工作准备

(1)防护装备:常规实训工装。

(2)车辆、台架、总成:实训中心现有新能源整车。

(3)专用工具、设备:举升机。

(二)实施步骤

本操作任务主要是识别典型的新能源汽车,并判断该新能源汽车的类型。

1. 新能源汽车外观特征识别

根据实训中心的整车,从外观上判断该汽车是传统汽车、纯电动汽车或是混合动力汽车如图 2-1-26 及视频所示。

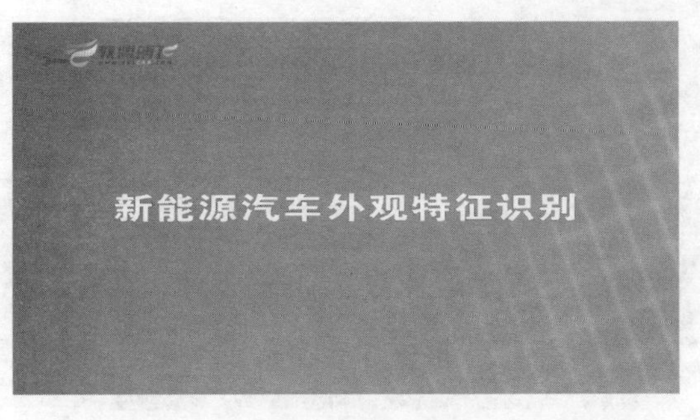

图 2-1-26 新能源汽车外观特征识别及视频

(1)如果是纯电动汽车,通常车辆上标识有 EV 等字样,如图 2-1-27、图 2-1-28 所示。

图 2-1-27 纯电动汽车标识(北汽新能源)

图 2-1-28 纯电动汽车标识(重庆力帆 620)

如果是混合动力汽车,在汽车的尾部标识通常有 Hybrid 或 H 类字样,如图 2-1-29 所示,或在车身 A 柱附近标注 Hybrid 字样,如图 2-1-30 所示。

(2)针对纯电动汽车和插电式混合动力汽车,需要通过外部充电的方式来获取电能,因此,可以通过这个特征进行判别,如图 2-1-31 所示。

2. 打开发动机机舱盖判断新能源汽车类型

请勿触摸带高压警告标识的任何部位!

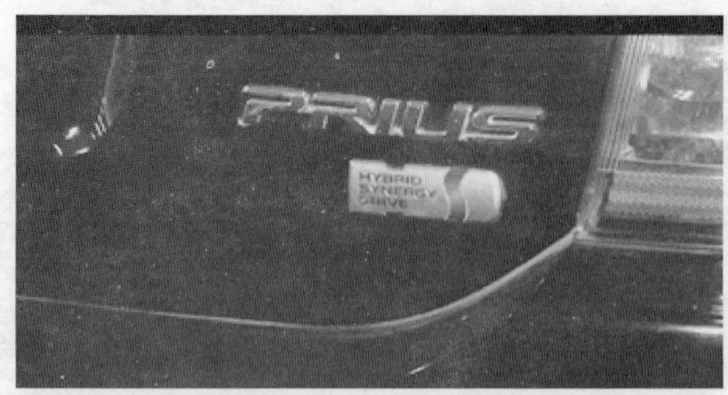

图 2-1-29　混合动力汽车标识(丰田普锐斯尾部位置)

图 2-1-30　混合动力汽车标识(丰田普锐斯 A 柱位置)

图 2-1-31　外部充电

新能源汽车主要高压部件介绍如图 2-1-32 及视频所示。

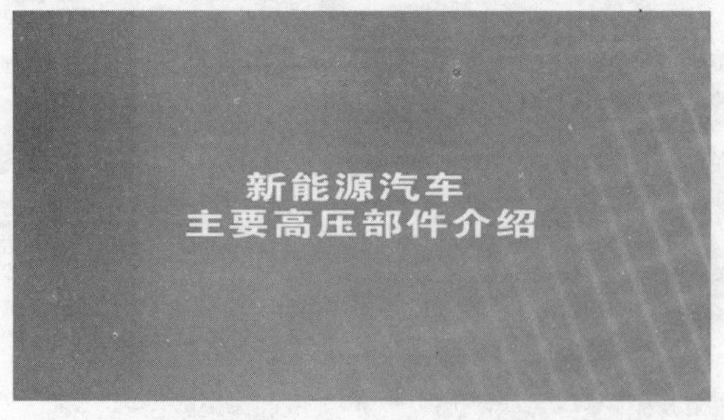

图 2-1-32　新能源汽车主要高压部件介绍及视频

1)纯电动汽车发动机机舱

打开新能源汽车发动机机舱盖,如果是纯电动汽车,将不再有内燃机的存在,取而代之

的是驱动电机控制器,以及用于充电或者分配电能的一些控制组件,其中最直观的应该是还有很多橙色的高压电缆。如图 2-1-33 所示。

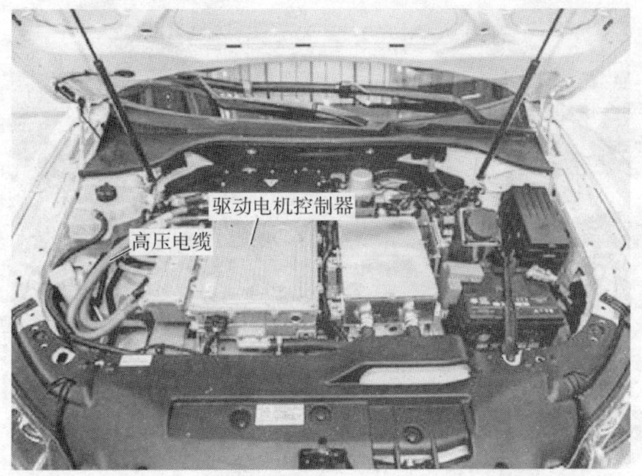

图 2-1-33　纯电动汽车发动机舱特征

(1)发动机舱右侧

以比亚迪 E6 为例,发动机舱右侧的是驱动电机控制器,如图 2-1-34 所示。其主要功能是,根据不同的工况控制驱动电机实现正反转及功率、转矩、转速的变化。

图 2-1-34　比亚迪 E6 驱动电机控制器

(2)发动机舱左侧

以比亚迪 E6 为例,发动机舱左侧的是 DC/DC 及空调驱动器,如图 2-1-35 所示。DC/DC 负责将动力电池 316.8V 的高压电转化成 12V 的电源供给整车用电器工作,并且在低压蓄电池亏电时给低压电池充电。

图 2-1-35　比亚迪 E6 DC/DC 及空调驱动器

2）混合动力汽车发动机舱

如果是油电混合动力汽车，将会发现在内燃机的旁边还会有橙色电缆以及用于控制电机的控制器部件。

（1）比亚迪秦前机舱

图 2-1-36 所示是比亚迪秦的发动机舱。

图 2-1-36　混合动力汽车发动机舱特征

（2）丰田普锐斯发动机舱

丰田普锐斯混合动力汽车发动机舱右侧的金属模块是变频器，主要作用是帮助车内交流与直流电、高压与低压电之间的相互转换，如图 2-1-37 所示。

图 2-1-37　普锐斯前机舱

图 2-1-38 中的橙色电缆为接连变频器的高压线束，请勿随便触摸，防止发生触电危险。

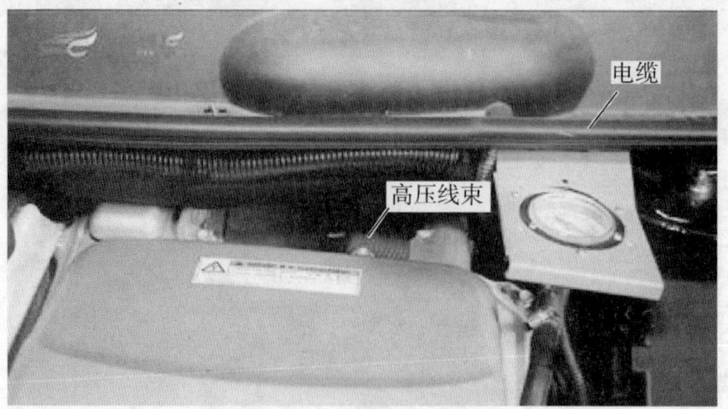

图 2-1-38　普锐斯高压线束

3. 举升车辆或打开行李舱观察新能源汽车的结构

1）纯电动汽车动力电池位置

举升车辆，从车辆的底部可以观察到油电类新能源汽车动力电池的位置。

一般情况下，纯电动汽车由于采用的动力电池体积（容量）较大，因此，布置在车辆底部的较多，可以在举升车辆后直接观察到电池的位置，如图2-1-39所示。

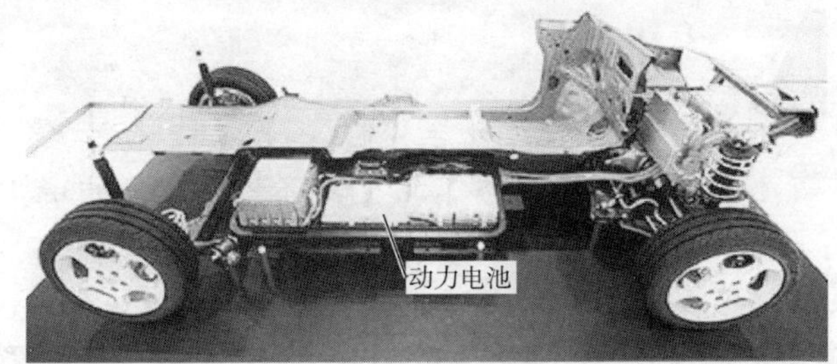

图2-1-39　纯电动汽车的动力电池通常布置在车辆底部

2）混合动力汽车动力电池位置

对于混合动力汽车，由于搭载的动力电池体积（容量）比电动汽车小，通常被布置在行李舱前部区域，如图2-1-40所示。打开丰田普锐斯行李舱，位于行李舱内后排座位下的是全封闭式的镍氢电池。

图2-1-40　普锐斯混合汽车的动力电池

3）新能源汽车底盘的其他机构

以普锐斯为例，举升车辆还可以看到底盘的其他机构。如图2-1-41所示，变频器的正下方是驱动桥，包含交流500V的电动机，发电机、行星齿轮、减速齿轮和主减速齿轮。

图2-1-41　普锐斯底盘的其他机构

4. 观察仪表区域认识新能源汽车仪表的特点

大部分纯电动汽车的仪表上不再有发动机转速表，取而代之的一般是电机的输出功率表；混合动力汽车虽然保留了转速表，但是仪表上面通常还会增加有一些特殊的具有混合动力标识的指示。

注意：

混合动力汽车或纯电动汽车，在起动车辆时，不再像传统汽车那样有发动机的振动和声响。确认车辆已经处于起动状态下的主要依据是仪表中的READY或OK指示灯点亮，如图2-1-42所示。在READY或OK指示灯点亮前提下，将挡位从P挡移出前务必确认车辆运行方向没有行人和障碍物。

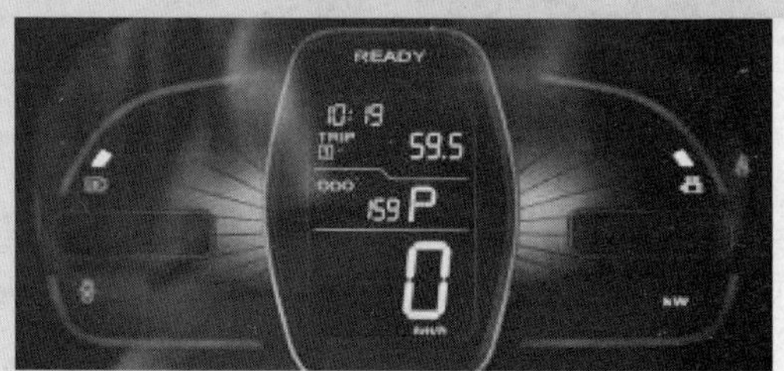

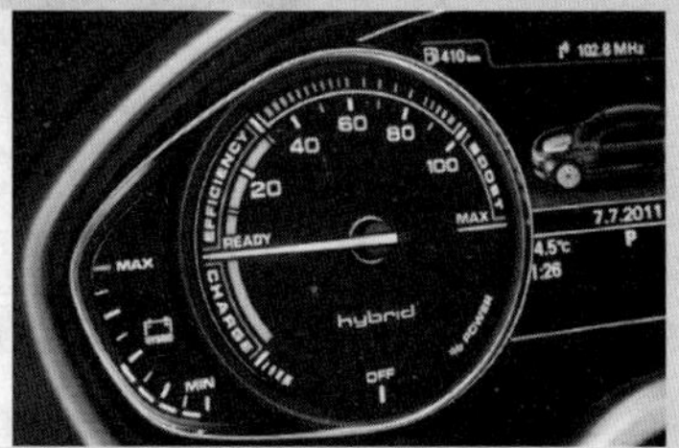

图2-1-42 混合动力和纯电动汽车仪表上的READY指示灯

学习测试

1. 填空题

(1)插电式混合动力汽车可以通过______获取电能，电力输出一般较高，占到45%左右。

(2)新能源汽车根据驱动系统获取能源的方式，一是以________为主的电动汽车；二是在内燃机基础上研发以________为主的替代燃料技术汽车。

(3)纯电动汽车是全部采用______驱动的汽车，利用______来驱动车辆。

(4)混合动力汽车是指采用传统燃料，同时配以________来改善低速动力输出和燃油消耗的车型。

(5)燃料电池汽车是指以氢气、甲醇等为燃料，通过______产生电流，依靠______驱动的汽车。

2. 判断题

(1)新能源汽车有别于传统汽车的核心是它独有的驱动结构。 (   )

(2)电动汽车就是指纯电动汽车。 (   )

(3)目前主要采用的替代燃料有气体燃料、生物燃料和氢燃料。 (   )

(4)生物燃料是指燃烧植物或动物油脂的燃料。 (   )

(5)高压警告标记符号的底色采用警示性红色。（　　）

3. 不定项选择题

(1)插电式混合动力汽车简称(　　)。

A. ICE　　B. HEV　　C. PHEV　　D. BEV

(2)以下属于电动汽车的类型是(　　)。

A. 纯电动汽车　　B. 混合动力汽车

C. 燃料电池汽车　　D. 太阳能汽车

(3)新能源汽车有一个很重要的能量利用方式就是(　　)。

A. 电动空调压缩机　　B. 制动能量回收

C. 自动起停　　D. 高压电池

(4)纯电动汽车采用的暖风加热系统是(　　)。

A. 利用高压加热冷却液再制暖方式

B. 利用 PTC 直接加热进风空气制暖方式

C. 发动机冷却系统加热

D. 不采用暖风

(5)丰田普锐斯的动力电池位于(　　)。

A. 前机舱　　B. 行李舱　　C. 仪表板下方　　D. 车辆底部

任务2　新能源汽车参数与性能评价

提出任务

作为新能源汽车专业的学生,你的亲友想买一辆新能源汽车,找你咨询,他是个上班族、工资不是很高,主要的用途是上下班用,偶尔开车到郊区度假,你能正确对比市场上的新能源汽车,并给予他合理的建议吗?

任务要求

知识要求

1. 能描述新能源汽车的评价参数;
2. 能描述国外新能源汽车的厂商及车型特点;
3. 能描述国内新能源汽车的厂商及车型特点。

能力要求

1. 能够正确识别新能源汽车主要标识与标牌;
2. 能够根据新能源汽车的性能参数正确分析和对比。

相关知识

1. 新能源汽车参数与性能评价

传统汽车的性能参数包括:动力性、燃油经济性、制动性、操控稳定性、平顺性以及通过性等。对于新能源汽车,又该如何去正确评价它的好坏呢?

实际上,新能源汽车是传统汽车与新能源的组合,因此,在评价新能源汽车时还是参考传统汽车的参数来进行科学的评定,区别的是有些评定参数的实验方法会根据新能源汽车的特性进行了修订。

作为汽车应用工程领域,我们对新能源汽车的性能评定同时还会结合市场上大众的习惯性认知来评价。这些评价参数主要包括有新能源汽车的续驶里程、驱动功率、充电时间以及使用的方便性,这里使用的方便性通常指的是汽车与外部的互联性能。新能源汽车的评

价参数如图 2-2-1、图 2-1-2 及视频所示。

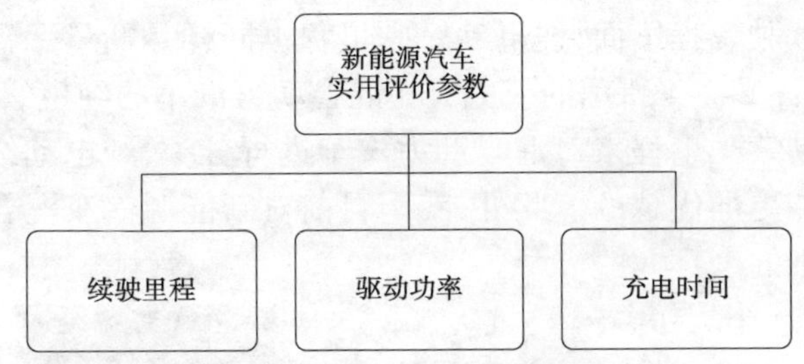

图 2-2-1　新能源汽车评价参数

图 2-2-2　新能源汽车参数

1）续驶里程

续驶里程是新能源汽车首要的参数，如果是纯电动汽车，是指从充满电的状态下到实验结束时所行驶的距离，以 km 为单位。

如果是纯电动汽车，续驶里程关系着车主的使用经济利益，也关系着整车的技术性能，如图 2-2-3a）所示，特斯拉纯电动汽车 Model S 60 的续驶里程为 400km；如图 2-2-3b）所示，2015 款比亚迪 E6 纯电动汽车的续驶里程为 400km。

a)特斯拉纯电动汽车

b)比亚迪E6纯电动汽车

图 2-2-3　纯电动汽车

如果是混合动力汽车,续驶里程会分成两个组成部分,这包括有纯电动行驶里程和燃油行驶里程。而在这个续驶里程里面,纯电动行驶里程也同样是衡量一辆混合动力新能源汽车的重要指标参数,如图2-2-4所示的荣威550混合动力汽车的纯电续驶里程为56km。早期有些学者曾以纯电动续驶里程来对混合动力汽车进行分类,纯电动续驶里程越大的混合动力汽车被认为是性能更加优越的。此外,我国目前对新能源汽车混合动力的补贴也是以纯电力续驶里程为基准的。

图2-2-4　荣威550混合动力汽车

续驶里程受多种因素影响,这包括外部因素和内部因素。

外部因素指的是车辆外部的运行环境对车辆的影响。比如行驶所在的路况,路况差对续驶里程有负面影响;道路的坡度影响:坡度越大,耗电量也越大,续驶里程也越小;风力的风向和大小影响:迎风状态下续驶里程减小;车辆行驶时的气温以及道路温度也会影响到汽车动力电池的放电状态,如图2-2-5所示,从而影响续驶里程;此外,道路的种类、交通拥挤状态以及驾驶员的驾车习惯都会影响到续驶里程。

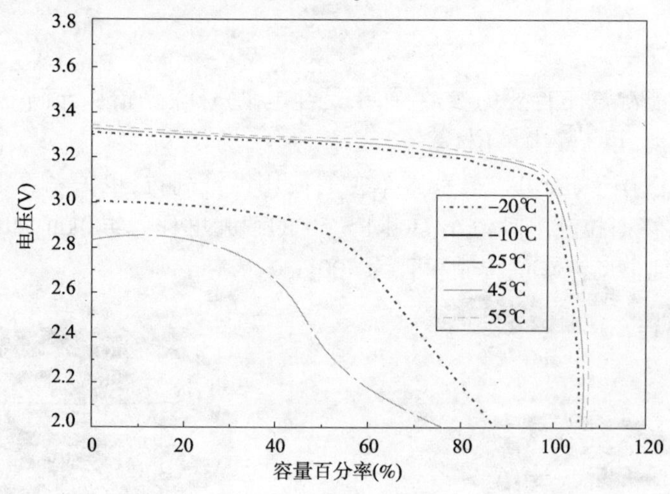

图2-2-5　不同温度下的放电曲线

内部因素主要是指车辆自身的设计部件参数,其中最主要的是车辆设计动力电池容量与技术性能,此外还包括车辆本身的质量以及对能量的利用率等。

以下主要针对续驶里程的首要因素,即动力电池来进行介绍。动力电池性能参数评价

和衡量的指标主要是电池的容量、电池的类型以及电池的电压等。

(1)动力电池的容量

动力电池的容量一般指的是电池的额定容量,又称公称容量,是指动力电池在设计的放电条件下,电池保证给出的最低电量。这个参数表征了动力电池储存能量的能力。

对于单个电池单元,电池容量的单位是 Ah,用 C 表示。而针对新能源汽车整个电池组,一般不会参考单个电池容量 Ah 这个单位,原因是 Ah 很难给我们直观的电池能力大小。

在新能源汽车中,利用 kWh 这个单位去衡量电池容量的大小。kWh 这个单位也就是我们常说的"度",比如 10kWh 就是指 10 度电。当给我们一个度的概念后,我们就能判断出来这电量的大小了,因为我们将这个"度"结合到我们的实际生活中去,10 度电就是 100W 灯泡点亮 100h 的能量。

去衡量新能源汽车时,如果一台电动汽车动力电池容量标注了 24KWh,我们就可以粗略判断它可以给我们提供约 200km 的续驶里程(约定俗成的纯电动汽车百公里电耗在 13kWh 左右)。

(2)动力电池的类型

动力电池作为新能源汽车特别是纯电动汽车能源提供装置,也是最为核心的部件。目前动力电池的能量密度、循环寿命、技术成熟度以及成本等关键性指标成为制约电动汽车大规模产业化的因素,动力电池在整个新能源汽车特别是纯电动汽车中的成本约占到 30% 以上。

目前市场上主流的动力电池主要有:铅酸电池、镍氢电池、锂离子电池。

①铅酸电池

铅酸电池(图 2-2-6)一般用作传统汽车的起动蓄电池,或者在一些价格较便宜的低速电动汽车上使用。其中,电动汽车上用得较多是铅酸电池中的一种胶体电池,它与铅酸电池的区别在于胶体电池内的电解液采用了胶体材料吸附技术,一般用超细玻璃纤维棉吸附原来铅酸电池中的电解液,然后再放置于电池极板之间。胶体电池在与铅酸电池体积相同的情况下,能够存储的电量比铅酸电池约大 20%。此外,胶体电池的寿命也比铅酸电池长。

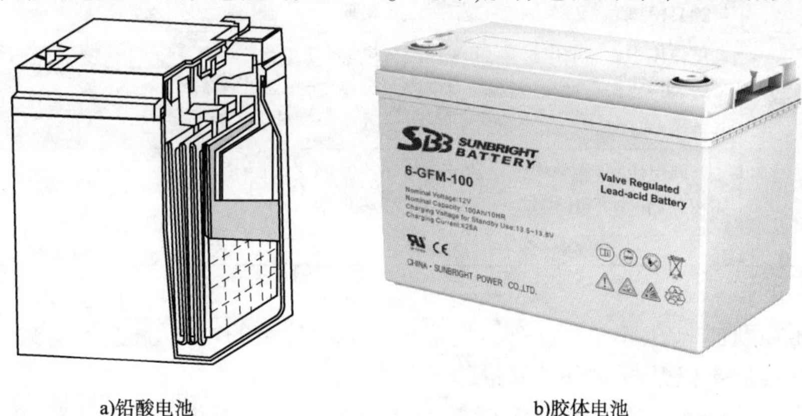

a)铅酸电池　　b)胶体电池

图 2-2-6　铅酸电池与胶体电池

②镍氢电池

镍氢电池(Nickel-Metal Hydride Battery),正极活性物质主要由镍制成,负极活性物质主要由储氢合金制成的一种碱性电池。

在 20 世纪 80 年代时期,市场上出现有两种类型的镍氢电池,即高压氢镍电池和金属氢化物镍电池。由于镍氢电池的安全可靠性，早期很多纯电动汽车采用了该类电池。图 2-2-7 所示是镍氢电池外形图。

③锂电池

锂电池是一类由锂金属或锂合金为负极材料、使用非水电解质溶液的电池。锂电池大致可分为两类：锂金属电池和锂离子电池。

锂电池主要出现在 20 世纪 90 年代，发展到现在，以锂离子为基础有多种形式的电池，例如液态锂离子电池、聚合物锂离子电池等。

早期锂离子电池用于笔记本电脑、手机等电器上，伴随着现在电池管理软件的进步，很多电动车也陆续采用锂离子电池了。如图 2-2-8 所示是特斯拉采用的 18650 锂电池，18650 即指电池的直径为 18mm，长度为 65mm，圆柱形的电池。

图 2-2-7　镍氢电池

图 2-2-8　特斯拉采用的 18650 锂电池

这三种类型电池的优缺点见表 2-2-1。

三种类型电池优缺点比较　　表 2-2-1

电池类型	优　点	缺　点
铅酸电池	可以大电流进行放电、使用温度范围很宽、可逆性好、原材料来源丰富、制造工艺简便、价格便宜	单位体积存储的电量较少、材料存在污染性且有毒
镍氢电池	单位体积存储的电量多、可快速充放电、低温性能良好、可密封、耐过充过放能力强、安全可靠、对环境无污染、无记忆效应	价格高
锂电池	开路电压高（单体电池电压高达 3.6 ~ 3.8V），同体积存储的电量比镍氢电池还要大、循环寿命长、无公害、无记忆效应、自放电小	过充放电的保护问题不易解决、成本高、不能用大电流放电

(3) 电池电压

电池电压在新能源汽车中主要指的是整个动力电池组的电压。这个参数用于衡量电动汽车采用的导线质量以及电池自身容量的大小。

电动汽车动力电池无论是采用什么类型的电池，都是由很多的单个电池单元进行并、串联组成的，用于提高整个电池的容量和输出电压，如图 2-2-9 所示。

电动汽车需要提高输出电压来降低从动力电池到驱动电机之间电能的损耗，并减小传递电能导线的尺寸。例如，对于一个 50kW 的电机，如果采用 30V 电压输出，那么额定工作时的输出电流将会是 50kW/30V = 1667A，这将需要一根很粗的导线，但是如果能够将电压提高到 300V，那么它最大输出的电流将只有 167A。

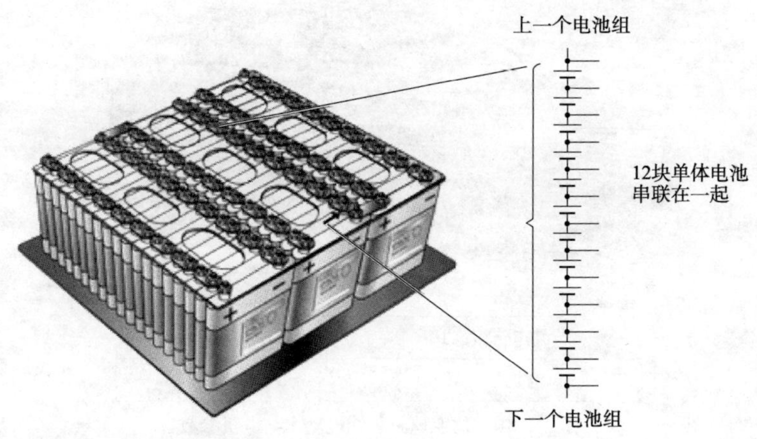

图 2-2-9　电动汽车内部动力电池连接特点

2）驱动功率

驱动功率是衡量新能源汽车动力性的重要指标，直接影响到汽车的加速性能和最高车速。

纯电动汽车的驱动功率唯一来源就是驱动电机；而混合动力汽车的驱动功率在纯电动行驶模式下，是由电机来提供的，在混合动力驱动模式下一般是内燃机与电机的组合。

目前应用在新能源电动汽车中的驱动电机主要有直流电动机、异步电动机、永磁同步电动机和开关磁阻电动机 4 种形式，见表 2-2-2，其中永磁同步电动机是目前市场上电动汽车的首选驱动电机。

典型电动机的性能特性　　表 2-2-2

性能及类型	直流电动机	异步电动机	永磁同步电动机	开关磁阻电动机
转速范围(r/min)	4000 ~ 6000	12000 ~ 20000	4000 ~ 10000	>15000
功率密度	低	中	高	较高
电动机质量	重	中	轻	轻
电动机体积	大	中	小	小
可靠性	一般	好	优良	好
结构坚固性	差	好	好	好
控制器成本	低	高	高	一般

驱动电机的参数关系到汽车的动力性能，电机输出功率的大小就类似于传统汽车内燃机的输出功率。输出功率越大，车辆行驶的最高车速越高；输出转矩越大，加速性能越好。如图 2-2-10 所示的比亚迪腾势纯电动汽车，电机最大功率达到了 86kW，相当于一台 2.0L 排量的发动机所输出的功率。

（1）电机功率

电机最大功率是指该车的电机可以实现的最大功率输出，功率使用 kW 做单位。在纯电动汽车上，最大功率往往反映是最高车速，用来描述汽车的动力性能，体现电机在瞬间超负荷运转的能力。

电机最大功率	86kW
电机最大转矩	290N · m

图 2-2-10　比亚迪腾势纯电动车与电机参数

很多纯电动汽车或是混合动力汽车可能会搭载有 2 台及以上的电机,这主要是因为单一的电机随着功率的提升其体积也会随之增加,出于车辆空间布置的考虑一般将 2 台及以上电机通过合适的齿轮机构进行组合实现动力的整体配合输出。图 2-2-11 是普锐斯混合动力变速器内的 2 个电机。

图 2-2-11　普锐斯混合动力变速器内电机

此外,有的车型还会将 2 个电机分别用于汽车的前、后驱动轴上,即可能会出现一台电机输出的动力仅传递到前轮上,另一台电机输出的动力仅传递到后轮上的情况,如图 2-2-12 所示。

前、后两台电机可以为P85D提供167kW与355.7kW的最大功率,
综合功率高达522.7kW，转矩更是达到了930N · m，数据堪比超跑

图 2-2-12　前、后驱电机

(2)电机转矩

电机最大转矩,也是电机最重要的参数,常用单位为 N·m(牛·米)。电机最大转矩与电机的转速和功率有关,在功率一定的情况下,转矩越大转速就越低,转矩越小转速就越高。纯电动汽车中对电机最大转矩比较重视,因为低速转矩较大的车辆,其加速性能就会越好。电机功率、转矩与转速关系如图 2-2-13 所示。

3)充电时间

新能源汽车其中还有一个很重要的参数就是充电时间,是指采用指定的方式,对一辆新能源汽车的电池电量处于最低状态下,进行充满电所需要的时长。充电时间的长短也已经影响到一个消费者对购买新能源汽车车型的选择了。

充电时间的长短与很多因素有关,这既包括本身车辆的电池容量、设计的充电方式,也包括充电时的环境因素。但是,真正影响充电时长的应该是车辆本身的设计因素,如电池容量和充电的方式。总的说来电池容量越大,其相对应的充电时间也就会越长。

目前,大多数的纯电动汽车快充需要 30min 可充 50%,1 ~ 1.5h 就充满了;慢充需要 6 ~ 10h 充满。表 2-2-3 是几种典型的纯电动汽车充电时间比较。

典型的纯电动汽车充满电时间比较　　表 2-2-3

比亚迪 E6 2016 款 400 豪华型	荣威 e50 2015 款标准型	北汽 EV 系列 2015 款 EV200 轻快版
快充 1.5h;慢充 8h	慢充 6 ~ 8h	快充 1h;慢充 8 ~ 9h

充电方式分为快充和慢充,这里所说的快充与慢充有两种解释。

第一种解释是:早期的快充一般指的是采用直流的方式进行充电,即给车辆充电的是外部的充电桩,充电桩会直接将一个 220V 的电网电转变成与车辆内动力蓄电池相同的电压直流电,通过车辆上设计的直流充电接口就可以直接给内部的动力蓄电池直流充电了。这种充电方式形式直接,充电电流大,因此,充电时间相对会短。例如图 2-2-14 中比亚迪 E6 的快速充电接口,可以清楚地看到接口的电线是 2 个很粗的插孔。

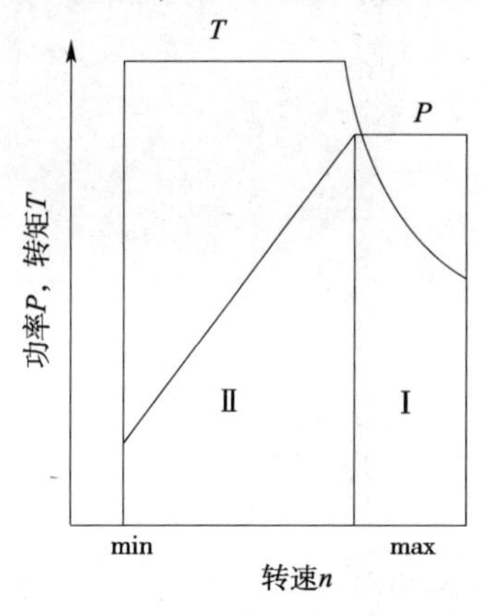

图 2-2-13　电机功率、转矩与转速关系图

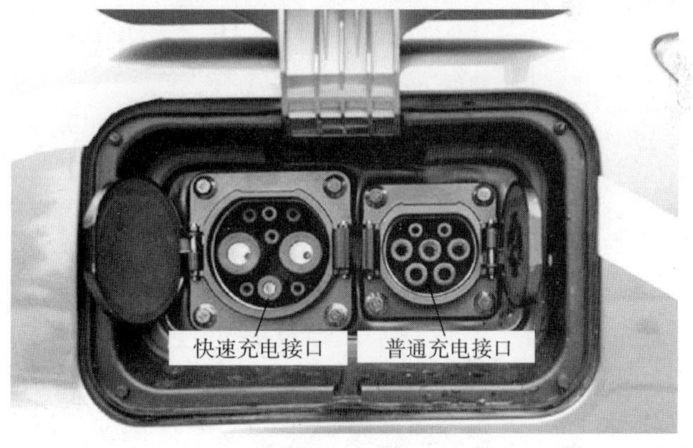

图 2-2-14　比亚迪 E6 左侧快速充电接口

慢充指的是利用车辆自身的部件,将外部 220V 电网的电压转变为适合动力蓄电池的直流电压对车辆进行充电。由于车辆自身转变电压受部件功率的影响,因此,此类充电的时间较长,我们称之为慢充。如图 2-2-14 右侧的普通充电接口,即为慢充接口。

另一种解释是:目前很多纯电动汽车和插电式混合动力汽车所指的充电方式,即车辆只设计了一个充电接口,即国家标准的充电接口,如图 2-2-15 所示。在充电的时候,内部转换器采用 2 种功率输出,对应的充电电流也就不同,分别为 32A 和 16A,我们把 16A 的通常称为慢充,32A 的称之为快充。

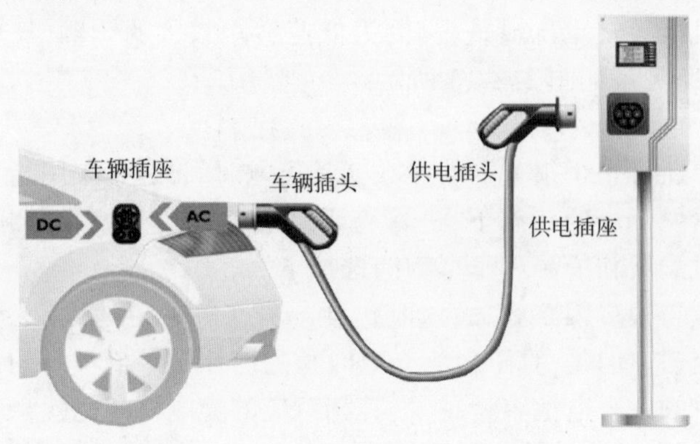

图 2-2-15　标准充电接口

4)百公里耗电量

传统汽车的车主需要支付燃油的费用,而电动汽车需要支付充电的费用,相对于传统汽车的百公里油耗而言,新能源汽车(电动汽车)涉及百公里耗电量。新能源汽车主要电力消耗分布如图 2-2-16 所示。

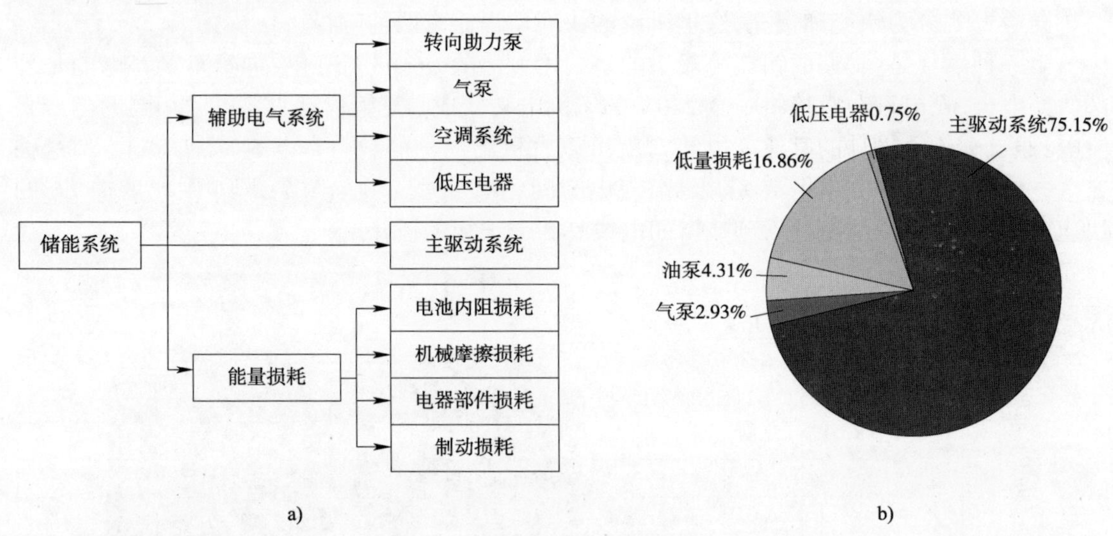

图 2-2-16　电动汽车主要电力消耗分布

如果从新能源汽车使用经济性的角度评价,百公里耗电量(图 2-2-17)给我们提供的最直观的感受就是带来的新能源汽车行驶费用降低。

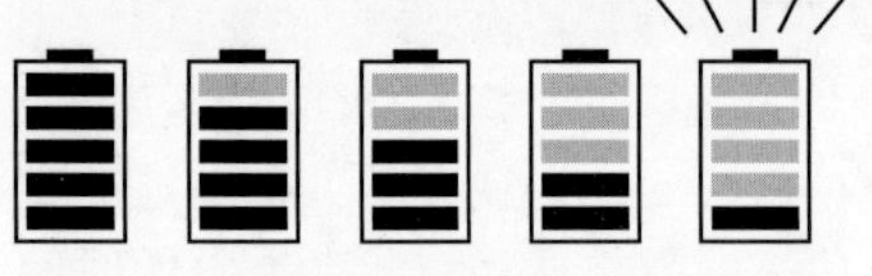

图 2-2-17　耗电量示意图

例如,以福克斯和北汽 EV200 为例对比燃油车与电动汽车在用车成本方面的差异。按照一年 2 万 km 的标准行驶里程计算,计算的费用如下:

油费:以福克斯 2014 款两厢经典 1.8L 手动酷白典藏版为例,该车百公里工况油耗为 8.3L,以北京 95 号汽油 7.57 元/L 的价格计算:

油费 = 行驶里程 ÷ 100 × 百公里油耗 × 燃油价格

最后算出福克斯 2014 款两厢经典 1.8L 手动酷白典藏版 2 万 km 的燃油总支出 = 20000 ÷ 100 × 8.3 × 7.57 = 12566(元)。

按照工业用电平均一度电约 0.8 元/kWh,北汽 EV200 百公里耗电量 14.5kWh 计算:

电费 = 行驶里程 ÷ 100 × 百公里耗电量 × 电价

最后算出北汽 EV200 一年的电费总支出 = 20000 ÷ 100 × 14.5 × 0.8 = 2320(元)。

两者费用上相差了近 1 万元。因此,百公里电耗越低的车辆,其经济性也就越好。

2. 新能源汽车主要生产厂商及代表车型

世界各国的汽车生产厂商都陆续推出新能源汽车,以下列举目前国外和国内新能源汽车生产厂商及代表车型。

1)国外新能源汽车主要生产厂商及代表车型

表 2-2-4 列举目前国外部分新能源汽车主要生产厂商及代表车型。

国外主要新能源汽车生产商及代表车型 表 2-2-4

序号	生产厂商	品牌/车型	产品类型
1	特斯拉	Model S/X	纯电动汽车
2	宝马	I3/I8	纯电动汽车
3	大众	Golf GTE	纯电动汽车
4	通用	沃蓝达 PHEV	插电式混合动力汽车
5	丰田	普锐斯	插电式混合动力汽车
6	三菱	欧蓝德 PHEV	插电式混合动力汽车
7	雷诺	Zoe	纯电动汽车

2)国内新能源汽车主要生产厂商及代表车型

目前国内许多合资合作汽车制造企业、自主品牌汽车制造企业都在大力研发新能源汽车。

表 2-2-5 列举目前国内部分新能源汽车主要生产厂商及代表车型。

国内主要新能源汽车生产商及代表车型 表 2-2-5

序号	生产厂商	品牌/车型	产品类型
1	北汽新能源	E150EV、EV160、EV200	纯电动汽车
2	比亚迪	E6	纯电动汽车
3		秦	插电式混合动力汽车
4	上汽荣威	E50	纯电动汽车
5		E550	插电式混合动力汽车
6	重庆长安	CV11	混合动力汽车
7	奇瑞	瑞麒	纯电动汽车
8		ISG/BSG	油电混合动力汽车
9	江淮汽车	iEV 系列	纯电动汽车
10	上汽集团	帕萨特	燃料电池汽车
11	吉利汽车	熊猫 EK-1	纯电动汽车

3)常见的新能源汽车及特点介绍

以下介绍常见的国内外新能源汽车车型及特点。

(1)特斯拉(TESLA)纯电动汽车

特斯拉汽车公司(Tesla Motors)是美国一家产销电动车的公司,由斯坦福大学硕士辍学生伊隆·马斯克与硕士毕业生 JB Straubel 于 2003 年成立,总部设在美国加州的硅谷地带。

特斯拉汽车公司以电气工程师和物理学家尼古拉·特斯拉命名,专门生产纯电动车,生产的几大车型有:Roadster、Model S、Model X。特斯拉汽车公司是世界上第一个采用锂离子电池的电动车公司,其推出的首部电动车为Roadster。从 2008 年至 2012 年,公司在 31 个国家销售超过 2250 辆 Roadsters。公司在 2010 年开始为英国和爱尔兰市场生产右侧行驶的 Roadster,并扩大销售至澳洲,日本,香港和新加坡以及中国大陆。

图 2-2-18　特斯拉电动汽车

在特斯拉汽车公司中,Model S(图 2-2-18)拥有独一无二的底盘、车身、发动机以及能量储备系统,具有自动驾驶、智能空气悬架、车载双充电器等特色。Model S 配置不同的动力电池的性能见表 2-2-6。Model S 的标准充电配备为车载充电器和一个 40A 的单相壁挂式连接器。根据电源,可实现每小时充电行驶里程长达 50km 左右的充电率。

特斯拉技术参数　　表 2-2-6

配置动力电池(kwh)	输出功率(kW)	续驶里程(转速)(km)	加速时间(0~100km)(s)	最高车速(km/h)
60	283	345(105km/h)	6.2	190
80	283	460(105km/h)	5.6	225

特斯拉 Model X 采用双电机全车轮驱动的标准配备,如图 2-2-19 和图 2-2-20 所示。第二个电机能够使汽车在各种气象和路面条件都获得更加强劲的转矩和牵引力。Model X Performance 从 0 加速到 96km/h 用时不到 5s,超越最快的 SUV 和许多跑车。

a)后轮驱动

b)双电机全轮驱动

图 2-2-19　特斯拉电动汽车的两种驱动形式

(2)丰田普锐斯混合动力汽车

1997 年,丰田(TOYOTA)油电混合动力汽车普锐斯(PRIUS)的问世掀开了混合动力汽车的序幕。新一代普锐斯(图 2-2-21)已经成为领导新时代潮流的混合动力汽车的典范。据统计,普锐斯在全球范围内已累计销售超过 40 万辆。

图 2-2-20　双电机全车轮驱动 Model X

丰田 THS(Toyota Hybrid System)系统是典型的混联式混合动力系统,至今已发展到第二代。最早被用于 1997 年 10 月发布的第一代普锐斯上。THS Ⅱ的主要总成全部由丰田汽车公司自主开发。通过对电源系统、驱动电机、发电机、电池组等的革新,全面提升了系统性能。系统构成包括:两个动力源(采用高膨胀比循环的高效汽油发动机和输出功率提升至 1.5 倍的永磁式交流同步电动机)及其驱动电机、发电机、内置动力分离装置的混合动力用变速箱、混合动力用高性能镍氢电池组、动力控制总成。

图 2-2-21　普锐斯混合动力汽车

THS Ⅱ的工作状态与人们所熟悉的将汽油发动机作为动力提供装置的普通汽车不同,普锐斯的动力有两部分组成,除了发动机外还多出了电动机(永磁式同步交流电动机)和混合动力车专用蓄电池(密封镍氢电池),这样蓄电池的电力也可以为车辆提供部分动力,达到节省燃油的目的。

在普锐斯的整个行驶过程中到底是用发动机还是用电机来驱动汽车是要根据车辆的行驶状态来决定的,发动机只有在普通行驶和全面加速的两个阶段中运转,消耗燃料,而在减速制动阶段由车轮来驱动电机将车辆制动能量转换成电能并进行回收将被再次利用。

普锐斯(PRIUS)作为世界首款量产的混合动力车,它改变了人们基于传统汽车的评判标准。通过 TOYOTA 油电混合动力系统将汽油发动机与电动机进行组合,在达成高水平的燃油经济性和环保性能的前提下,实现了出色的动力性,并创造了舒畅的驾驶乐趣和良好的静谧性。在城市工况下,排量为 1.5L 的 PRIUS 达到了相当于 2.0L 传统车型的动力性能;而油耗仅相当于 1.0L 的传统车型。

(3)比亚迪 E6 纯电动汽车、比亚迪秦混合动力汽车

比亚迪 E6(图 2-2-22),是比亚迪自主研发的一款纯电动跨界车(Crossover),它兼容了 SUV 和 MPV 的设计理念,是一款性能良好的跨界车。

E6 最大的亮点,是采用电力驱动。其动力电池和启动电池均采用比亚迪自主研发生产的 ET－POWER 铁电池,不会对环境造成任何危害,其含有的所有化学物质均可在自然界中被环境以无害的方式分解吸收,能够很好地解决二次回收等环保问题,是绿色环保的电池。铁电池经过高温、高压、撞击等试验测试,安全性能非常好,短路爆炸几率小。在能量补充方

面,E6 可使用 220V 民用电源慢充,快充为 3C 充电,15min 可充满电池约 80%。纯电动车 e6 已通过国家强制碰撞试,比亚迪做了大量测试,包括 8 万 ~10 万 km 道路耐久试验,以及在软件控制等方面都有了很大的改进。E6 于 2011 年 10 月在我国上市,售价约为 30 万。

比亚迪 E6 整体时尚大气。其车身尺寸为 4554mm × 1822mm × 1630mm,轴距达到 2830mm,较为宽大的车身内部仅设五座,人均空间十分宽敞。虽然装载能力十分强大,但是比亚迪 E6 将庞大的电池系统放到了行李舱及后座下方。

比亚迪 E6 最高车速可达 160km/h,而百公里能耗约为 20kW · h,只相当于燃油车 1/4 ~1/3 的消费价格。E6 续驶里程超过 300km,为同类车型之冠。

比亚迪 · 秦(图 2-2-23)是比亚迪公司自主研发的 DM 二代(在纯电动和混合动力两种模式间进行切换)的高性能三厢轿车。比亚迪 · 秦自 2012 年北京车展推出后,一直受到广用户欢迎。

图 2-2-22　比亚迪 E6 纯电动汽车

图 2-2-23　比亚迪 · 秦混合动力汽车

动力方面,比亚迪秦双冠版依旧采用的是第二代 DM 双模混动技术,相比第一代 DM 双模混动技术,比亚迪的第二代 DM 双模混动系统主要通过换装更加高效强劲的 TID 总成、高转速电机、集成式电机控制器、更安全的铁电池等实现了更强的动力性能和更优的经济性能。

秦双冠版搭载一台 1.5T 发动机和电动机组成的插电式混动系统,其综合最大输出功率为 217kW,峰值转矩 479N · m。电池组的容量为 13kW · h,在纯电动状态下的最大续驶里程为 70km。

混合动力模式下 0 ~100km/h 加速时间仅为 5.9s,最高时速可达 185km,百公里综合油耗仅 2L。秦在纯电状态下可连续驶 70km,满足日常代步需求,长途旅行电量耗完后也可用 1.5TID 动力总成单独驱动,突破了新能源车续驶不足的瓶颈。

(4)荣威 E50 纯电动汽车、E550 混合动力汽车

荣威 E50 纯电动汽车(图 2-2-24),由上汽集团历时 3 年自主研发。荣威 E50 纯电动汽车搭载了高性能的电驱动力及电控系统,其中包括磷酸铁锂高压电池系统、完全自主研发的永磁同步驱动电机、整车热管理系统、电动助力转向系统、电机控制器、车载高压充电器、电动空调压缩机、制动能量回收控制等具有高技术含量的核心部件。

荣威 E50 纯电动汽车的最大续驶里程达到 180km,0 ~50km/h 加速时间 5.3s,百公里加速时间为 14.6s,该电池总能量为 18kW · h 时,具有快充和慢充两种充电模式,一次充电后,荣威 E50 在城市工况下的续驶里程在 120km 以上。

荣威 E50 的充电方式有慢充和快充两种。慢充:充电接口的结构采用国家统一标准,可以直接采用 220V 16A 普通家用电源插座进行充电,也可以采用充电桩对车辆进行充电。快充:充电口的设计满足额定电流为 180A 充电能力,符合国家标准的尺寸、物理结构等方面的要求。可在 30min 内将电池充 80%。

荣威 E50 是国内第一个使用电子驻车制动器的微型汽车,配载的人性化 SMART HOLD 电子驻车制动器系统,具备自动释放、熄火拔出钥匙后可自动驻车,坡道辅助起步等功能;在行车制动器失灵时可作为紧急制动使用,通过先进科技避免抱死滑移,从而提升行车安全。

荣威 E50 配置智能车内人机交互系统。全彩高分辨率 6.5 英寸全集成式多功能触摸屏,提供细腻的画面质量,娱乐,空调等都实现全触摸控制。潮流必备的一体式触摸娱乐系统,随车装备 AUXIN、USB、SD 等潮流接口,支持视频、音频、电子书等设备的便捷读取。

荣威 E550 混动版(图 2-2-25),采用上汽自主研发的插电式混合动力系统,燃油动力方面使用的是一台 1.5VCT 发动机。

图 2-2-24　荣威 E50 纯电动汽车

图 2-2-25　荣威 E550 混合动力汽车

荣威 E550 的内饰保持一贯的简约风格,各区域按键以及功能分区都清晰明了,中控台采用全黑的内饰配色,并加以银灰色装饰板点缀,并不显得沉闷。多媒体按键被放置在中控台的中层,与下层的空调按键分隔开来,值得一提的是,按键的手感和旋钮的阻尼设定都较为均衡,操作起来也较为顺手,整体表现值得称道。

动力方面,新款荣威 E550 依然维持现款配置,但对电动机以及牵引电机进行优化,提供 147kW 的最大功率与 599N·m 的峰值转矩。新的动力单元百公里加速时间由 10.5s 缩短至 9.5s,动力提升明显

经过升级优化之后,新款荣威 E550 在纯电动行驶下,续驶里程能够达到 60km,综合续驶里程达 500km,较长的续驶里程这也是插电式混合动力车型的优势所在。值得一提的是,荣威的动力电池获得美国 UL 2580 安全认证,并且厂家给电池提供长达 8 年 16 万 km 的衰减承诺,保证 8 年或行驶 16 万 km 后电池的衰减不超过 30%。

(5)北汽新能源纯电动汽车

北京新能源汽车股份有限公司(简称:北汽新能源)是由世界 500 强企业北京汽车集团有限公司发起并控股,联合北京工业发展投资管理有限公司、北京国有资本经营管理中心、北京电子控股有限责任公司共同设立的新能源汽车产业发展平台,是目前国内纯电动汽车市场占有率最大、规模最大、产业链最完整的新能源汽车企业。目前,北汽新能源已形成辐

射全国的产业布局,并与美国 Atieva 公司、德国西门子、韩国 SK 等著名企业开展了成功的合作,大大增强了技术实力和研发实力。截至目前,主要推出的车型有 E150EV、绅宝 EV、EV160、EV200、EU260、ES210 等。

北汽 E150EV(图 2-2-26),吸取了国际前沿的"科技、品质、安全、环保"的造车理念,融汇多年成熟经验,集成国际资源打造的一款精品自主 A0 级轿车。

北汽 E150EV 定位追求技术潮流的个人用户,纯电动轿车,能耗低、节能效果显著,最高时速 120km,续驶里程 150 ~ 200km。能耗低、节能效果显著,拥有新功能主义的设计风格、科技智能化前瞻配置、硬朗与舒适并存的底盘调校、先进而丰富的娱乐系统、跃级空间享受、BOSCH ABS + EBD9.0 系统以及五星安全保障。

北汽 EV160(图 2-2-27),是北汽新能源于 2015 年 3 月推出的一款纯电动汽车,是一款售价亲民、适合城区普通家庭使用的精品自主 AO 级轿车。

图 2-2-26　北汽 E150EV 新能源汽车

图 2-2-27　北汽 EV160 新能源汽车

作为 E150EV 的垂直换代车型,EV160 轻快版在外观内饰、行驶里程及科技化配置等方面得到了全方位系统化升级,综合品质得到大幅提升。选用普莱德磷酸铁锂电池,电池蓄电量为 25.6kW·h,综合工况下续驶里程超过 160km,经济时速下,续驶里程可达到 200km。搭载北汽自主研发的高性能轻量化永磁同步电动机,最大功率 53kW,0 ~ 50km/h 加速时间仅为 5.3s,最高车速为 125km/h,性能全面匹敌 2.0 排量传统燃油发动机,与传统燃油车体验无异。车载中央信息系统娱乐功能丰富,拥有 8 英寸大屏液晶显示器,集合娱乐、导航、蓝牙、互联等多项功能于一身,车载 GPS 采用凯立德车载导航系统。

图 2-2-28　北汽 EV200 新能源汽车

北汽 EV200(图 2-2-28),是北汽新能源于 2014 年底推出的一款纯电动汽车,是一款集动感时尚、超强性能、科技配置、贴身安全、健康环保五大亮点为一体的一款精品自主 AO 级轿车。

北汽 EV200 具有动感时尚、超强性能、科技配置、全面安全、健康环保等特点,其中最厉害的"杀手锏"当属其超长的续驶能力,综合路况下续驶可超 200km,经济时速下续驶可达 260km。即使是在北京这样的超大城市,该续驶能力也完全能满足任何日常出行。该款车型已于 2015 年 3 月 20 日上市,上市短短半年时间,便在业界赢得良好口碑,因销售火爆,一度被媒体称为"一车难求"。

任务实施

(一)工作准备

(1)防护装备:常规实训工装。

(2)车辆、台架、总成:荣威 E50、比亚迪 E6、北汽新能源汽车(或其他新能源汽车)。

(二)实施步骤

本操作任务主要是能够检索目前市场上新能源汽车的厂商和代表车型,识别并能分析对比这些车型的性能特点。新能源汽车铭牌介绍如图 2-2-29 及视频。

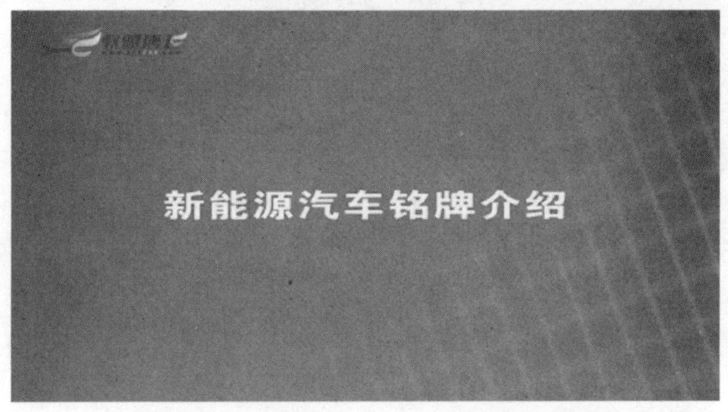

图 2-2-29　新能源汽车铭牌介绍及视频

1. 新能源汽车的主要标识位置查找与内容识别

汽车标识是表明车辆身份的重要依据,如生产厂家、车型、发动机功率、装载质量、整车、出厂编号等。标识信息的作用是便于销售者、使用者、维修人员、交通管理部门识别车辆的信息。按我国国家规定,新车登记和年度检验时,都要检查这些标志。

新能源汽车车辆标识包括:车辆识别代号(VIN);变速器代号;驱动电机代号;车辆标牌。其在车辆上的位置如图 2-2-30 所示(以上汽荣威 E50 为例,其他车型可供参考)。

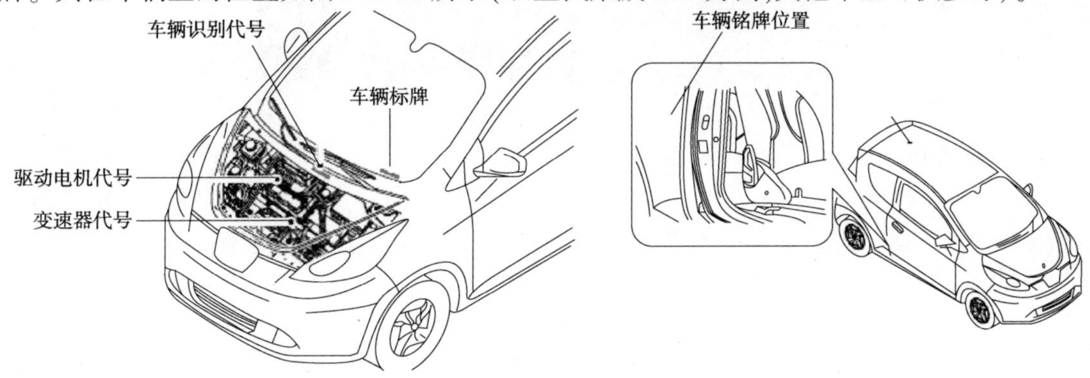

图 2-2-30　新能源汽车主要标识位置(荣威 E50)

1)车辆识别代号

即VIN码,也称"17位编码",相当于这辆汽车的"身份证"。VIN码位于风窗玻璃左下角的仪表板上,透过风窗玻璃左下角,可以清楚地看到。图2-2-31所示是荣威E50的VIN码。

图2-2-31 荣威E50的VIN码

 提示:

汽车的车辆识别代号都有好几个位置,你能在实训车辆的其他位置找到这个代号吗?

2)变速器代号

打印在变速器前壳体后下部,标示了该车辆变速器的类型,如无级变速器等。

图2-2-32所示是荣威E50的变速器代号位置。

图2-2-32 变速器代号位置(荣威E50)

3)驱动电机代号

荣威E50驱动电机代号,打印在驱动电机壳体底部。通过该电机代号,可以从厂方指定的资料手册中查找出该车辆的电机类型、适用的电压以及主要的电机参数。

图2-2-33所示是荣威E50的驱动电机代号位置。

4)车辆标牌

粘贴在右侧车门后框上。车辆标牌包含的信息有车辆型号、乘坐人数、制造年月、制造国、驱动电机功率等。

图 2-2-33　驱动电机代号位置(荣威 E50)

图 2-2-34 所示是荣威 E50 的车辆标牌信息。

a)

b)

图 2-2-34　车辆标牌信息(荣威 E50)

此外,在有些车辆上还利用标牌标识有动力系统控制模块的信息,图 2-2-35 所示是比亚迪 E6 纯电动汽车在动力系统控制模块标牌位置。图 2-2-36 所示是北汽新能源纯电动汽车驱动电机与控制器标牌的位置。

图 2-2-35　比亚迪 E6 汽车标牌位置

2. 利用计算机或移动终端检索资料

检索关键词“厂商名称(如比亚迪)”、“纯电动汽车”、“混合动力汽车”,并记录主流新能源汽车厂商的代表车型等信息。

a)驱动电机控制器

b)驱动电机

图 2-2-36 北汽新能源 E150 驱动电机与控制器标牌位置

3. 评价车型

1）检索资料

对江淮、北汽、东风日产三款新能源汽车的性能参数进行对比，并最后给出一个合理的评价。

评价背景：用户 A 住在上海城区，月均收入 8000 元，目前从驻地到上班的地点距离是 20km。现结合 A 的情况，针对下面三款车辆，给出一个最合适的购买车型选择，并说明其理由。

2）参考信息资料

（1）国家及地方补贴信息

国家及地方补贴标准见表 1-2-1、表 1-2-2；江淮、北汽、东风日产三款纯电动车补贴及价格对比见表 2-2-7。

三款纯电动车价格对比（万元）　　表 2-2-7

车　型	官方指导价	国家/地方补贴	补贴后售价
江淮 iev5	16.98～18.08	4.5/4.5	7.98～9.08
北汽 EV200	20.89～24.69	4.5/4.5	11.89～15.69
东风日产启辰晨风	26.78～28.18	4.5/4.5	17.78～19.18

江淮 iev5 是一款 4 门 5 座三厢小型车，车身尺寸为 4320mm×1710mm×1515mm，轴距为 2490mm，行李舱容积达 410mm^3，作为一款小型车来说，江淮 iev5 的存储空间比紧凑型家用轿车都还要大。

北汽 EV200 目前官方指导价为 20.89 万～24.69 万元，可获得国家和地方共计 9 万元的补贴，补贴后价格为 11.89 万～15.69 万元。同为小型电动汽车，但北汽 EV200 却比江淮 iev5 贵 3.91 万～6.61 万元左右，不过销量比江淮 iev5 高。

东风日产启辰晨风是一款紧凑型电动汽车，官方指导价为 26.78 万～28.18 万元，该车可获得国家和地方共计 9 万元的补贴，补贴后价格为 17.98 万～19.18 万元，比江淮 iev5 贵 10 万元，比北汽 EV200 高 6.09 万元，由于价格偏高，所以晨风今年上半年销量远远落后于北汽 EV200 跟江淮 iev5。

(2)参数信息

江淮 iev5 搭载了一台最大功率 50kW、功率 25kW 的电动机,其峰值转矩达 215N · m。而且得益于发动机起动即可爆发出最大转矩的特性,最高车速为 120 km/h,百公里实测加速为 14.68s,最大续驶里程 240km。

北汽 EV200 是 E150EV 的换代产品,源于北汽 A 级平台,搭载一台最大功率 53kW 的电动机,其峰值转矩为 180N · m。传动方面,与发动机匹配的是电动车单速变速器。它在 0 ~ 50km/h 的起步加速仅需 5.3s,百公里加速需 13s,最高车速为 125km/h,最大续驶里程 245km。

东风日产启辰晨风搭载一台最大输出功率 109kW 的电动机,采用 EM61 电机前轮驱动模式,动力源来自超薄型高性能锂离子电池组,最大输出功率 80kW,峰值转矩 254N · m,最高车速为 144km/h。充满电后该车可连续行驶 175 km 左右。

(3)充电时间

江淮 iev5 可以使用国家电网充电桩和家庭 220V 三针插口这两种充电方式,其中快速充电时间为 2.5h,而慢充则需要 8h 来完成。

北汽 EV200 在 220V 家用电源可随插随充,6 ~ 8h 即可充满;如果使用快充桩,EV200 充电 30min 可充到电池满量的 80%。

东风日产启辰晨风慢充模式使用 220V 普通电源充电,4h 可以将动力电池完全充满;而在快充模式下,充电 30min 就可以达到电池量的 80%,假如消费者的时间有限,充电 3min,车辆也能持续行驶约 30km、5min 可持续行驶约 60min。

学习测试

1. 填空题

(1)新能源汽车评价参数主要包括________、________、________以及使用的方便性。

(2)目前市场上主流的动力电池主要有:________电池、________、________电池。

(3)我们国家目前对新能源汽车混合动力的补贴也是以________续驶里程为基准的。

(4)动力蓄电池的性能参数通常用于评价和衡量的是________、电池的________以及电池的________。

(5)新能源汽车充电时间,是指采用指定的方式,对电池电量处于________状态下,进行________所需要的时长。

2. 判断题

(1)续驶里程是新能源汽车首要的参数。　　(　　)

(2)续驶里程是指从充满电的状态下到实验结束时所行驶的距离,以 m(米)为单位。　　(　　)

(3)在纯电动汽车中,利用电池 A 这个容量单位去衡量电池容量的大小。　　(　　)

(4)驱动功率是衡量新能源汽车动力性的重要指标,直接影响到汽车的加速性能和最高车速。　　(　　)

(5)永磁异步电机作为目前市场上电动汽车的首选电机。　　(　　)

(6)电动汽车的充电时间是相对固定的。 ( )

3. 不定项选择题

(1)下列用于判断动力电池容量的单位( )。

A. kW·h B. Ah C. W D. N·m

(2)下列用于判断电机驱动性能的参数有( )。

A. 输出功率 B. 输出最大转矩 C. 额定容量 D. 充电时间

(3)电动汽车整车性能参数中用于判断电池容量的参数有( )。

A. 续驶里程 B. 最大转矩 C. 电池质量 D. 最大爬坡度

(4)纯电动汽车在充电的时候,快充的充电电流为( )。

A. 16A B. 32A C. 64A D. 以上都错误

(5)从车辆的哪个地方可以找到电池容量信息?( )。

A. 车辆标牌 B. 用户手册车辆整车性能参数表

C. 发动机标牌 D. 胎压标签

项目三 纯电动汽车

本项目主要介绍纯电动汽车的使用、结构与基本控制原理，分为两个任务学习。

任务1　纯电动汽车的结构与操控；

任务2　纯电动汽车的基本控制原理。

通过以上两个任务的学习，你将能够了解纯电动汽车的基本结构与控制原理，并掌握如何正确去操控一辆纯电动汽车及解决纯电动汽车的常见故障问题，为下一步纯电动汽车的检修学习和工作奠定基础。

任务1　纯电动汽车的结构与操控

提出任务

作为一名新能源汽车专业的学生，现在你临时担任新能源汽车销售顾问。你需要为一位已购买纯电动汽车的客户详细介绍该车的功能以及如何进行正确的操控，你能完成这个任务吗？

任务要求

知识要求

1. 能够描述纯电动汽车的典型特征与核心技术；
2. 能够描述纯电动汽车的主要类型；
3. 能够描述纯电动汽车的基本结构；
4. 能够描述纯电动汽车的仪表指示灯含义；
5. 能够描述纯电动汽车的充电系统。

能力要求

1. 能够正确起动纯电动汽车；
2. 能够正确操作纯电动汽车组合仪表各个开关及各挡位；
3. 能够正确为纯电动汽车进行充电。

相关知识

1. 纯电动汽车的典型特征与核心技术

纯电动汽车指的是采用动力电池作为驱动能源，使用电机驱动车辆行驶的汽车，其英文缩写为EV(Electric Vehicle)。由于纯电动汽车的主要驱动能源是动力电池，因此也可缩写为BEV(Battery Electric Vehicle)。

1)纯电动汽车的典型特征

纯电动汽车与传统汽车相比，有以下典型特征：

(1)取消了内燃机，改用动力电池加电机的方式来驱动汽车。

(2)不再需要加注燃油,改用需要外部电网进行对车辆充电来续航车辆行驶里程。

(3)延续使用传统汽车的大部分系统或部件,如转向系统、车身电器等。

2)纯电动汽车的核心技术

纯电动汽车的推广和发展应具备动力电池及管理系统技术、驱动电机及其控制技术、整车控制技术以及能量管理技术 4 个方面的核心技术。其他关键技术还有:驱动电机额定转速及最高转速的选择、驱动电机额定电压的选择、纯电动汽车传动系的参数匹配及辅助系统的主要结构等。

(1)动力电池及管理系统技术

纯电动汽车上使用的动力电池(车载电源)发展经过了 3 代。

第 1 代是铅酸电池。技术成熟,成本低,但比能量和比功率低,不能满足纯电动汽车续驶里程和动力性能的需求。

第 2 代是高能电池。主要有镍镉(NJ - Cd)、镍氢(Ni - MH)、钠硫(Na/S)、锂离子(Li - ion)和锌空气(Zn/Air)等多种电池,其比能量和比功率都比铅酸电池高,因此大大提高了纯电动汽车的动力性能和续驶里程,但价格比铅酸电池高。有些高能电池需要复杂的电池管理系统和温度控制系统,各种电池对充电技术有不同要求,电化学电池中的活性物质在使用一定期限后会老化,降低功能直至报废,从而使纯电动汽车的制造及使用成本高。

第 3 代是飞轮电池与超级电容器。飞轮电池是机械能—化学能—机械能转换的电池;超级电容是电能器—电位能—电能转换的电池,这两种储能器在理论上具有很强的转换能力,而且充电和放电方便迅速,但目前还处于研制阶段,一些关键技术还有待突破。

动力电池除了提供高压直流电使驱动电机工作外,也是空调系统、制动系统和转向系统等相关系统工作的电源。动力电池通过 DC/DC 转换器,供应 12V 或 24V 电源,并储存到低压电池组,作为仪表、照明和信号的工作电源。

动力电池管理系统对动力电池组充电、放电时的电流、电压、放电深度、再生制动反馈电流、电池温度等进行控制。个别单个电池性能变化后,会影响整个电池组的工作性能,所以需要电池管理系统对整个电池组和单个电池进行监控,保持各个单体电池的一致性。动力电池必须进行周期性的充电。因此,高效率和高速度充电设备,是电动汽车必需的辅助设备。充电设备有地面充电器和车载充电器,充电方式有接触式充电和感应式充电。

(2)驱动电机及其控制技术

纯电动汽车是利用电机将电能转换为机械能来实现驱动的。驱动电机与驱动系统是纯电动汽车的关键部件,要使纯电动汽车有良好的使用性能,驱动电机应具有调速范围宽、转速高、起动转矩大、体积小、质量小、效率高且有动态制动强和能量回馈等特性。

电机的种类很多,目前,纯电动汽车所用电机主要有直流电机(DCM)、感应电机(IM)、永磁无刷电机(PMBLM)和开关磁阻电机(SRM)等。对于不同的电机,采用的控制理论不同,控制方法也不同,但都是控制电动机的转速与旋转方向。电机控制主要采用脉冲宽度调节(PWM)、变频变压调节(VVVF)、矢量控制调节(VC)和直流控制调节(DSC)等方法来控制。

再生制动是电动汽车节能的重要措施,制动时电机可实现再生制动,一般可回收 10% ~

15%的能量,有利于延长电动汽车的续驶里程。在电动汽车中还保留了常规制动系统和ABS制动系统,以保证在紧急情况下的制动性能。

(3)整车控制技术

纯电动汽车的管理系统主要是对动力电池组的管理和对电动机的控制。将加速踏板和制动踏板的机械位移的行程量转换为电信号,输入中央控制器,通过动力控制模块控制驱动电动机运转;计算动力电池组剩余电量和剩余续驶里程;对整个低压的电子、电器装置进行控制;采用各种传感器、报警装置和自诊断装置,对整个动力电池组、功率转换器、驱动电机系统进行监控,并及时反馈信息和报警。

纯电动汽车是高科技综合性产品,除动力电池、驱动电机外,车体本身也包含很多高新技术,有些节能措施比提高电池储能能力还易于实现。采用轻质材料如镁、铝、优质钢材及复合材料,优化结构,可使汽车自身质量减轻30% ~50%;实现制动、下坡和怠速时的能量回收;采用高弹滞材料制成的高气压子午线轮胎,可使汽车的滚动阻力减少50%;汽车车身特别是汽车底部更加流线型化,可使汽车的空气阻力减少50%。

安全保护系统方面,动力电池组具有高压直流电,必须设置安全保护系统,确保乘员、驾驶员和维修人员的安全。管理系统必须配备故障自诊断系统和故障报警系统,在电气系统发生故障时自动控制电动汽车不能起动,防止事故的发生。

(4)能量管理技术

动力电池是纯电动汽车的储能动力源。纯电动汽车要获得非常好的动力特性,必须具有比能量高、使用寿命长、比功率大的电池作为动力源。而要使电动汽车具有良好的工作性能,就必须对动力电池进行系统管理。

能量管理系统是电动汽车的智能核心。一辆设计优良的电动汽车,除了具有良好的机械性能、电驱动性能、选择适当的能量源(即电池)外,还应该有一套协调各个功能部分工作的能量管理系统。其作用是检测单个电池或电池组的荷电状态,并根据各种传感信息,包括力、加减速命令、行驶路况、电池工况、环境温度等,合理地调配和使用有限的车载能量;还能够根据电池组的使用情况和充放电历史情况选择最佳充电方式,以尽可能延长电池的使用寿命。

世界各大汽车制造商的研究机构都在进行电动汽车车载电池能量管理系统的研究与开发。电动汽车电池当前存有多少电能,还能行驶多少里程,是电动汽车行驶中必须知道的重要参数,也是电动汽车能量管理系统应该完成的重要功能。应用电动汽车车载能量管理系统,可以更加准确地设计电动汽车的电能储存系统,确定一个最佳的能量存储及管理结构,并且可以提高电动汽车本身的性能。

在电动汽车上实现能量管理的难点,在于如何根据所采集的每块电池的电压、温度和充放电电流的历史数据,来建立一个确定每块电池还剩余多少能量的较精确的数学模型。

2. 纯电动汽车的主要类型

目前市场上有很多类型的纯电动汽车,为了便于学习和认知,我们根据纯电动汽车的设计特点和性能按如下的几种方式进行分类:

1)纯电动汽车的动力源

纯电动汽车的动力传输目前有单一车载动力电池和辅助动力源两种类型。

(1)用单一车载动力电池作为动力源的纯电动汽车

该类型纯电动汽车只装置了动力电池,它的动力传输系统如图3-1-1、图3-1-2所示。

图3-1-1　单一动力源的纯电动汽车动力传输路径

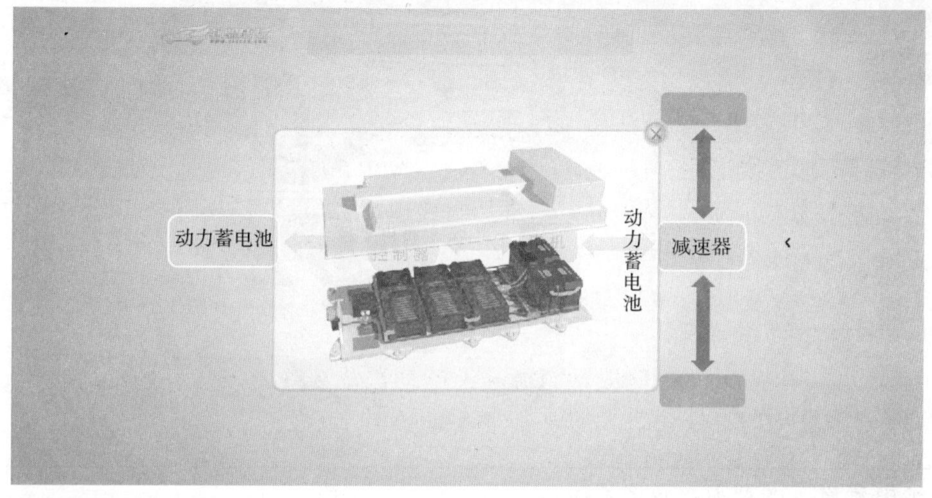

图3-1-2　纯电动汽车动力传输路径

(2)装有辅助动力源的纯电动汽车

用单一动力电池作为动力源的纯电动汽车,会存在电池的效率较低,电池组的质量和体积较大。因此,在某些纯电动汽车上增加辅助动力源,如超级电容器、惯性储能飞轮或太阳能等,由此改善纯电动汽车续驶里程。装有辅助动力源纯电动汽车的动力传输系统如图3-1-3所示。

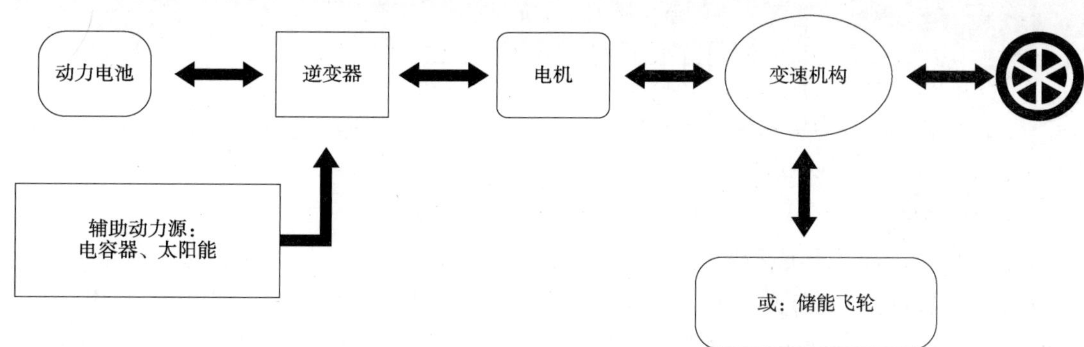

图3-1-3　装有辅助动力源的纯电动汽车动力传输路径

当前上市的纯电动车辆主要采用的是单一动力电池的方式,如典型的北汽新能源纯电动汽车系列、比亚迪E6、荣威E50等,见表3-1-1。

典型的纯电动汽车　　表 3-1-1

纯电动汽车	实 物 图 片
北汽 EV200	
比亚迪 E6	
荣威 E50	

2)纯电动汽车的动力布置形式

纯电动汽车根据驱动电机与驱动车轴之间的连接关系,常有以下 3 种布置形式:

(1)替代内燃机布置

替代内燃机布置只是将内燃机换成电动机,仍然保留了离合器、变速器和驱动桥部分,如图 3-1-4 所示。这种布置可以提高纯电动汽车的起动转矩,增加低速时纯电动汽车的后备功率。

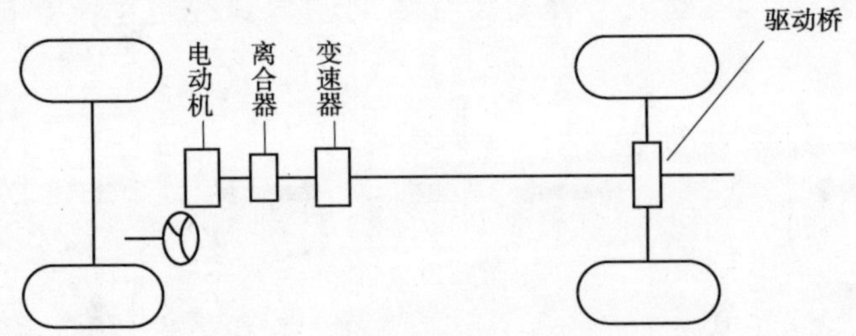

图 3-1-4　替代内燃机动力布置形式

(2)电机齿轮机构集成布置

电机齿轮机构集成布置取消了离合器和变速器,但保留减速差速机构,由 1 台电动机驱动两车轮旋转,可以是前驱,也可以是后驱,如图 3-1-5 所示。优点是可以继续沿用当前内燃机汽车中的动力传动装置,只需要一组电动机和逆变器。这种方式对电动机的要求较高,不仅要求电动机具有较高的起动转矩,而且要求具有较大的后备功率,以保证纯电动汽车的起动、爬坡、加速超车等动力性。

(3)轮毂电机布置

轮毂电机布置是将电动机直接装到驱动轴上，直接由电动机实现变速和差速转换，如图3-1-6所示。这种传动方式同样对电动机有较高的要求，要求有大的起动转矩和后备功率，同时不仅要求控制系统有较高的控制精度，而且要具备良好的可靠性，从而保证电动汽车行驶的安全、平稳。

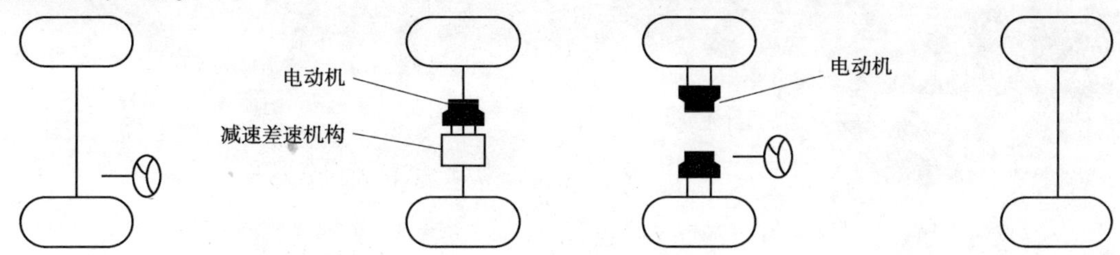

图3-1-5 电机齿轮机构集成动力布置形式　　图3-1-6 轮毂电机动力布置形式

当前，上市的纯电动汽车主要采用的电机齿轮机构集成动力布置形式，如上面列举的北汽EV200、荣威E50等，其驱动系统结构均如图3-1-7所示。

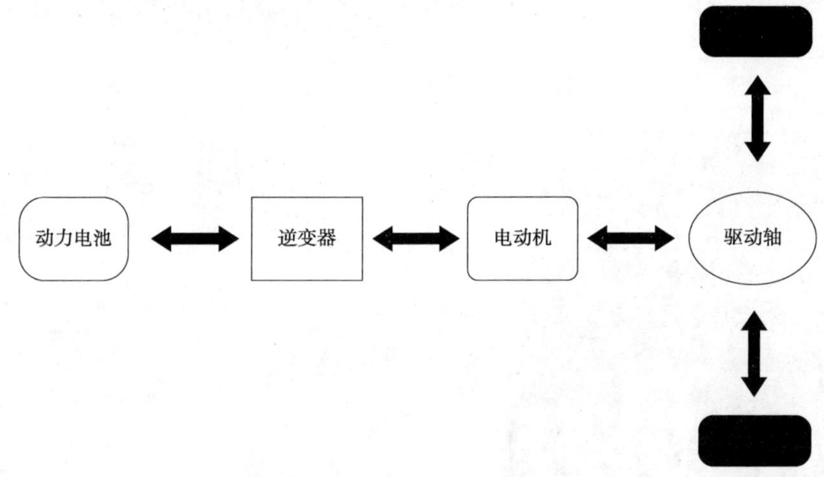

图3-1-7 纯电动汽车典型驱动形式

3. 纯电动汽车基本结构

纯电动汽车与传统汽车相比，有着相同的车身、车载电器系统，以及一些基本的液压制动、转向部件。但是，纯电动汽车也有很多自己所独有的结构部件，这包括驱动系统、车载12V电源系统以及外部充电系统。图3-1-8所示为一辆典型纯电动汽车的结构布置示意图。

1)动力电池

动力电池，也称动力蓄电池、高压动力电池组或高压电池组。用于存储电能。目前市场上的纯电动汽车的动力电池主要采用的是锂电池，包括有磷酸铁锂电池、钴酸锂电池以及三元锂电池，能够实现电池的循环充放电。

由于纯电动汽车需要有更大存储容量的电池，而按照目前的锂电池技术，电池的体积也会相应地增大。因此，目前大多数的纯电动汽车高压电池组都是安装在车辆的底部，没有过多地占用乘客舱的容积，如图3-1-9所示。

图 3-1-8　典型纯电动汽车结构

图 3-1-9　动力电池在汽车中的安装位置

动力电池通常有多个单体电池按照串、并联的方式连接而成的，在图 3-1-10 中的动力电池就是由图示 8 个电池模块进行串联而成的。例如，在荣威 E50 的动力电池中包含了 5 个电池模块，其中 3 个大的电池模块分别由 27 个单元组串联起来的，2 个小的电池模块又分别由 6 个单元组串联的，共计形成了 93 个串联的锂电池单元组，实现约 300V 的输出电压，如图 3-1-11 所示。

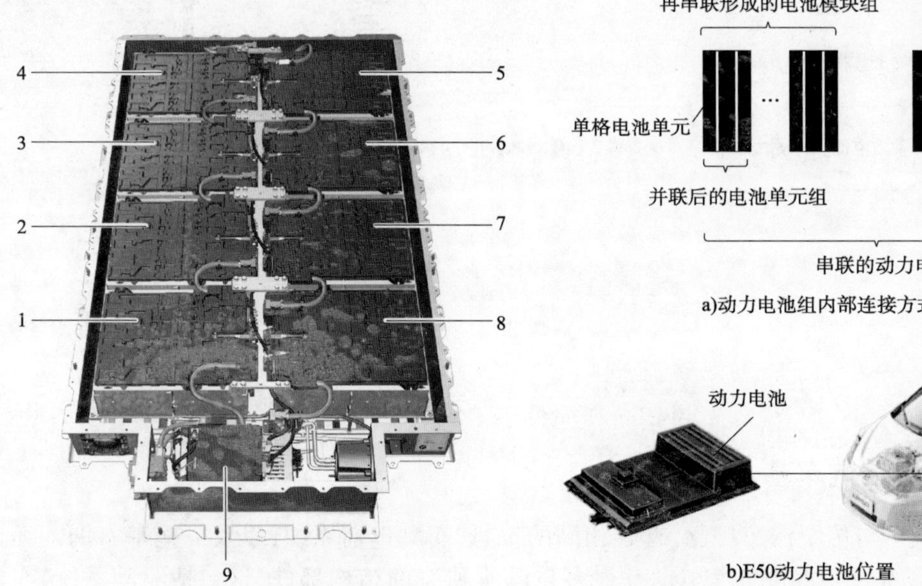

图 3-1-10　纯电动汽车动力电池组安装位置及内部结构

图 3-1-11　E50 动力电池结构示意图

虽然每个电池单元的电压仅 3.7V 左右，但是经过将多个电池单元先进行并联再串联，实现整个电池组的容量和电压进一步增大。

以下名词通常用于描述动力电池的内部结构部件：

(1)电池单元：构成动力电池的最小单元，一般由正极、负极、电解质及外壳等构成，即我们常说的一节电池。

(2)电池单元组：一组并联的电池单元组合，该组合额定电压与电池单元的额定电压相

等,是电池单元在物理结构和电路上连接起来的最小分组。

(3)电池模块:由多个电池单元组或单体电池串联组成的一个组合体。

2)含电机的变速单元

变速单元是纯电动汽车的动力输出部分,内部主要包括有三相电机和减速齿轮机构,如果是前驱的车辆,该系统部件通常安装在前机舱内。

图3-1-12所示为典型的纯电动汽车驱动电机总成结构,在其内部可以看到一个用于驱动的电机和连接电机转子的齿轮机构。此外,更明显的标志是变速单元的上方还有连接逆变器的3根高压电缆。

电机是变速单元的重要核心组成部件,用于电能与机械能之间的相互转换。目前大多数纯电动车采用三相电机,且三相永磁同步电机使用得最广泛。

电机定子通常是缠绕三相线圈的部分,与变速单元壳体固定,如图3-1-13a)所示。

电机转子一般采用永磁结构,与变速单元输出齿轮机构连接,是旋转输出部分,如图3-1-13b)所示。

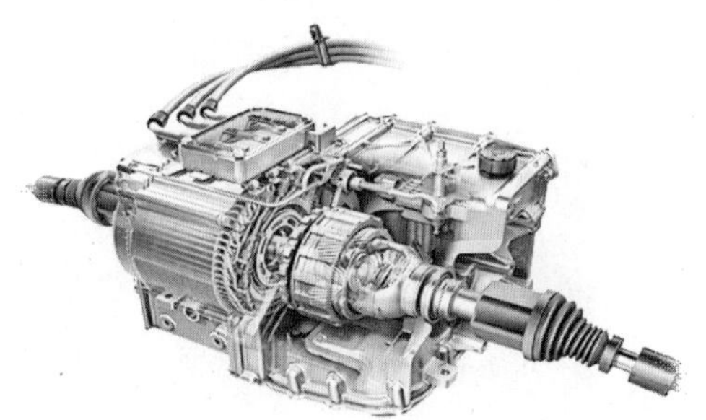

图3-1-12　纯电动汽车变速单元内部结构

a)定子

b)转子

图3-1-13　三相永磁同步电机转子与定子

3)逆变器

逆变器是变速单元的主控部件,通常位于电机变速单元的上部,图3-1-14所示为打开前机舱罩时的荣威E50纯电动汽车的逆变器部件。

逆变器一端连接来自动力电池的高压电,另一端连接驱动电机单元的三项交流电缆。主要用于将来自动力电池的直流电转换为可用于驱动电机的三项交流电,同时在制动能量回收时,也将来自电机产生的交流电转换成直流电,反馈给动力电池。

大多数车辆将逆变器与控制模块集成在一起,实现逆变器的功能和管理电机的运转,图3-1-15所示的宝马I3纯电动汽车逆变器位置。

4)车载充电器与充电接口

充电系统通常利用外接220V交流电源,通过充电接口进入车载充电器,车载充电器再通过交直流转换,使得220V交流电转变成动力电池组充电的直流电压提供给动力电池。

充电接口与车载充电器如图3-1-16所示。

5)DC/DC转换器

DC/DC转换器用于车载12V电源系统,通常被安装在发动机舱内或者是位于行李舱中(图3-1-17)。

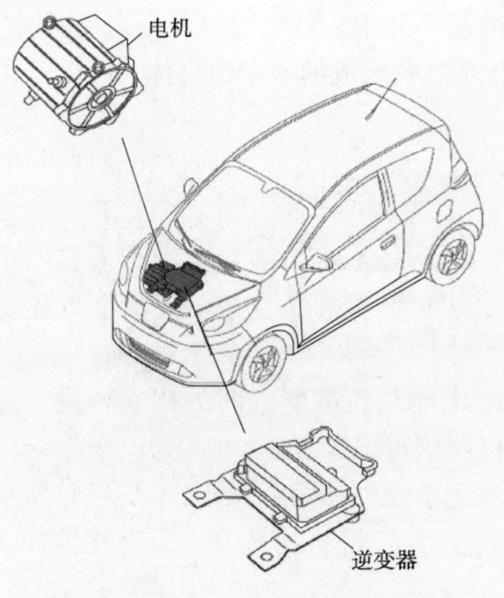

图 3-1-14　电机与逆变器位置关系示意图

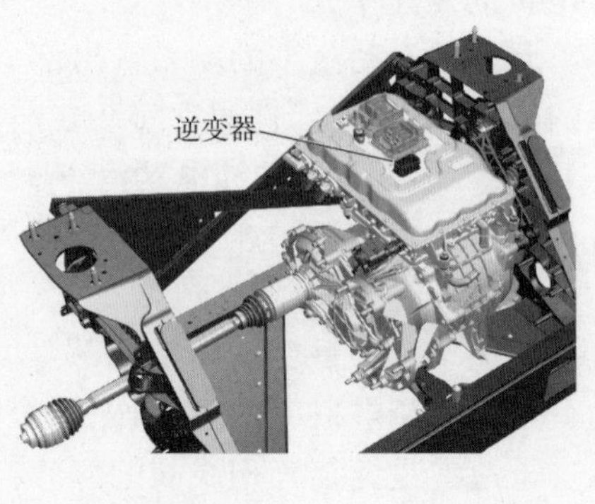

图 3-1-15　宝马 I3 纯电动汽车逆变器位置

a)充电接口

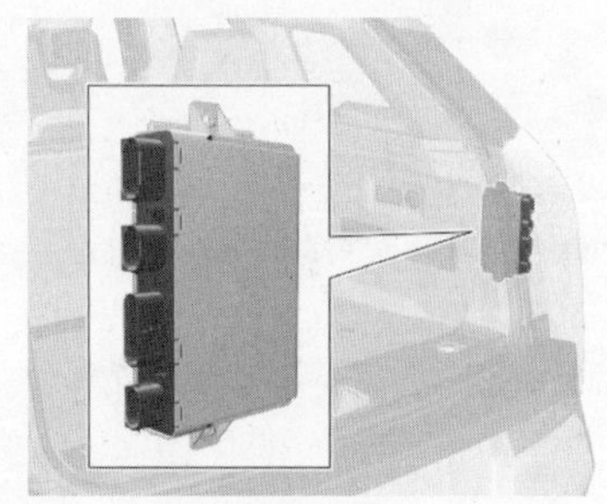

b)车载充电器

图 3-1-16　充电接口与车载充电器

用于将动力电池的高压直流转换为低压 12V 直流电，提供给车载低压用电设备，如给 12V 蓄电池充电、大灯及车内灯光供电等。

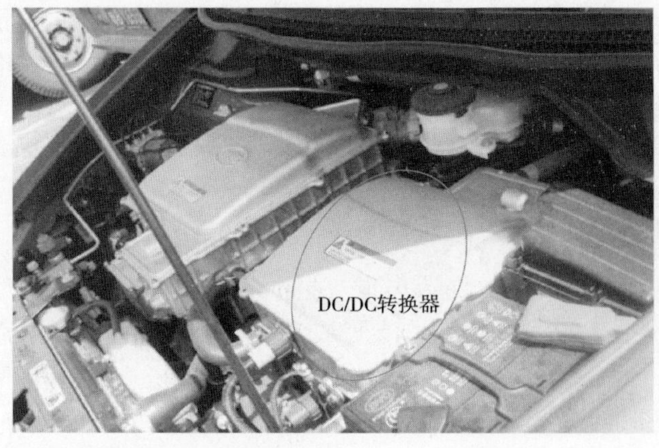

图 3-1-17　比亚迪的 DC/DC 转换器

6）高压电缆

纯电动汽车连接高压电器部件之间的电缆都属于高压电缆，即前面所述的高电压导线，

如图 3-1-18 所示。

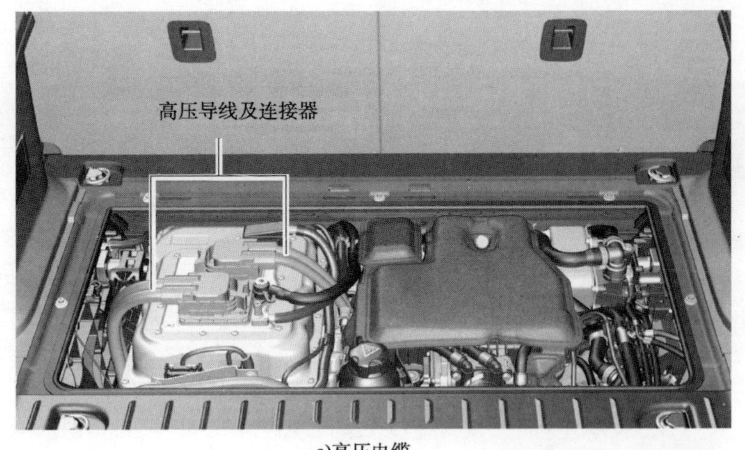

a)高压电缆

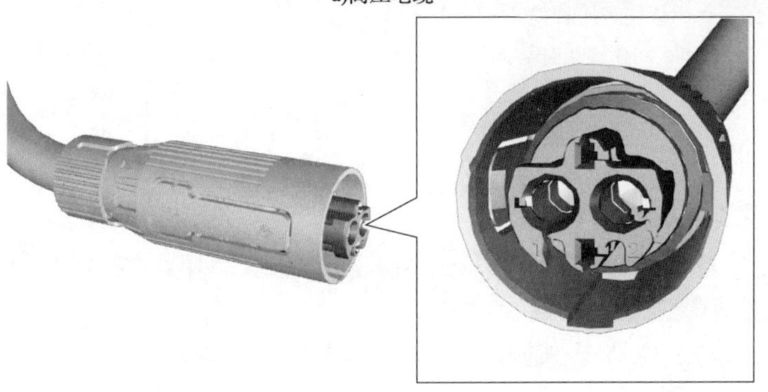

b)连接器

图 3-1-18　高压电缆及电缆连接器

电缆的外部绝缘层颜色采用标准的橙色。高压电缆及电缆之间的连接器需要满足国家高压电器安全标准,同时由于高压部件之间电流会很大,所以采用的电缆直径都在 5mm 以上。

4. 纯电动汽车仪表指示灯

纯电动汽车的仪表设计外观、安装位置与传统汽车相同,但是在仪表指示灯及显示功能上与传统汽车有区别,主要表现在:

(1)取消了发动机转速表,增加了功率输出表。

(2)取消了原有的燃油位置表,增加了电池电量表。

(3)取消了原来与发动机有关的一些故障警告灯,如机油压力、水温警告灯等,新增动力电池温度、电机温度等警告灯。

虽然纯电动汽车的车型较多,仪表的设计风格也多种多样,但是其内部指示灯及显示的基本参数是相同的。以下以 2014 款比亚迪 E6 仪表及指示灯(图 3-1-19)为例来介绍纯电动汽车仪表的特点。

比亚迪 E6 仪表设计造型新颖,信息显示内容全面。主要分成指示/警示灯区域、行车电脑区域和娱乐及车辆信息显示四个区域。仪表采用高清液晶显示屏,体现了数字化时代气息。

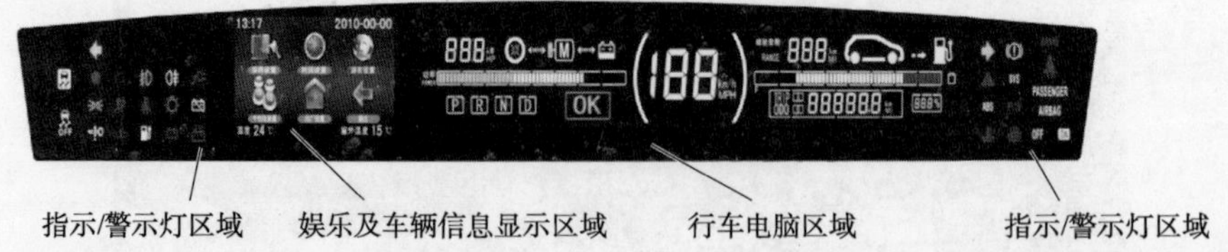

图 3-1-19 比亚迪 E6 仪表及指示灯

其中,与纯电动汽车相关的一些特殊仪表指示灯及显示信息如下。

1)电机冷却液温度过高警告灯

如果此指示灯点亮,表示电机冷却液温度太高,须停车并使电机降温。

在下列工作条件下,电机可能会产生过热现象,例如:

(1)在炎热的天气进行长途爬坡。

(2)频繁急制动或急加速的状态。

(3)拖曳挂车时。

2)动力系统故障指示灯

当起动按钮处于 ON 挡电时,此灯点亮,如果动力系统工作正常,则几秒钟后此灯熄灭。此后,如果系统发生故障,此灯将再次点亮。

如果发生任何一种下列情况,则表示由警告灯系统监控的部件中发生故障,须尽快检查维修车辆:

(1)当起动按钮处于 ON 挡电时,此灯不亮或持续发亮。

(2)驾驶中此灯点亮。

3)电机及控制器过热警告灯

如果此指示灯点亮,表示电机温度太高,须停车并使电机降温。

在下列工作条件下,电机可能会产生过热现象,例如:

(1)在炎热的天气进行长途爬坡。

(2)在停停走走的交通状态,频繁急加速、急制动的状况,或长时间车辆运转得不到休息的状况。

(3)拖曳挂车时。

4)**P/S** 电动助力转向故障指示灯

当起动按钮处于 ON 挡电时,此灯点亮。如果电动助力转向系统工作正常,则几秒钟后此灯熄灭。此后,如果系统发生故障,此灯将再次点亮。

如果发生任何一种下列情况,则表示由警告灯系统监控的部件中发生故障,须尽快检查维修车辆:

(1)当电源挡位打到“ON”位置时,此灯不亮或持续发亮。

(2)驾驶中此灯点亮。

5）动力电池故障警告灯

当起动按钮处于ON挡电时，此灯点亮。如果动力电池系统工作正常，则几秒钟后此灯熄灭。此后，如果系统发生故障，此灯将再次点亮。须尽快检查维修车辆。

如果发生任何一种下列情况，则表示由警告灯系统监控的部件中发生故障：

（1）当起动按钮处于ON挡电时，此灯不亮或持续发亮。

（2）驾驶中此灯点亮。

6）动力电池过热警告灯

如果此指示灯点亮，表示动力电池温度太高，须停车降温。

在下列工作条件下，动力电池可能会产生过热现象，例如：

（1）在炎热的天气进行长途爬坡。

（2）在停停走走的交通状态，频繁急加速、急制动的状况，或长时间车辆运转得不到休息的状况。

（3）拖曳挂车时。

7）动力电池充电状态指示灯

当动力电池的电量接近用完时此灯点亮，须尽快给动力电池充电。

8）动力电池充电连接指示灯

当连接充电器后此灯点亮，如要车辆行驶，请断开充电器后上电。

9）**OK** OK指示灯

此灯表示车辆各动力系统工作正常，处于可行驶状态。

10）F　E 电池电量表

起动开关打开时，该表指示出动力电池的电量。此指示灯为左右对称布置，左右指示同时变化。

11）功率表

功率表默认用kW来指示整车的功率，可通过菜单中的单位设置选择功率。在车辆下坡时或靠惯性行驶时，功率指示值可能为负值，表示此时车辆正在进行能量回收。

如果是北汽新能源纯电动汽车，仪表上指示灯包括的信息，如图3-1-20、图3-1-21所示。

5. 纯电动汽车充电系统

自19世纪第1辆电动汽车面世至今，均采用可充蓄电池作为其动力源。对于一辆电动汽车来讲，蓄电池充电设备是不可缺少的子系统之一。

1）充电系统功能

充电系统是新能源汽车（包含纯电动汽车和插电式混合动力汽车）的能源补给系统，为保障车辆持续行驶提供动力能源。

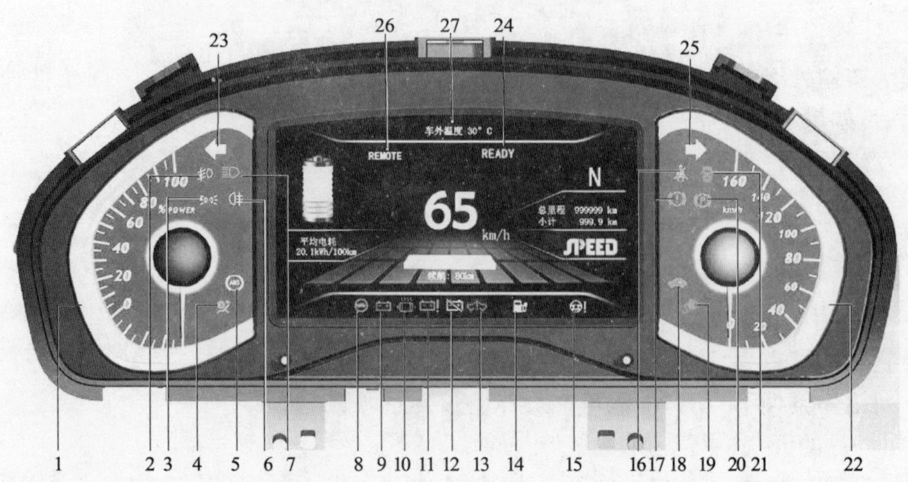

图 3-1-20　北汽 EV160 纯电动车仪表指示灯

1-驱动电机功率表；2-前雾灯；3-示廓灯；4-安全气囊指示灯；5-ABS 指示灯；6-后雾灯；7-远光灯；8-跛行指示灯；9-蓄电池故障指示灯；10-电机及控制器过热指示灯；11-动力电池故障指示灯；12-动力电池断开指示灯；13-系统故障灯；14-充电提醒灯；15-EPS 故障指示灯；16-安全带未系指示灯；17-制动故障指示灯；18-防盗指示灯；19-充电线连接指示灯；20-驻车制动指示灯；21-门开指示灯；22-车速表；23、25-左/右转向指示灯；24-READY 指示灯；26-REMOTE 指示灯；27-室外温度提示

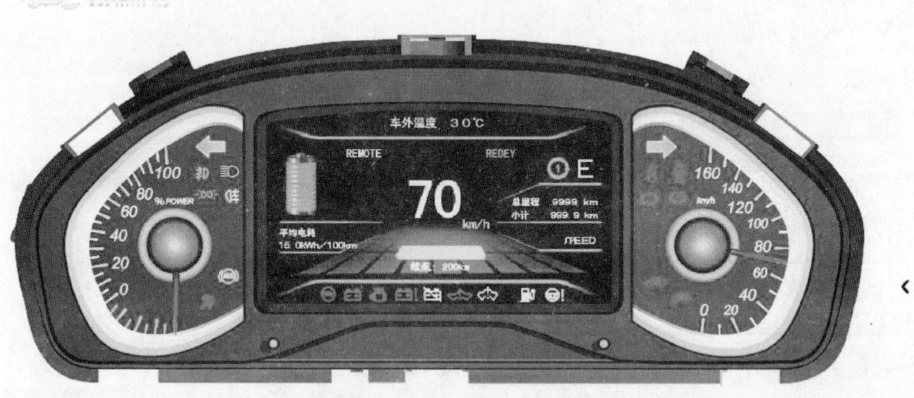

图 3-1-21　新能源汽车组合仪表

对新能源汽车充电的设备应具有下列功能：

(1)将市电进行电力变换为电动汽车充电，供给与动力电池额定条件相对应的电力。

(2)根据动力电池的实时状态控制充电的启动和停止，当动力电池充满后自动应停止充电。

(3)根据动力电池的电量、温度，控制充电电流的调节和电池的加热。

(4)可根据充电时长的需求来选择充电模式，即快充或慢充模式。

2)充电系统类型

按充电设备位置分，纯电动汽车的充电系统类型有车载和非车载两种。

(1)车载充电

车载充电指采用地面交流电网和车载充电器(也称车载充电机)对动力电池组进行充电。

车载充电器一般设计为小充电率,充电时间长(5~8h)。充电器和电池管理系统(负责监控动力电池的电压、温度和荷电状态)都安装在车上,所以它们相互之间容易利用电动汽车的内部线路网络进行通信。

(2)非车载充电

非车载充电,即地面充电,指利用专用或通用充电器、专用或公共场所用充电站等对动力电池组进行充电。通常非车载充电器的功率、体积和质量均比较大,以便能够适应各种充电方式。非车载充电器与动力电池管理系统在物理位置上是分开的。

按充电的时间分,纯电动汽车的充电类型有快充和慢充两种。

快充适合在充电站充电,电流很大,慢充的适合220V的家庭充电。虽然各厂家的技术参数不一样,但一般充电电流在10~15A。

3)充电方式

纯电动汽车的充电方式有接触式和感应式两种。

(1)接触式

接触式也称耦合或传导式。接触式充电方式如图3-1-22所示。将一根带插头的交流动力电缆线直接插到电动汽车的插座中给电池充电。其优点是简单、效率高;不足主要是充电电流小,充电时间长。

a)　　b)

图3-1-22　接触式充电方式

(2)感应式

随着电力电子技术和变流控制技术的飞速发展,高精度可控变流技术的成熟和普及,电动汽车接触式充电技术采用充电电流和充电电压连续变化的恒压限流充电模式。接触式充电的最大问题在于它的安全性和通用性。为了使它满足严格的安全充电标准,必须在电路上采用许多措施使充电设备能够在各种环境下安全充电。新型的电动汽车感应充电技术发展很快,感应充电器是利用高频交流磁场的变压器原理,将电能从离车的原方感应到车载的副方,以达到给蓄电池充电的目的。感应充电的最大优点是安全,这是因为充电器与车辆之间并无直接接触,即使车辆在恶劣的气候下,如雨雪天,进行充电也无触电的危险。

感应式充电方式如图3-1-23所示。通过电磁感应耦合的方式进行能量转换从而给电池充电。其特点是:使用方便,在恶劣的气候环境下进行充电也无触电的危险。充电器将50~60Hz的普通电转换成80~300Hz的高频电,然后将高频交流电感应到电动汽车上,使充电时间大大缩短。

图3-1-23　感应式充电方式

4)充电桩

(1)充电桩的作用

电动汽车充电电流比较大(即功率很大),如果用民用220V插头的话,充电导线和插头承受不了那么大的电流,会把插头和导线烧坏,所以它需要专门的充电桩,充电桩所能承受的电流很大。

充电桩是电动汽车的充电站,外形犹如停车计时秒表一般。一个充电桩可以同时为两辆或更多辆汽车充电,从电池没电到充满电的时间为6~8h。充电桩能实现计时间、计电度数或计金额充电3种方式。也可以用作市民购电终端。为提高公共充电桩的效率和实用性,今后会增加一桩多充和为电动自行车充电的功能。

充电桩可分为直流充电桩、交流充电桩和交直流一体充电桩。充电桩如图3-1-24所示。

图3-1-24　充电桩

(2)充电桩的发展

受新能源汽车的快速发展的影响,充电桩和充电站等配套设施,也迎来了快速发展。2010—2013年,我国充电站保有量从76座快速增长至518座,年复合增长率达89.6%,充电桩数量也从1122个增长至22528个,年复合增长率高达171.8%。充电设施建设是新能源汽车示范推广的关键环节之一,受益于新能源汽车应用的快速增长,我国新能源汽车充电设施行业将面临巨大的发展空间。此前由于电动汽车规模较小,充电设施建设投资巨大,投资短期效益不明显,因此充电设施建设速度较慢。

根据工信部数据,截至2014年底,我国共建设完成充电站723个、充电桩2.8万个。其中,国家电网公司建成充换电站618座,充电桩2.4万个,充电桩数量远远低于新能源汽车的销量增长。而2014年我国新能源汽车产销量已达8.39万辆,充电设施供需之间的矛盾日益突出。但在2015年,全国计划建成的充电站数量达到1549个,而计划建成充电桩的数量更是达到24万个,相比于14年,有了近10倍的增长。

2014年以来,北京、上海等地方政府掀起充电桩建设高潮。以国家已批准的两批新能源汽车试点城市为例,北京市将在中心城区打造服务半径平均为5km的充电圈;天津市将新建6700个充电桩或充电接口,新建66个充换电站;上海2015年充电桩数量超6000个;广州到2015年底,新建10座新能源公交车充电站和300个充电桩;深圳到2015年新建168座公交充电站、50座出租车充电站、526个快速充电桩和39000个慢速充电桩。

随着国家对新能源汽车支持的力度越来越大,全国掀起了一轮充电桩基础设施建设的热潮。截至目前,北京、上海、深圳、天津、重庆、杭州、合肥、武汉多地都已提出了充电桩建设规划。

(3)充电桩的充电技术要求和安全要求

充电桩是电动汽车充电站。充电桩一般固定在路边或停车场内,利用专用充电接口,采用传导方式,为具有车载充电机的电动汽车提供交流电能,并具有相应的通信、计费和安全防护功能。通过投币或购买专用的IC卡,为电动汽车充电。

充电桩可分为交流充电桩和直流充电桩两种。交流充电桩是安装在电动汽车外、与交流电网连接,为电动汽车车载充电机提供交流电源的供电装置,同时具备计量计费功能;直流充电桩是固定安装在电动汽车外、与交流电网连接,为电动汽车动力电池提供小功率直流电源的供电装置,直流充电桩具有充电机功能,可以实时监视并控制被充电电池状态,同时,直流充电桩可以对充电电量进行计量。

充电桩的安全要求:

①变电所应设置安全围栏、警示牌、安全信号灯及警铃。

②高压配电室和变压器室门外或变电所安全围栏上应悬挂“止步,高压危险”警示牌。警示牌的标示必须朝向围栏的外侧。

③高压配电装置上应有显著的操作指示说明。设备的搭铁点应有明显可见的标志。

③室内应有明显的“安全通道”或“安全出口”标示牌。

另外,变电所及配电设备的布置设计应便于安装、操作、搬运、检修、试验和监测。

任务实施

(一)工作准备

(1)防护装备:常规实训工装。

(2)车辆、台架、总成:比亚迪 E6,或北汽新能源纯电动汽车,或荣威 E50,或实训中心现有新能源整车。

(3)专用工具、设备:随车充电器,充电桩。

(二)实施步骤

本任务操作主要包括纯电动汽车起动、仪表信息的认知,以及对纯电动汽车进行充电设置与操作。

1. 观察纯电动实训车辆,并起动车辆

以下以比亚迪 E6 为例,介绍纯电动汽车起动的步骤(其他车型可供参考)。

提示:

纯电动汽车采用的有传统钥匙和智能钥匙两种。

如果是智能钥匙,在车内,按下“ENGINE START STOP” 开关,可起动电动车,起动后,“OK”或“READY” 灯点亮。如图 3-1-25 所示。

注意:

起动电机前,一定要按照车辆已挂入 P 挡位、制动踏板被完全踩下的要求操作。

图 3-1-25 比亚迪 E6“ENGINE START STOP”起动开关与 OK 指示灯

提示：

按下开关时，如果智能钥匙系统钥匙位置指示灯点亮或者组合仪表信息显示屏显示"未检测到钥匙"，并伴随车辆蜂鸣器鸣叫，则表明智能钥匙不在车内，电机不起动。如果智能钥匙的电池电量可能已耗尽，需要按照用户手册要求，将钥匙放到指定的备用起动位置。

规范起动车辆的步骤如下：

(1)进入驾驶室，确认P挡灯点亮，如图3-1-26所示。

(2)将智能钥匙放入扶手箱，如图3-1-27所示。

图3-1-26　确认P挡灯点亮

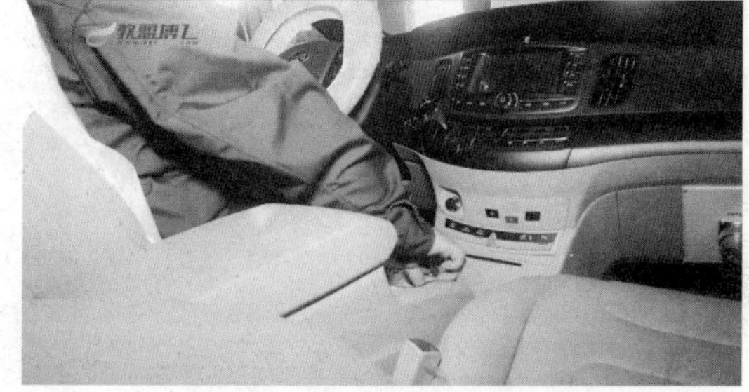

图3-1-27　将智能钥匙放入扶手箱

(3)踩下制动踏板，如图3-1-28所示。

(4)按下起动按钮，如图3-1-29所示。

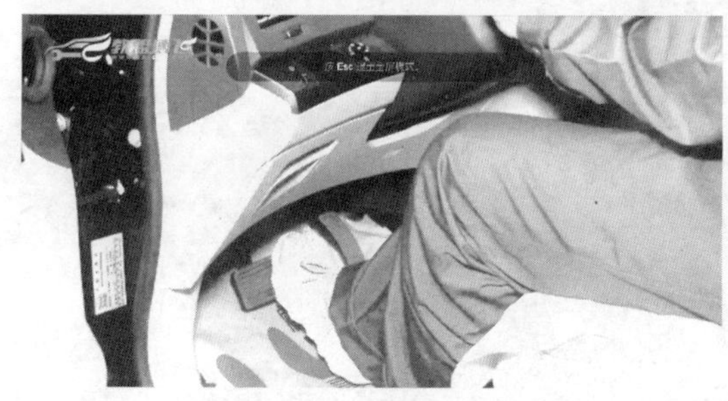

图3-1-28　踩下制动踏板

图3-1-29　按下起动按钮

(5)当中央屏幕左上角显示OK标记时说明车辆已成功起动，如图3-1-30所示。

(6)智能钥匙电池耗尽情况下起动车辆。

当智能钥匙电池耗尽时，组合仪表显示屏将会出现"未检测到钥匙"的信息，如图3-1-31所示。

操作步骤如下：

①踩下制动踏板，如图3-1-28所示。

②将智能钥匙贴近起动按钮，当启动开关灯变为绿色时，说明车辆可以正常起动，如图3-1-32所示。

图 3-1-30　成功起动车辆

图 3-1-31　“未检测到钥匙”的信息

③按下起动按钮，如图 3-1-29 所示。

④起动车辆，如图 3-1-33 所示。

图 3-1-32　将智能钥匙贴近起动按钮

图 3-1-33　起动车辆

2. 观察仪表指示灯

将钥匙置于 ON 模式，但不起动车辆，操作组合仪表各开关，观察仪表指示灯。

以下以比亚迪 E6 为例，介绍纯电动汽车仪表各灯光开关及挡位操作如图 3-1-34 及视频，其他车型可供参考。

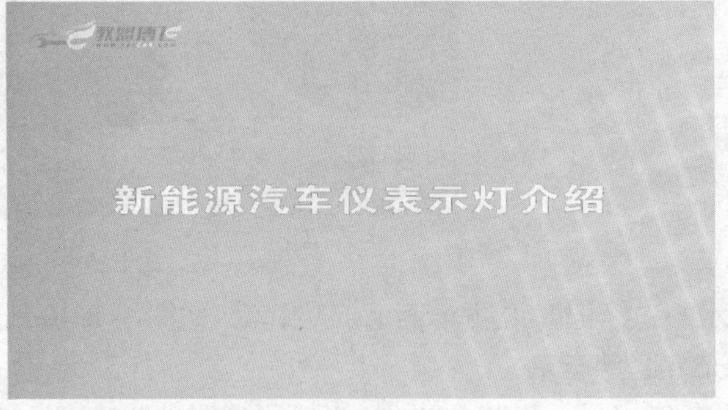

图 3-1-34　新能源汽车仪表示灯介绍

(1)打开示廓灯，如图 3-1-35 所示。

(2)打开近光灯，如图 3-1-36 所示。

(3)打开远光灯，如图 3-1-37 所示。

(4)操作超车灯，观察仪表的远光指示灯，并关闭远光灯，如图 3-1-38、图 3-1-39 所示。

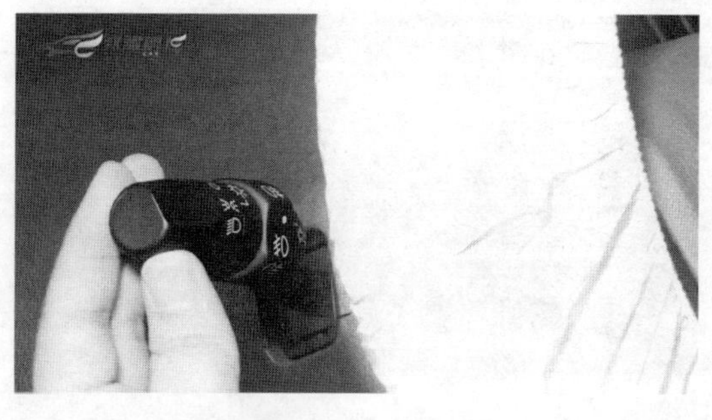

图 3-1-35　打开示廓灯

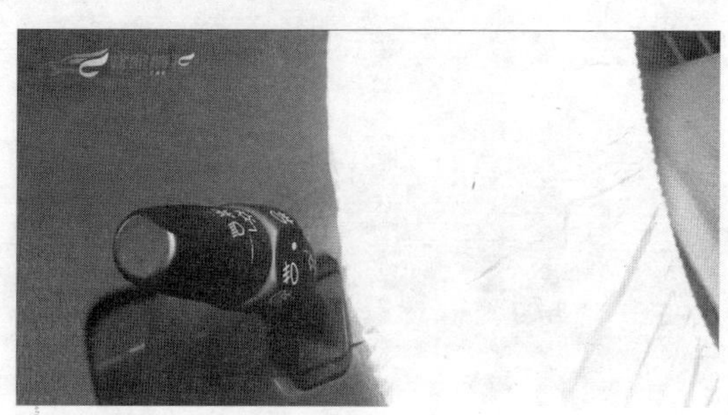

图 3-1-36　打开近光灯

图 3-1-37　打开远光灯

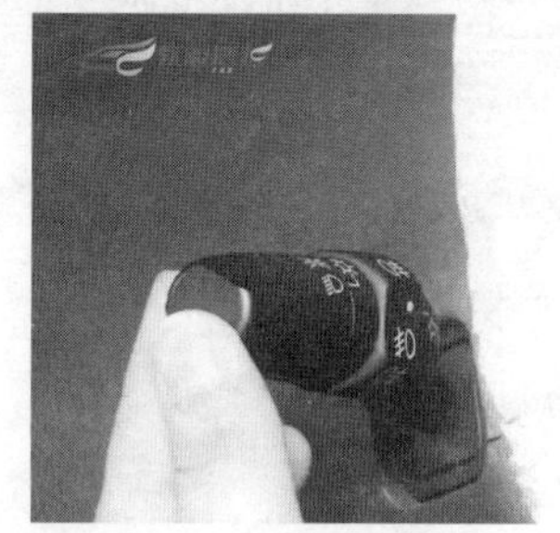

图 3-1-38　操作超车灯

(5)打开前雾灯,如图 3-1-40、图 3-1-41 所示。

图 3-1-39　仪表的远光灯指示灯

图 3-1-40　打开前雾灯

(6)打开后雾灯,如图 3-1-42、图 3-1-43 所示。

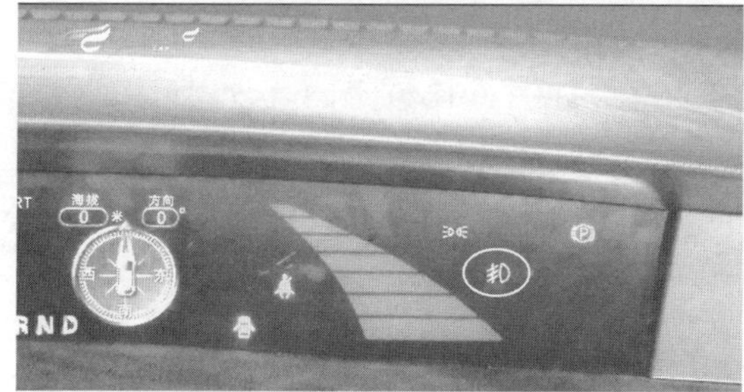

图 3-1-41　组合仪表上的前雾灯指示灯

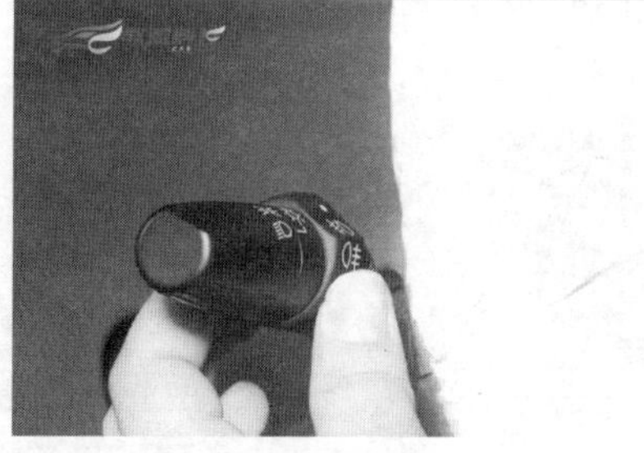

图 3-1-42　打开后雾灯

(7)关闭各灯光。

(8)打开和关闭各车门,确认仪表盘车门指示灯正常,如图 3-1-44 所示。

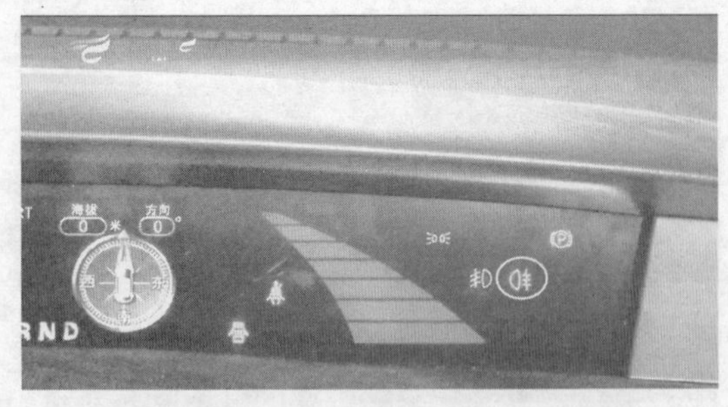

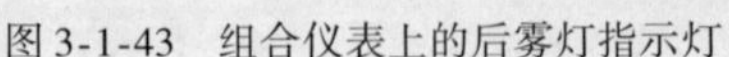
图 3-1-43　组合仪表上的后雾灯指示灯

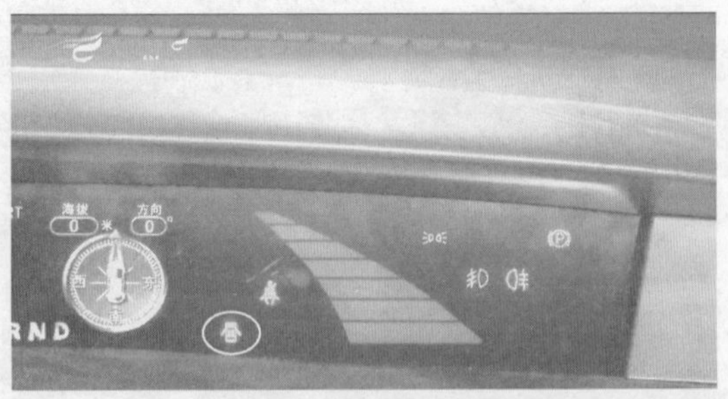

图 3-1-44　组合仪表上的车门指示灯

(9)打开危险警报灯开关,确认危险警报灯闪烁。如图 3-1-45、图 3-1-46 所示。

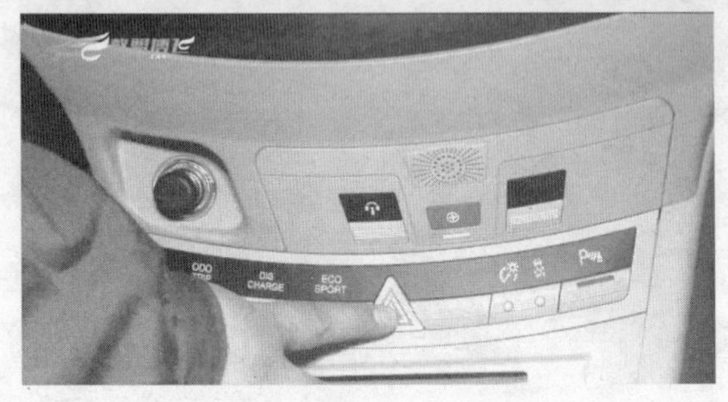

图 3-1-45　打开危险警报灯开关

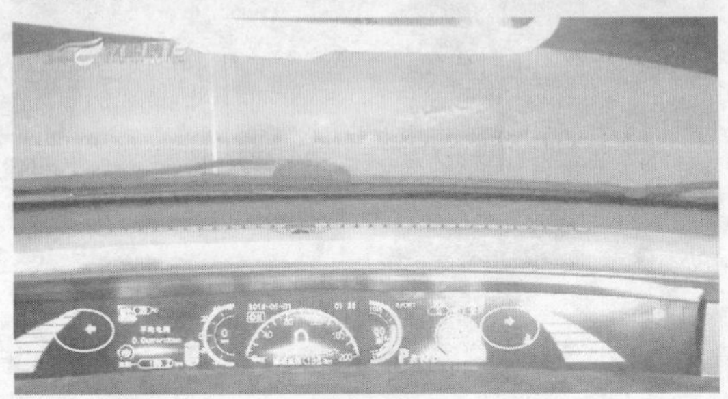

图 3-1-46　确认危险警报灯闪烁

(10)关闭危险警报灯开关。

(11)将安全带锁舌插入带口,确认组合仪表驾驶员座椅安全带指示灯熄灭。弹出安全带锁舌,组合仪表驾驶员座椅安全带指示灯点亮,如图 3-1-47、图 3-1-48 所示。

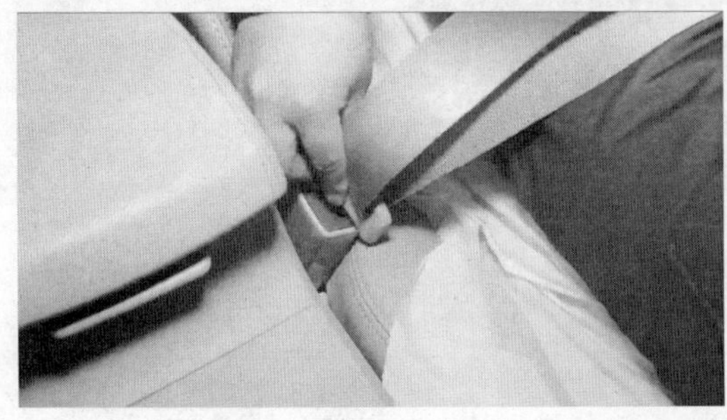

图 3-1-47　安全带锁舌插入/弹出带口

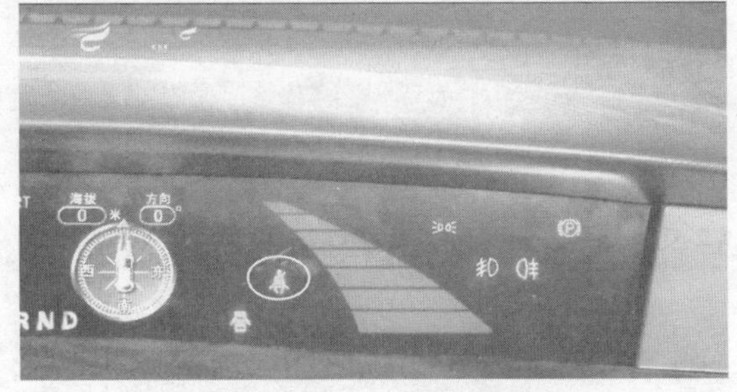

图 3-1-48　组合仪表安全带指示灯

(12)挂入空挡,确认组合仪表空挡指示灯“N”点亮。如图 3-1-49、图 3-1-50 所示。

图 3-1-49　挂入空挡

图 3-1-50　空挡指示灯“N”点亮

(13)挂入前进挡,确认组合仪表前进挡指示灯“D”点亮。如图 3-1-51、图 3-1-52 所示。

图 3-1-51　挂入前进挡

图 3-1-52　前进挡指示灯“D”点亮

(14)挂入倒车挡,确认组合仪表倒车挡指示灯“R”点亮,如图 3-1-53、图 3-1-54 所示。

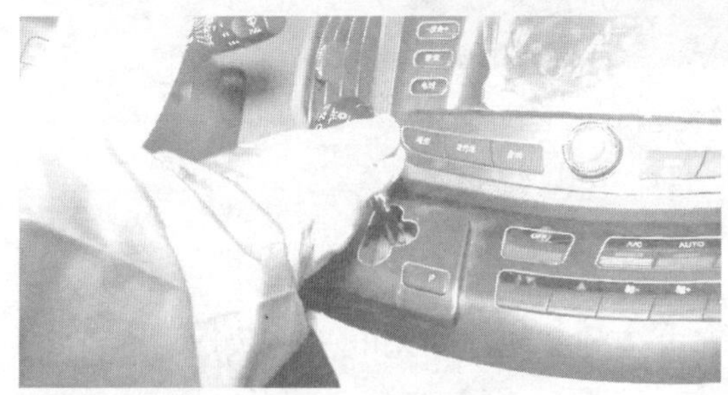
图 3-1-53　挂入倒车挡

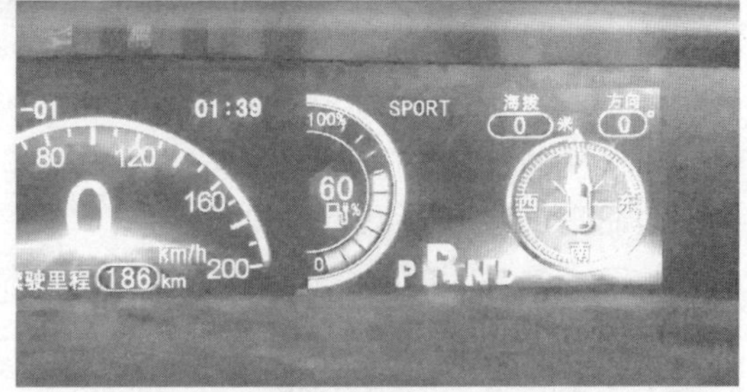

图 3-1-54　倒车挡指示灯“R”点亮

(15)挂入驻车挡,确认组合仪表驻车挡指示灯“P”点亮。如图 3-1-55、图 3-1-56 所示。

图 3-1-55　挂入驻车挡

图 3-1-56　驻车挡指示灯“P”点亮

3. 为纯电动汽车充电

警告:充电前,务必遵守外部充电和车辆本身的安全操作要求!

纯电动汽车只能采用自身的动力电池提供能量来行驶。为了避免因动力电池过放电而导致车辆无法行驶,及时充电储能及行驶前计算电量需求是非常重要的。通常有 3 种充电方法可以为纯电动汽车充电:

(1)充电站直流充电;

(2)充电桩交流充电;

(3)家用交流充电。

1)为车辆充电前的充电模式设置

纯电动汽车都设计有充电模式的选择,通过车辆收音机系统可以设置充电模式,这包括有即插即充或预约充电等,如图3-1-57所示。

图3-1-57　纯电动汽车充电模式设置

以比亚迪E6的充电模式设置为例,该车辆有两种充电模式:

(1)即时充电(一般直接充电)

预约充电关闭时,当充电器连接好后车辆自动开始充电。

预约充电打开时,任何时候都可以使用即时充电按键实现立即充电,方法如下:

①电源挡位退至OFF挡;

②按一下即时充电按键,组合仪表提示“即时充电功能开启,请在15min内连接充电器”;

③15min内连接充电器实现立即充电。

(2)预约充电(按照设置的充电时间对车辆定时充电)

在DVD显示屏上利用定时器可以制定动力电池的充电时间,定时器包含充电开始时间、充电结束时间,一周中的每一天都可以单独设置定时器。

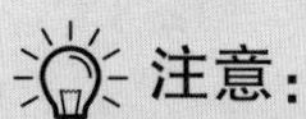

注意:

①定时器设置成功后马上生效,进入倒计时。

②只要充电开始时间设置完成,定时器就有效。

③只有充电结束时间设置时,DVD不可保存设置。

④根据定时器开始充电后,重新设置定时器后,根据最新的设置进行倒计时。

2)为车辆进行充电

本任务以交流充电桩为例,介绍对纯电动汽车的充电操作步骤。

操作步骤:

将车辆与交流充电桩的交流充电器相连,实现交流充电。

(1)关闭车辆起动开关。

(2)设置即时充电模式。

(3)打开充电口盖拉索,如图3-1-58所示。

a)

b)

图 3-1-58　打开充电口盖拉索

(4)打开交流充电口盖,如图 3-1-59 所示。

图 3-1-59　交流充电口盖

(5)连接车辆端交流充电器,仪表点亮充电连接指示灯,如图 3-1-60 所示。

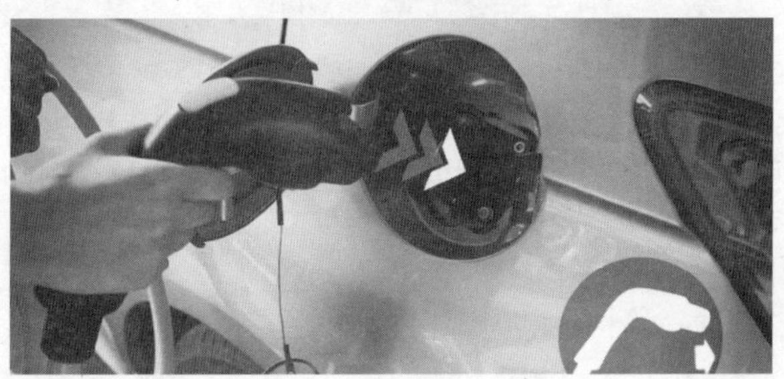

图 3-1-60　连接车辆端充电器

(6)充电桩设置启动充电,如图 3-1-61 所示。

(7)结束充电,断开交流充电器,按下开关,拔出交流充电器,并将其放在指定位置,如图 3-1-62 所示。

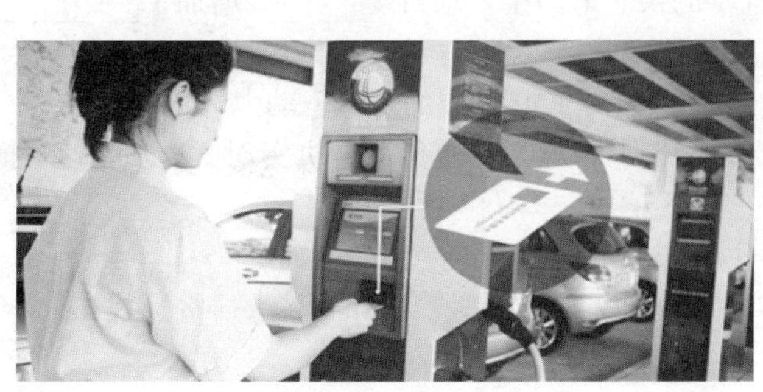

图 3-1-61　充电桩设置

图 3-1-62　断开交流充电器

(8)关闭充电口盖。

(9)交流即时充电结束。

学习拓展

1. 行人警示

纯电动汽车在行驶过程中会非常安静,以至于行人很难感知后方有车辆靠近。为提高行车安全和提醒行人,大多数车辆都设计有行人警示装置,如图3-1-63所示。

图3-1-63 行人友好提醒模块及喇叭

当车辆处于R挡或者D挡,且当前行驶的车速低于31km/h左右时,位于车辆前机舱的行人友好提醒报警扬声器会模拟发出类似内燃机的“嗡嗡”声,用来提醒车辆附近的行人注意交通安全。当向驾驶员拨动转向盘左侧的操纵杆时,喇叭也会发出提示声以提示行人。

学习测试

1. 填空题

(1)纯电动汽车指的是采用________作为驱动能源,使用________车辆行驶的汽车。

(2)纯电动汽车的动力传输目前有________和________两种类型。

(3)当前上市的纯电动汽车主要采用的________动力布置形式。

(4)________是变速单元的主控部件,通常位于电机变速单元的上部。

(5)与传统汽车相比,纯电动汽车的仪表取消了发动机________,增加了________。

2. 判断题

(1)北汽新能源EV系列、比亚迪E6、荣威E50采用的是单一动力电池的方式。( )

(2)轮毂电机布置是将电动机直接装到驱动轴上,直接由电机实现变速和差速转换。( )

(3)目前市场上的纯电动汽车主要采用的动力电池是铅酸电池。( )

(4)变速单元是纯电动汽车的动力输出部分,如果是前驱的车辆,通常安装在行李舱内。( )

(5)充电系统通常利用外接380V交流电源,通过充电接口进入车载充电器。( )

3. 不定项选择题

(1)纯电动汽车提供动力的部件是(　　)。

A. 动力电池　　B. 驱动电机的变速单元

C. 充电接口　　D. 内燃机

(2)纯电动汽车空调与暖风系统采用的方式有(　　)。

A. 高压电动压缩机　　B. PTC 电加热进风空气

C. 高压电加热冷却液再循环　　D. 内燃机废气加热

(3)以下属于纯电动汽车制动系统的特点有(　　)。

A. 没有制动真空助力器　　B. 不再采用液压制动管理

C. 制动前需要先挂入 P 挡　　D. 具有制动能量回收功能

(4)以下部件属于纯电动汽车的有(　　)。

A. 动力电池　　B. 车载充电器

C. 逆变器　　D. 行星齿轮变速器

(5)纯电动汽车动力电池获取能量的方式有(　　)。

A. 外部充电　　B. 制动能量回收

C. 自发电　　D. 内燃机发电

任务2　纯电动汽车的基本控制原理

提出任务

当你走向纯电动汽车维修车间时，打开纯电动汽车前机舱罩，你能正确说出里面那些部件的名称与功能吗？你能向纯电动汽车客户解释纯电动汽车是如何运行的吗？

任务要求

知识要求

1. 能够描述纯电动汽车的基本驱动原理；
2. 能够描述纯电动汽车的技术特性；
3. 能够描述纯电动汽车的运行模式。

能力要求

能够正确识别典型的纯电动汽车部件位置并阐述其功能和原理。

相关知识

纯电动汽车有别于传统汽车，但是纯电动汽车如何驱动车辆，又有什么样的特殊控制技术呢？以下将逐一作出介绍。

1. 纯电动汽车的基本驱动原理

传统汽车驱动车辆是依靠内燃机做功，通过变速器改变输出动力的传动比旋转方向，再通过传动轴和车轮实现车辆驱动。而纯电动汽车的电力驱动系统替代了传统汽车的内燃机和变速器，依靠动力电池、逆变器和电机变速单元实现车辆的驱动。

如图3-2-1是纯电动汽车的基本驱动系统结构示意图，当驾驶员踩下加速踏板时，车辆控制模块将控制动力电池输出电能，然后通过控制逆变器驱动电机运转，驱动电机输出的转矩经齿轮机构带动车轮转动，实现车辆的前进或后退。

纯电动汽车动力传输工作原理如图3-2-2及视频所示。

1）基本驱动部件

纯电动汽车驱动系统主要的部件包括有动力电池、逆变器、带有电机的变速单元。

图 3-2-3 所示为典型纯电动汽车驱动系统的原理示意图。在新能源汽车应用中，一般将动力电池组和逆变器之间的电路单元称之为 BDU(Battery Disconnecting Unit)。

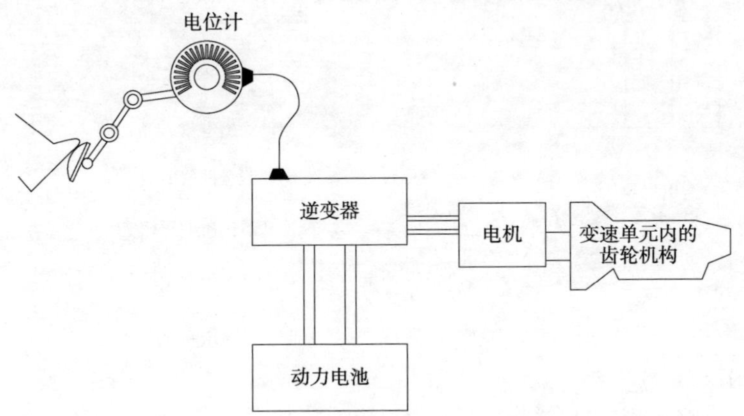

图 3-2-1　纯电动汽车基本驱动系统结构示意图

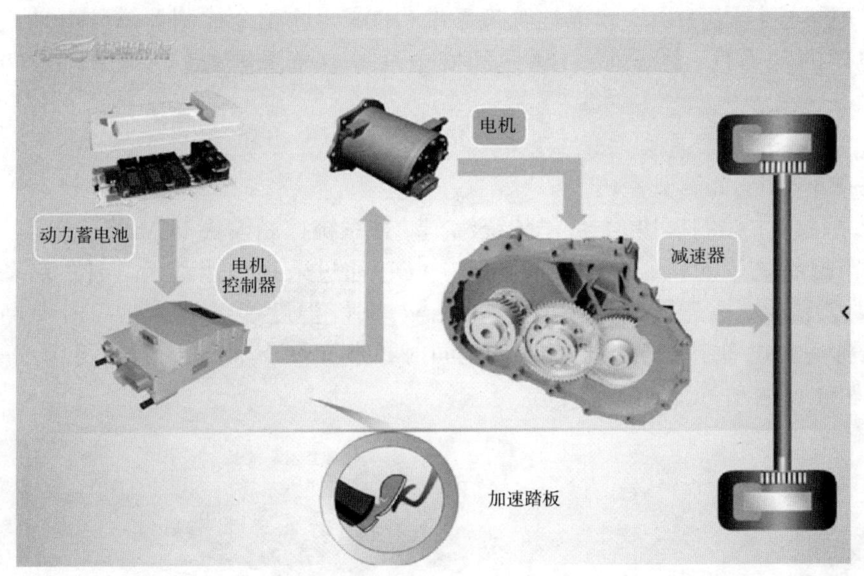

图 3-2-2　纯电动汽车动力传输工作原理

2)基本驱动过程

纯电动汽车的驱动动力来源是动力电池，但是与传统汽车不同的是，来自动力电池内的电能并不是总一直处于输出状态，在纯电动汽车中还设计有能够回收车辆制动时无用的能量，并回收到动力电池的机构。

纯电动汽车驱动过程中能量的流动主要有以下 2 条路径：

(1)驱动车辆

驱动时来自动力电池的能量通过 BDU、逆变器，再进入电机变速单元实现车辆驱动。

(2)回收制动能量

制动或车辆减速时，变速单元内的电机将变成发电机，将能量通过逆变器、BDU 传回动力电池,为电池充电。

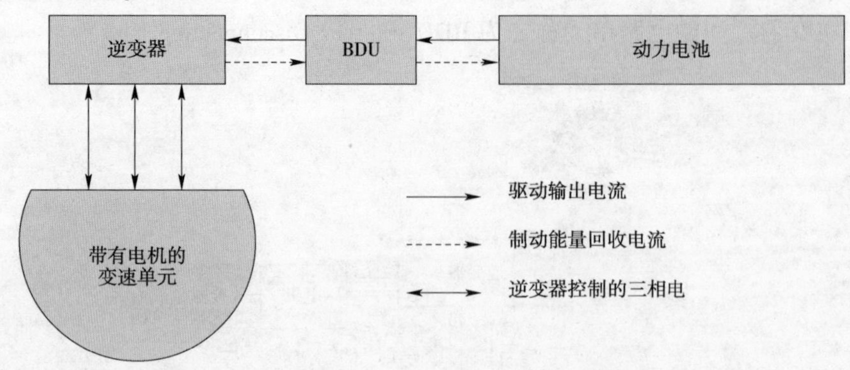

图 3-2-3 典型纯电动汽车驱动系统原理示意图

3)主要控制模块

纯电动汽车能够实现在不同路况环境下,快速反应并顺利驱动车辆满足驾驶员需求,并不仅仅是依靠上述几个动力部件来完成的,整个驱动系统还需要一套完善的控制模块。即整车控制器(VCU)、电机控制器(MCU)和电池管理系统(BMS),这 3 个控制器是纯电动汽车的核心技术,对整车的动力性、经济性、可靠性和安全性等有着重要影响。如图 3-2-4 所示。

(1)VCU

位置:通常安装在车身上,如驾驶室内。

功能:全车动力系统的主控制模块,类似于传统汽车动力系统控制模块 PCM 的功能。

VCU 是实现整车控制决策的核心电子控制单元。VCU 通过采集加速踏板、挡位、制动踏板等信号来判断驾驶员的驾驶意图;通过监测车辆状态(车速、温度等)信息,由 VCU 判断处理后,向动力系统、动力电池系统发送控制命令,同时控制车辆其他系统的运行模式。图 3-2-5 所示为宝马 I3 纯电动汽车 VCU 的位置。

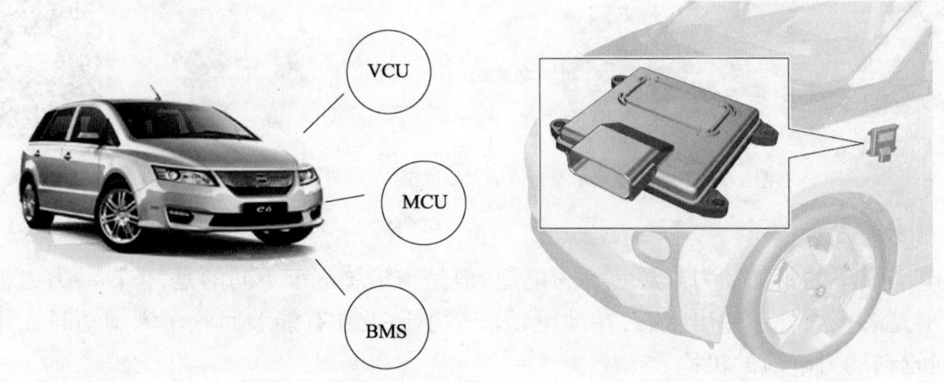

图 3-2-4 纯电动汽车主要控制模块　　图 3-2-5 宝马 I3 的 VCU

(2)MCU

位置:通常位于逆变器内部。

功能:是电机的主控制模块,接收 VCU 信号,控制电机的运转方向、输出功率等。

MCU 通过接收 VCU 的车辆行驶控制指令,控制电机输出指定的转矩和转速,驱动车辆

行驶。实现把动力电池的直流电能转换为所需的高压交流电、并驱动电机输出机械能。

同时,MCU还会利用传感器采集如下信息,并将运行状态的信息发送给整车控制器VCU。这包括:

①电流传感器:用以检测电机工作的实际电流。

②电压传感器:用以检测供给逆变器工作的实际电压。

③温度传感器:用以检测电机控制系统自身的工作温度。

图3-2-6所示为北汽新能源EV200的MCU,位于前机舱内。

(3)BMS

位置:通常位于动力电池组总成内部。

功能:是动力电池内电池的管理模块。

BMS是动力电池最关键的控制模块,用于检测动力电池内单个电池单元的电压、电流,并实现多个电池单元之间的均衡控制。图3-2-7所示为腾势纯电动汽车内BMS的位置,通常纯电动汽车内的BMS控制模块只有1个,但是由于动力电池内部由多个电池组串联,因此BMS还会在每个电池组上设计1个接口模块,BMS最后通过管理每个接口模块来实现对整个电池的管理。

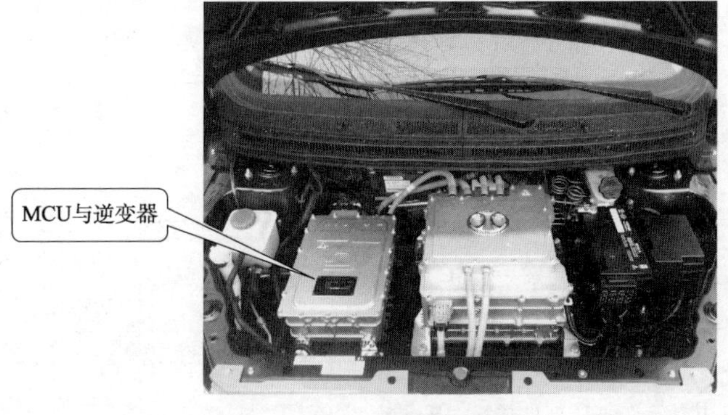

图3-2-6　北汽EV200的MCU

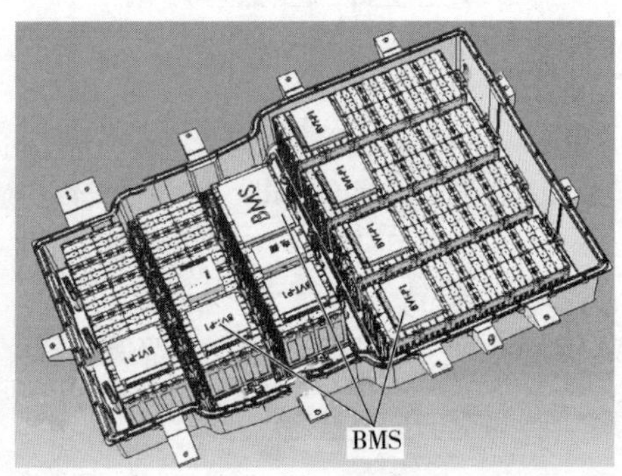

图3-2-7　动力电池内BMS

2. 纯电动汽车的技术特性

1)高电压特性

纯电动汽车的主要特点是具有高电压。由于纯电动汽车的能源供给是动力电池,因此车辆上很多系统的设计也是围绕动力电池和高压来实施的。

图3-2-8所示是典型纯电动汽车高压部件结构示意图,主要的高压部件有动力电池、逆变器、驱动单元、车载充电器、DC/DC转换器,如果是配有空调的车辆还有高压压缩机和PTC加热器等,这些部件都是通过橙色的高压电缆连接起来的。为方便理解,我们将图3-2-8的实物图用图3-2-9进行示意。

很多车辆在动力电池附近或者靠近逆变器位置都设计有一个BDU部件,用于将来自动力电池输出的电能并联分配到逆变器、高压压缩机、PTC加热器以及车载充电器中。BDU电能分配单元内部主要是继电器和电路,由车辆动力系统控制模块根据点火开关或充电需求控制对应继电器的接通和断开。图3-2-10所示是比亚迪E6车辆的BDU。

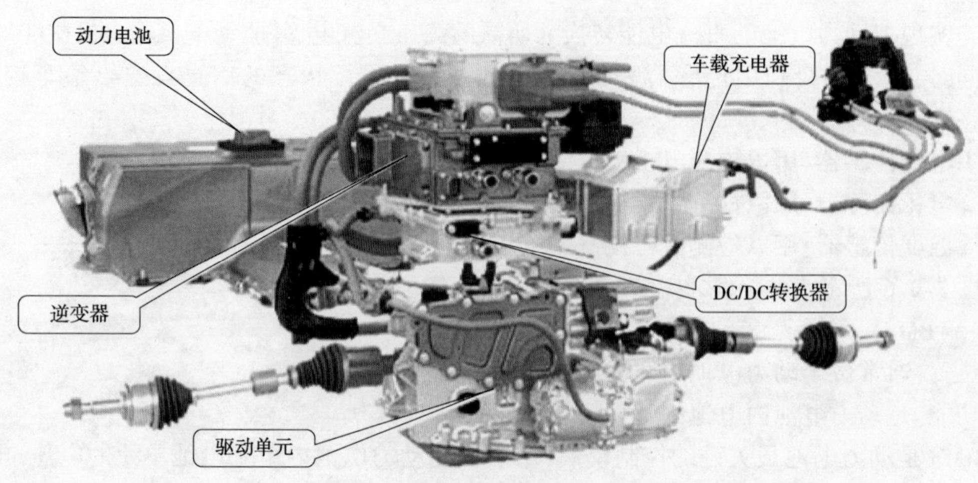

图 3-2-8　典型纯电动汽车高电压部件

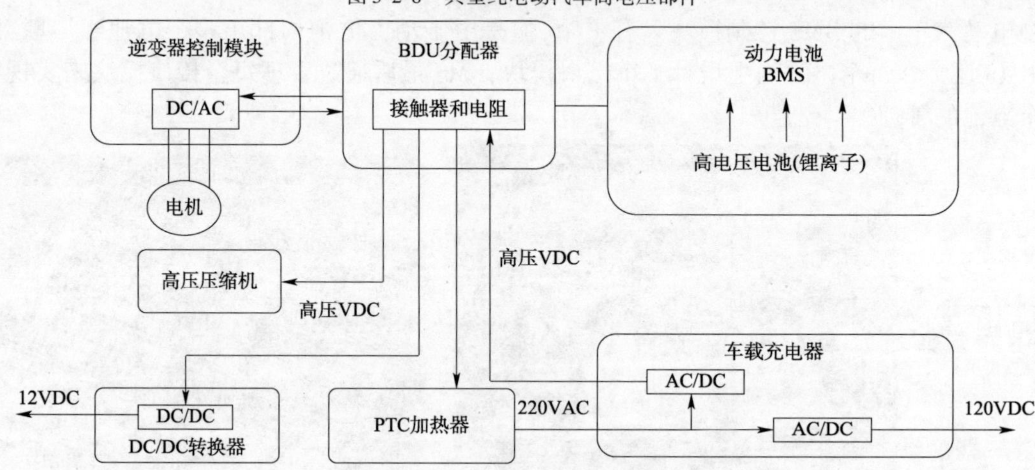

图 3-2-9　典型的纯电动汽车高压部件连接关系示意图

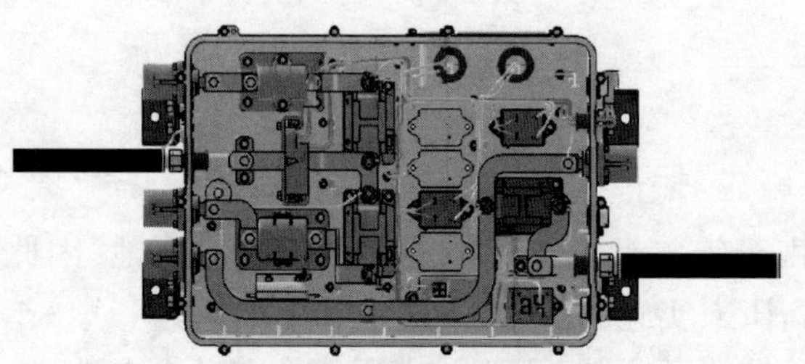

图 3-2-10　比亚迪 E6 的 BDU

纯电动汽车在运行时，动力电池的电能主要去向有以下 5 个：

(1) 动力电池→BDU→逆变器：为驱动电机提供电能并接受制动能量回收电能。

(2) 动力电池→BDU→高压压缩机：为车载空调提供制冷。

(3) 动力电池→BDU 交换/DC 转换器：为车辆低压电器提供电源和给 12V 蓄电池充电。

(4) 动力电池→BDU→PTC 加热器：为车载暖风系统提供加热功能。

(5) 外部 220V 电源→车载充电器→BDU→动力电池：使用外部 220V 电源为动力电池充电。

2) 冷却特性

纯电动汽车很多部件需要保持稳定的工作温度。大多数纯电动汽车设计有以下两个热

交换系统。

(1)动力电池加热与冷却系统

动力电池的冷却和加热系统,用于维持电池在最佳的工作温度。为了尽可能延长电池的使用寿命并获得最大功率。如果是锂电池,它的有效工作温度通常在-40~50℃,因此车辆通常设计有风冷或水冷系统来对动力电池进行维持稳定的工作温度。

风冷的动力电池一般安装在车辆的底盘位置,当车辆行驶时,通过底盘流动的空气对动力电池进行冷却,没有单独设计其他辅助部件,如图3-2-11所示。

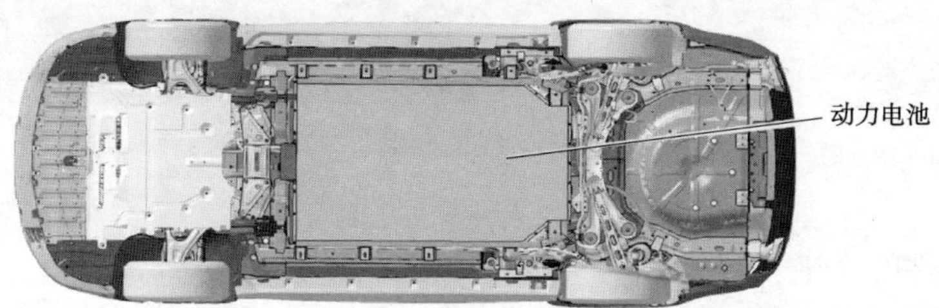

图3-2-11　动力电池风冷结构形式

采用水冷的动力电池,会设计有一套较为复杂的冷却回路,如图3-2-12所示。当电池组温度过高时,利用空调系统运行先对电池组的冷却液进行降温,再冷却电池组;当电池组温度过低时,通过加热电池组内的冷却液来给电池组升温。需要注意的是,整个电池组的冷却液都是由电动循环泵来让电池组内冷却液保持循环的。

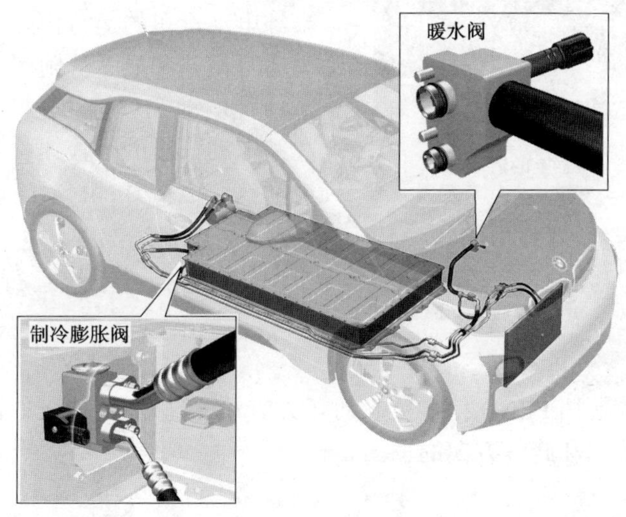

图3-2-12　动力电池水冷结构形式

(2)逆变器与电机的冷却

逆变器和电机的冷却,用于降低逆变器和电机工作时产生的高温,防止部件过热产生功能失效。例如,目前所采用的大多数永磁三相电机,当电机的温度超过一定值以后,其永磁转子的磁性会急剧下降,从而导致电机的输出功率降低。对电机或逆变器的冷却通常设计有两种方式,分别是水冷和风冷。图3-2-13a)所示为水冷型的电机,电机的外壳设计有冷却水道;图3-2-13b)所示为风冷型的电机,电机的外壳上设计有很多的散热片。

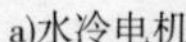

a)水冷电机　　　　b)风冷电机

图 3-2-13　电机冷却方式结构示意图

(3)其他部件的冷却

纯电动汽车中其他部件,例如 DC/DC 转换器、车载充电器等部件,由于这些部件在工作时产生的热量较少,因此通常采用风冷的结构形式。图 3-2-14 所示的车载充电器,在壳体的上面设计有很多的散热片。

图 3-2-14　车载充电器上的散热片

3. 纯电动汽车的运行模式

纯电动汽车的运行模式较为简单,主要包括动力运行模式和显示等附属模式。

1)纯电动汽车的动力模式

纯电动汽车的主控模块是整车控制器 VCU。纯电动汽车运行时,由整车控制器采集加速踏板和挡位状态信息,来判断驾驶员的驾驶意图,并结合动力系统部件状态,协调动力驱动系统输出动力。另外,整车控制器还会同时协调动力电池、热交换系统运行和仪表显示等辅助功能。

(1)加速前进

整车控制器读取换挡 PRND 信息及制动开关信号,根据加速踏板的位置信号,发送给逆变器来控制电机的功率和旋转方向的输出。

注意:

当外部充电线连接在车上,系统将禁止车辆移动。

(2)减速与制动

滑行或者减速的时候,整车控制器能够进行制动能量的回收。制动能量通过驱动电机转换为电能储存到动力电池中。

注意：

当 ABS 被激活或者 ABS 故障的时候，整车控制系统将关闭该功能。

(3)运行中的动力模式管理

整车控制器不间断利用各个传感器采集车辆状态，计算并输出期望的转矩。

动力电池的 BMS 随时检测电池的运行状态，并及时传送给整车控制器，控制器结合这些状态信息及当前的功率输出需求来平衡电能功率的使用，并通过仪表显示给驾驶员，如图 3-2-15 所示。

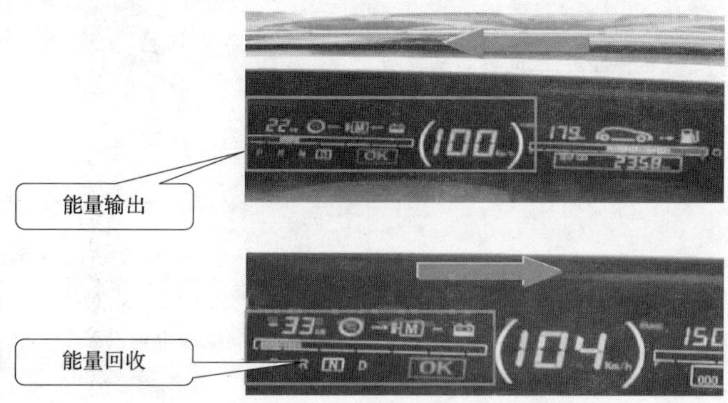

图 3-2-15　比亚迪 E6 动力模式在车辆上的显示

2)纯电动汽车续驶里程的运行策略

针对城市出行设计的纯电动车辆，大多数车辆的续驶里程都可以达到 120km 以上。但是，在车辆的实际运行中，整车控制器还会持续计算剩余的电池能量和当前的驾驶模式，根据车辆剩余的可用电能，车辆通常也会采取相应的提示和限制措施。

例如，图 3-2-16 所示的宝马 I3 纯电动汽车中，设计有图中所示的电量控制策略，即图显示的动力电池内剩余电量(横坐标百分比表示的电池剩余电量)与车辆的运行模式关系，表 3-2-1 示出了不同电量区域下，车辆采用的运行模式。

图 3-2-16　宝马 I3 纯电动汽车续驶里程运行模式

Ⓐ、Ⓑ、Ⓒ-电量区域详见表 3-2-1

不同电量区域下车辆采用的运行模式比较表　　表 3-2-1

状　态	特　点	原　因	显示/提醒
区域Ⓐ不受限行驶	可最大限度地进行制动能量回收利用；全部车载电器等均可使用	动力电池充电状态处于最佳范围内	正常功能显示

续上表

状　态	特　点	原　因	显示/提醒
区域Ⓑ有限驱动功率行驶	降低驱动功率以保护组件；可能无法再提供全部车载电器功能	动力电池电量过低	类似电池电量低提醒符号
区域Ⓒ高电压系统已停用	由于高电压系统无法再提供能量，因此驱动系统和车载电器不再运行	高电压系统切换为无电压	类似电池电量关闭提醒符号
无法进行制动能量回收利用	松开制动踏板时，不通过电动驱动装置使车辆减速	动力电池无法吸收电能（例如已充满电或电池温度不允许）	类似制动能量回收系统关闭提醒符号

任务实施

(一) 工作准备

(1) 防护装备：常规实训工装。

(2) 车辆、台架、总成：比亚迪 E6，或北汽新能源纯电动汽车，或荣威 E50，或实训中心现有新能源整车。

(二) 实施步骤

本任务主要根据已经学习的内容，以典型的车型为例，来重点掌握并识别纯电动汽车的主要部件。

1. 操作前准备（禁用高电压系统）

实训教师在执行该操作任务前，必须首先执行车辆高电压的禁用规定！

(1) 关闭点火开关；

(2) 断开蓄电池负极；

(3)手动拆卸车辆高压维修开关;

(4)等待5min,并设置明显的高电压部件警示标识。

2. 比亚迪E6纯电动汽车部件认知与识别

比亚迪E6电动汽车部件的介绍如图3-2-17及视频所示。

提示:

比亚迪E6为一款新能源、新动力、纯电动乘用车,是比亚迪着力打造的环保产品。车身为承载式车身,纵梁为前后贯通式,动力电池与车身有机地融为一体,充分保证电池和整车的安全。

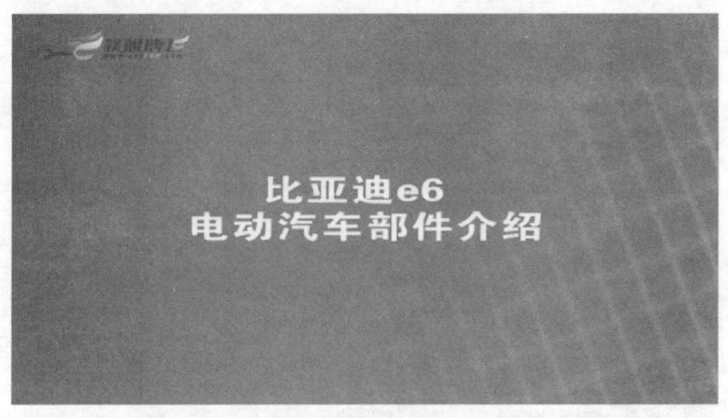

图3-2-17　比亚迪E6电动汽车部件的介绍

动力电池为比亚迪汽车的核心技术,采用磷酸铁锂电池,变速单元及其控制均为比亚迪核心技术,75kW电机充分保证了车辆运行各种工况所需要的动力来源。各种新技术的配备,使比亚迪E6不论从外观视觉还是主观驾驶,都给人与众不同的冲击感。

比亚迪E6动力电池组容量为220Ah,使比亚迪E6满电后能量超过65kW·h,综合工况续驶里程超过300km。此外,75kW电机可以为比亚迪E6提供高转速、大转矩,比亚迪E6的百公里加速时间为15s,最高设计车速可达140km/h。由于比亚迪E6在各种工况都是电机驱动,在环保方便可以实现零排放,百公里电耗控制在20kW·h以内。

1)比亚迪E6主要高压部件布置

车辆前部主要有逆变器、电力分配BDU、驱动电机的变速单元和驱动轮;车辆后部有动力电池、充电接口、车载充电器、DC/DC转换器等。如图3-2-18所示。

2)主要部件识别

(1)动力电池

比亚迪E6的动力电池安装在车辆的底盘下方,如图3-2-19所示。电池能量管理器BMS布置在行李舱的备胎底部。

比亚迪E6采用的动力电池如图3-2-20所示。每个单体电池电压3.3V,总标称电压316.8V,容量210Ah。整个电池组由11个模组构成,共96节电池。

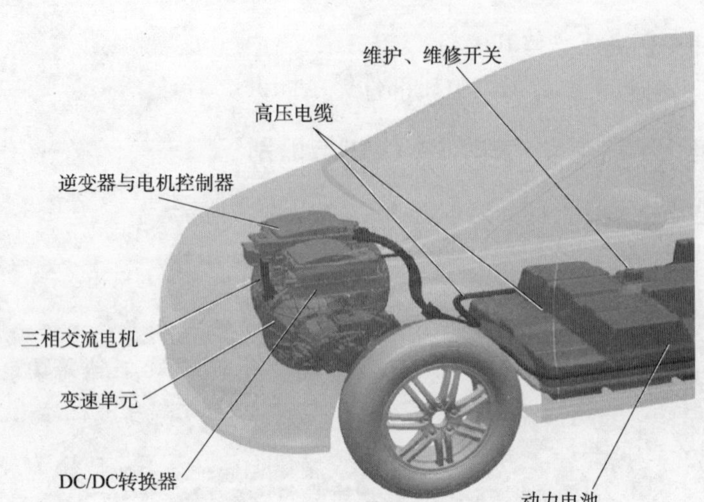

a)

b)

图 3-2-18　比亚迪 E6 主要部件位置

图 3-2-19　比亚迪 E6 动力电池安装的位置

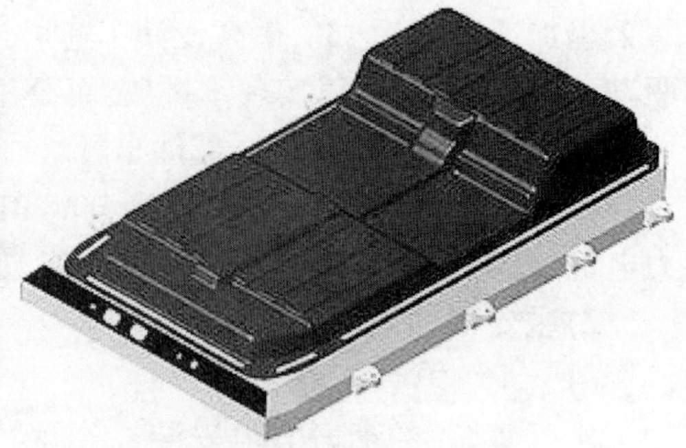

图 3-2-20　比亚迪 E6 动力电池

(2)驱动电机及变速单元

驱动电机及变速单元如图 3-2-21 所示。

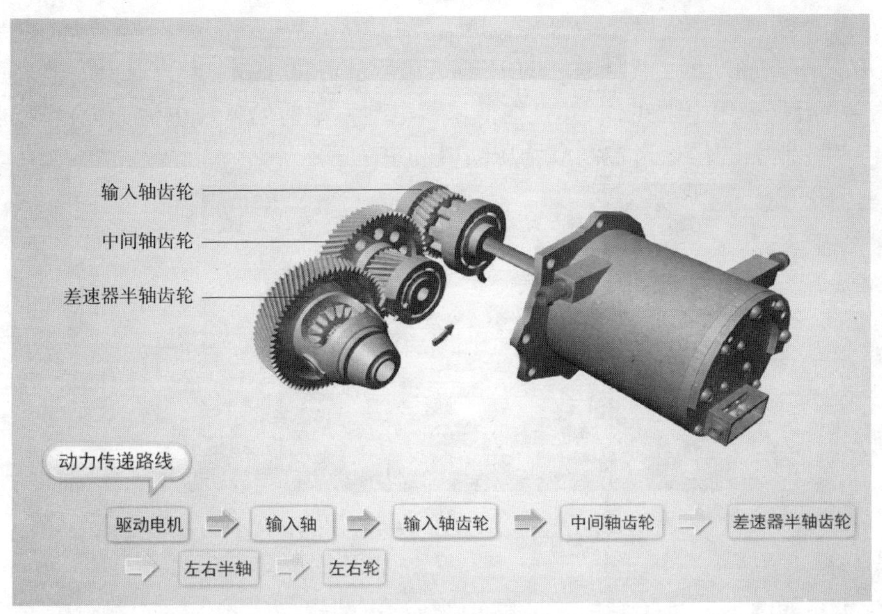

图 3-2-21　驱动电机及变速单元

比亚迪 E6 现在使用的电机为交流无刷永磁同步电机，由驱动电机控制器控制，输出的动力经过变速单元的齿轮减速机构直接传递给传动轴。电机及变速单元安装在前机舱内，如图 3-2-22 所示。

图 3-2-22　比亚迪 E6 电机与变速单元的齿轮减速机构

驱动电机控制器如图 3-2-23 所示。其主要功能是控制电动机，根据不同工况控制电动机的正反转、功率、转矩及转速。

图 3-2-23　比亚迪 E6 驱动电机控制器

(3)DC/DC 转换器及空调驱动器

DC/DC 及空调驱动器如图 3-2-24 DC/DC 主要负责将 316.8V 的动力电池高压电转化成 12V 电源供给整车用电器工作,并且在低压蓄电池亏电时给低压电池充电;空调驱动器主要是接收空调控制器的信息来控制空调压缩机和 PTC。

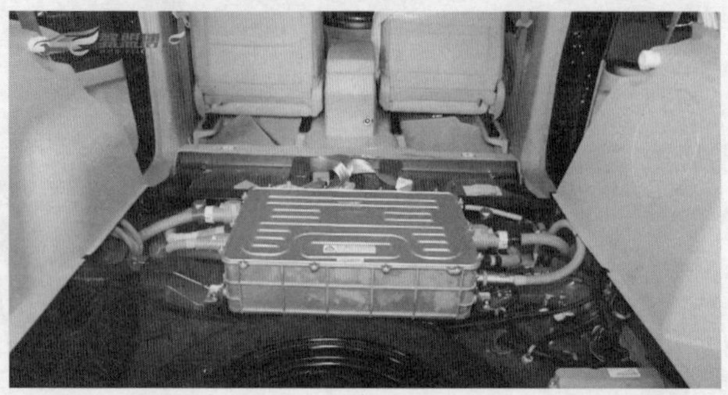

图 3-2-24 比亚迪 E6 DC/DC 转换器及空调驱动器

(4)高压配电箱

高压配电箱如图 3-2-25 所示。它是整车高压配电装置,主要作用是电源分配、接通、断开。

图 3-2-25 比亚迪 E6 高压配电箱

(5)漏电传感器

漏电传感器如图 3-2-26 所示。它位于后排座椅底部,主要用于监测动力电池与车身的漏电电流。

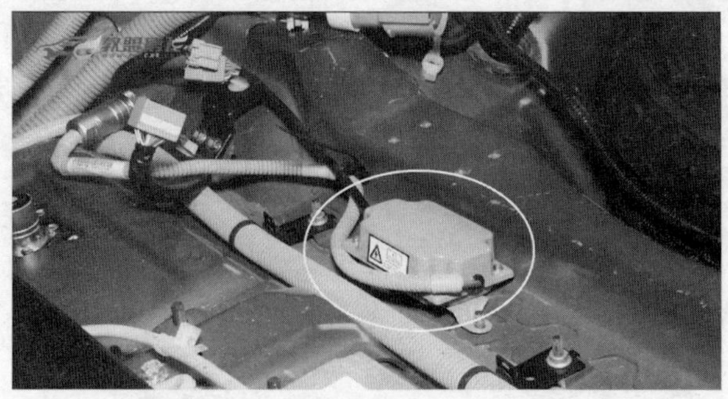

图 3-2-26 比亚迪 E6 漏电传感器

(6)维修开关

维修开关如图 3-2-27 所示。它是电动车辆中一种常用的手动操作设备,用于断开车辆中的高压电,从而对车辆进行维修检查工作。

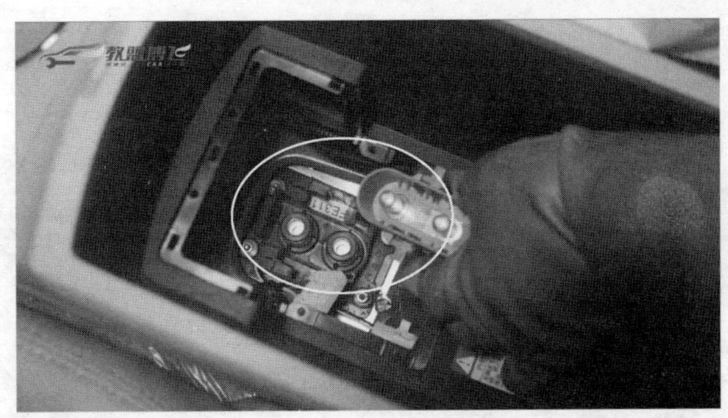

图 3-2-27　比亚迪 E6 维修开关

(7)充电接口

比亚迪 E6 支持车载快充和慢充的充电方式。布置在车辆左侧的充电接口和车载充电器用于将来自家用的 220V 交流电转换为 330V 直流电给动力电池充电。

图 3-2-28 所示为车辆的充电接口,图中位于左侧的是快速充电接口,利用专用的充电站可以用 15min 完成 80% 的充电电量;右侧是普通慢速充电接口,连接家用 220V 交流电源。

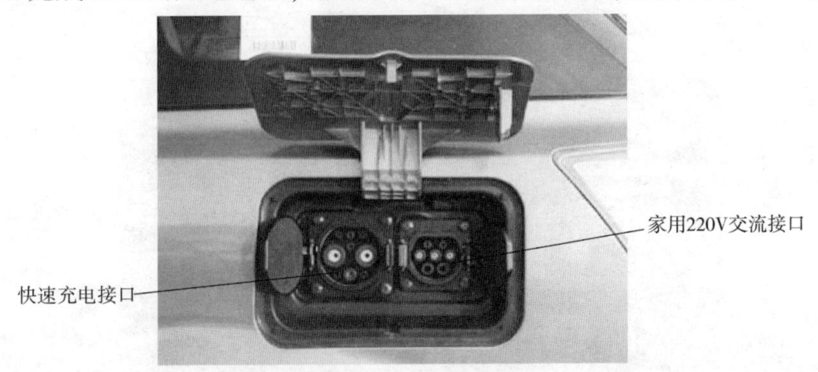

图 3-2-28　比亚迪 E6 充电接口位置

2. 北汽 EV200 纯电动汽车部件认知与识别

警告:

在没有断开高压线路之前,请勿用手直接触碰前机舱内的高压部件。如果必须接触时,请借助高压绝缘棒,或者绝缘物质。

北汽新能源汽车推出的 EV 系列的纯电动汽车,代表车型有 EV160、EV200 等,动力电池采用磷酸铁锂电池,EV160 的续驶里程为 130 ~ 160km,EV200 续驶里程为 200 ~ 260km。其内部的主要高压系统部件及布置位置如图 3-2-29 所示。

以下以北汽新能源 EV200 纯电动汽车为例介绍主要部件,其他车型可供参考。

1)前机舱内部部件

EV200 前机舱的布置分上、下两层,下层是驱动电机与变速单元,上层的零部件及管线通过集成安装支架固定在车身纵梁上，如图 2-2-30 所示。

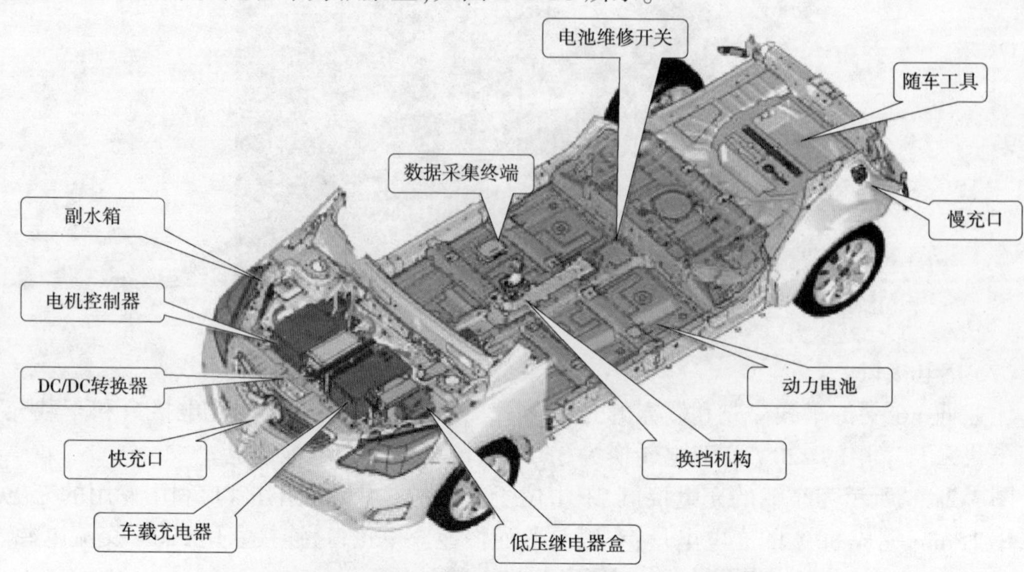

图 3-2-29　EV200 高压系统部件位置示意图

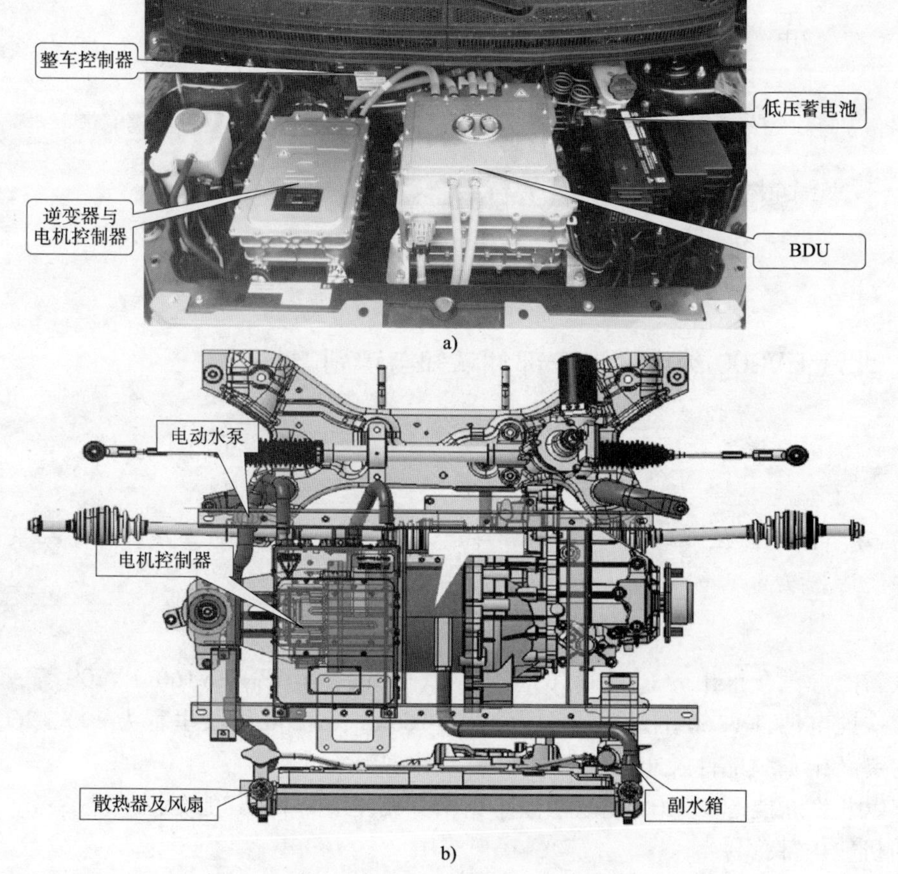

图 3-2-30　EV200 前机舱内部部件

2）动力电池

EV200 动力电池包含有电池能量管理系统 BMS，在向全车提供电能的同时，还支持对高压电池的电量计算评估、安全监测、充放电控制、漏电监测以及电池的电量平衡。图 3-2-31 所示是 EV200 动力电池及其他相关部件的布置图。动力电池技术参数见表 3-2-2。

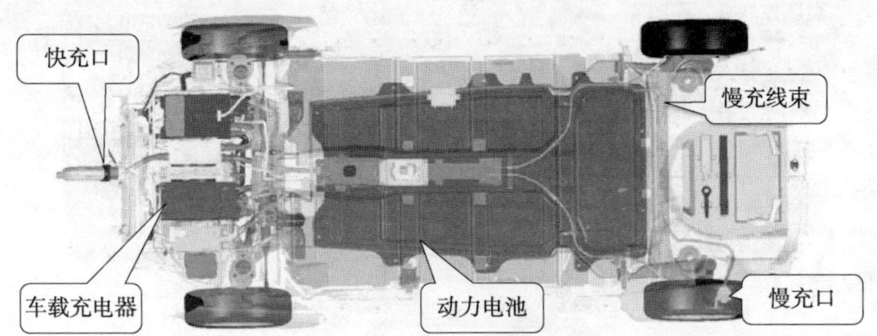

图 3-2-31 EV200 动力电池位置

动力电池的参数 表 3-2-2

车 型 号	EV200 车型	车 型 号	EV200 车型
动力电池电压（V）	332	动力电池电量（kW·h）	30.4
动力电池容量（Ah）	91.5		

3）逆变器与电机控制器

逆变器与电机控制器（图 3-2-32）的作用是将动力电池提供的直流电，转化为交流电，然后输出给电机；通过电机的正转来实现车辆的前进、加速、减速；通过电机的反转来实现车辆倒车。

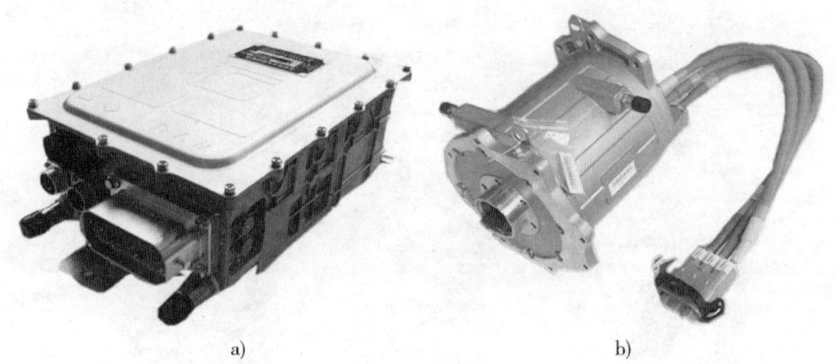

a) b)

图 3-2-32 EV200 电机、逆变器与电机控制器

4）PDU

北汽新能源 2016 年以后生产的纯电动汽车，将 DC/DC 转换器、高压控制盒（BDU）、车载充电器统一到一个部件 PDU 中，由 PDU 完成上述 3 个部件的功能，集成度更高，如图 3-2-33 所示。

5）高压/低压线束

（1）驱动电机高压线束如图 3-2-34 所示，通过 PDU 输送直流电，传输给驱动电机控制器。

（2）高压母线如图 3-2-35 所示，将动力电池的直流电输送到 PDU。

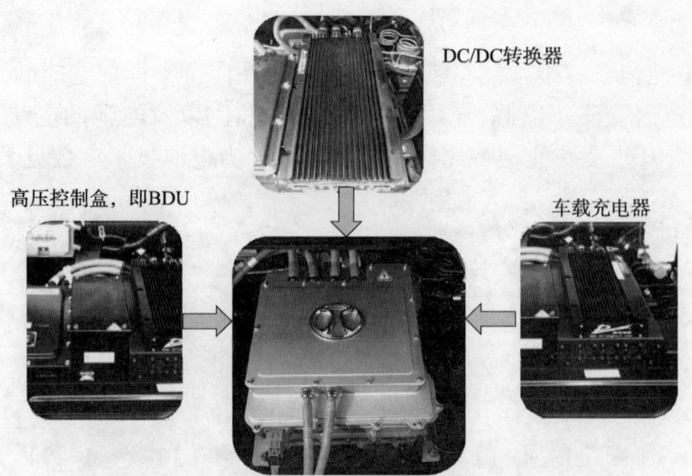

图 3-2-33　EV200 PDU 部件功能示意图

图 3-2-34　驱动电机高压线束

图 3-2-35　高压母线

(3)快充线束如图 3-2-36 所示。将高压直流电通过快充线束输送到 PDU,经高压母线传输到动力电池。

(4)电动压缩机高压线束如图 3-2-37 所示。将高压直流电传输到电动压缩机。

(5)PTC 高压线束如图 3-2-38 所示。将 PDU 输出的高压直流电通过线束传输到 PTC 加热器。

(6)DC/DC 正极线束如图 3-2-39 所示。连接着 DC/DC 正极端,其作用是在车辆起动后,DC/DC 将动力电池输入的高压电转变成低压 12V,通过线束向蓄电池充电,以保证行车时低压用电设备正常工作。

图 3-2-36　快充线束

图 3-2-37　电动压缩机高压线束

图 3-2-38　PTC 高压线束

图 3-2-39　DC/DC 正极线束

(7)DC/DC 负极搭铁线束如图 3-2-40 所示。与车身搭铁连接。

图 3-2-40　DC/DC 负极线束

(8)PDU 低压线束如图 3-2-41 所示与 VCU 连接传输 PDU 信号。

图 3-2-41　PDU 低压线束

(9)电机控制器低压线束如图 3-2-42 所示。传输驱动电机与整车控制器的各项数据。

图 3-2-42　电机控制器低压线束

6)驱动电机

驱动电机(图 3-2-43)为整车提供动力,通过电机的正转来实现车辆的前进、加速、减速;通过电机的反转来实现倒车。

驱动电机 U、V、W 三相接线如图 3-2-44 所示。

7)动力电池

动力电池(图 3-2-45)为整车提供动力源。动力电池高压接插件,经高压母线连接至 PDU,为全车高压部件供电,如图 3-2-46 所示。

图 3-2-43　驱动电机

图 3-2-44　驱动电机接线

图 3-2-45　动力电池

图 3-2-46　动力电池高压接插件

8)充电口

(1)慢充充电口

北汽 EV160/EV200 在传统汽车油箱盖位置的是其慢充充电口,如图 3-2-47 所示。

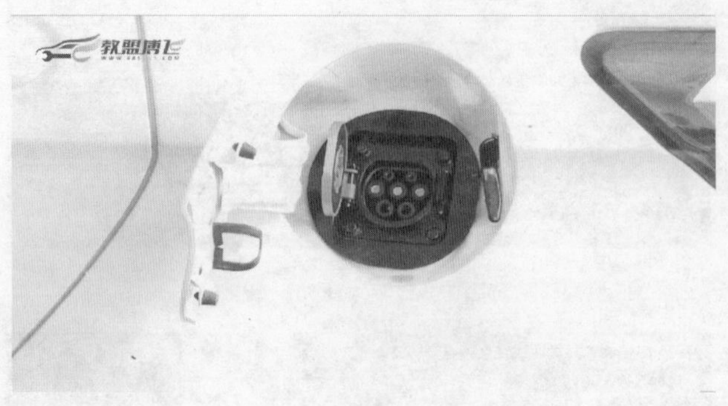

图 3-2-47　北汽新能源汽车慢充充电口

(2)快充充电口

车辆正前方车标位置的为快速充电口,如图 3-2-48 所示。

图 3-2-48　北汽新能源快充充电口

(3)慢充线束

慢充线束如图 3-2-49 所示,将慢充充电枪传输的交流电,通过慢充线束传输到 PDU 车载充电模块。

图 3-2-49　慢充线束

学习测试

1. 填空题

(1)纯电动汽车驱动系统主要的部件包括有________、________、带有电机的________。

(2)纯电动汽车制动或减速时,将能量通过逆变器、BDU 传回动力电池,为电池________。

(3)纯电动汽车驱动系统需要一套完善的控制模块:即________、________和电池管理系统(BMS)。

(4)动力电池的冷却和加热系统,用于维持电池在最佳的________。

(5)滑行或者减速的时候,整车控制器能够进行________的回收。

2. 判断题

(1)纯电动汽车动力电池内的电能一直处于输出状态。 (　　)

(2)当电机的温度超过一定值以后,电机的输出功率会降低。 (　　)

(3)当外部充电线连接在纯电动汽车上时,控制系统将禁止车辆移动。 (　　)

(4)当 ABS 被激活或者 ABS 故障的时候,制动能量回收功能不受影响。 (　　)

(5)动力电池为比亚迪汽车核心技术,采用磷酸铁锂电池。 (　　)

3. 不定项选择题

(1)纯电动汽车高压动力电池的电能主要提供给(　　)。

A. 逆变器控制模块　　B. 高压压缩机

C. PTC 加热器　　D. DC/DC 转化器

(2)逆变器控制模块的主要作用是(　　)。

A. 控制驱动电机的运转　　B. 接收电机发出的电能

C. 调节汽车充电电流　　D. 控制压缩机运转速度

(3)大多数纯电动汽车设计的热交换系有(　　)。

A. 1　　B. 2　　C. 3　　D. 4

(4)用于接收外部 220V 电源,并转换成能够给高压动力电池充电的部件是(　　)。

A. 逆变器　　B. DC/DC 转换器

C. 车载充电器　　D. BDU

(5)以下属于纯电动汽车运行模式的有(　　)。

A. 制动能量回收　　B. 电力驱动

C. 减速断油　　D. 冷起动加浓喷油

项目四

混合动力汽车

本项目主要介绍混合动力汽车，分为两个任务学习。

任务1　混合动力汽车的类型与典型混合动力汽车；

任务2　混合动力汽车的结构与运行模式。

通过以上两个任务的学习，你将熟悉混合动力汽车的主要类型及结构特点，并在此基础上，进一步掌握典型的混合动力汽车的结构及运行模式，为日后混合动力汽车的维修与诊断打下基础。

任务1　混合动力汽车的类型与典型混合动力汽车

提出任务

如果你是新能源汽车销售顾问,现在有一位新能源汽车潜在的客户拟购买一辆油电混合动力汽车,但是他又有很多顾虑,如能省多少油,购买国产的还是纯进口的?你能正确引导这位客户购买到他理想的混合动力汽车吗?

任务要求

知识要求

1. 能够描述混合动力汽车的定义;
2. 能够描述混合动力汽车的基本原理;
3. 能够描述混合动力汽车的类型及分类方法;
4. 能够描述当前市场上典型混合动力汽车的技术特点。

能力要求

1. 能够正确区分混合动力汽车的类型;
2. 能够正确解释典型混合动力汽车仪表及其显示的含义。

相关知识

1. 混合动力汽车的定义

混合动力汽车的 Hybrid 这个词来源于拉丁语 Hybrida,意思是杂交或者混合的意思。在技术层面,Hybrid 这个词指一种系统,该系统将两种不同的技术组合在一起来使用。我们常说的混合动力汽车通常就是指油电类型混合动力汽车 HEV(Hybrid Electric Vehicle),即为内燃机与动力电池、电机的驱动混合。

国际电子技术委员会对混合动力汽车的定义为:在特定的工作条件下,可以从两种或两种以上的能量存储器、能量源或能量转化器中获取驱动能量的汽车,其中至少一种存储器或转化器要安装在汽车上。

混合动力汽车介于传统内燃机汽车与纯电动汽车之间,是两种动力汽车的中间产物。如图 4-1-1 所示,与纯电动汽车相比,混合动力汽车上配置有内燃机;与传统汽车相比,混合动力汽车上又增加了动力电池和电机。但是,混合动力汽车中的动力驱动单元却完美地将内燃机的动力与电机的动力结合在一起。

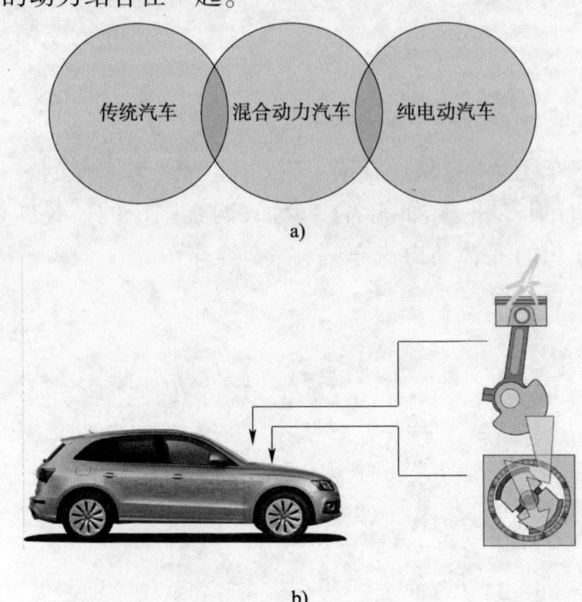

图 4-1-1　混合动力汽车关系示意图

从广义上来讲,混合动力汽车指的是装备有两种具有不同特点驱动装置的车辆。图 4-1-2 所示的两个驱动装置中有一个是车辆的主要动力来源,它能够提供稳定的动力输出,满足汽车稳定行驶的动力需求。由于内燃机在汽车上的成功应用,使之成为首选的驱动装置,另外还有一个辅助驱动装置,它具有良好的变工况特性,能够进行功率的平衡、能量的再生与存储。

从狭义上讲,混合动力汽车是指同时装备两种动力源的汽车。通过在混合动力汽车上使用电机,使得动力系统可以按照整车的实际运行工况要求灵活调控,而内燃机保持在综合性能最佳的区域内工作,从而降低油耗与排放。也可以认为混合动力汽车通常是指既有车载动力电池提供电力驱动,又装有一个相对小型内燃机的汽车。

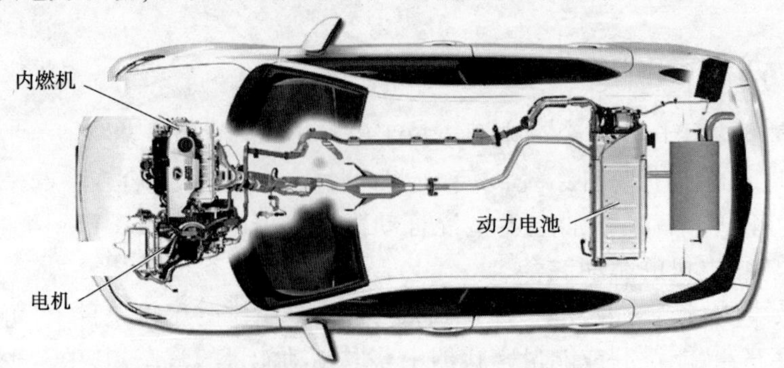

图 4-1-2　混合动力汽车两种动力源

2. 混合动力汽车的基本原理

混合动力汽车与传统汽车相比，主要的改进是在车辆的驱动系统上，即在传统汽车的内燃机、变速器、传动轴到车轮的驱动线路上，增加了一套由高压动力电池、电机组成的电动动力驱动线路。图 4-1-3 所示是一种混合动力汽车的驱动路线图。

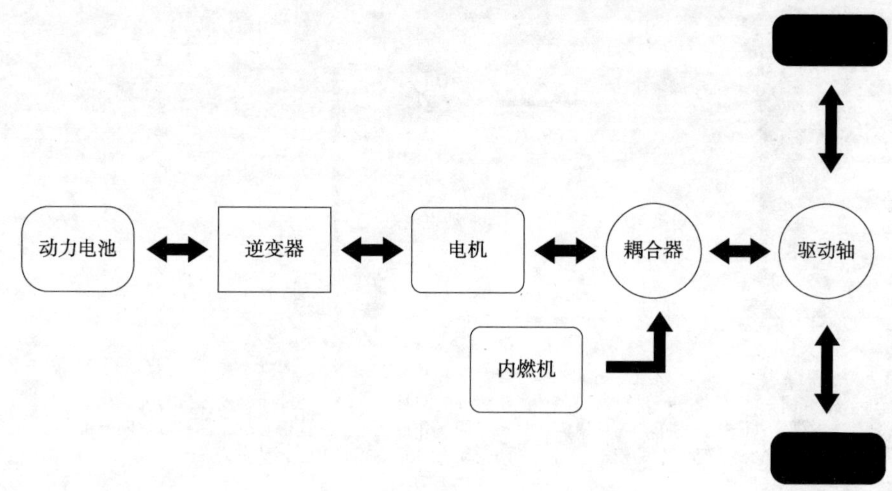

图 4-1-3 混合动力汽车基本驱动路线

在车辆行驶时，根据混合动力汽车设计的混合程度，通常会由动力电池先通过电机输出动力来驱动车辆，当电池存储电能不足时，内燃机再自动起动参与车辆的驱动。也有部分混合动力汽车内燃机是全程起动的，动力电池输出的动力仅仅用于辅助内燃机平滑运行。

3. 混合动力汽车的类型及分类方法

为了便于区分形式各异的混合动力汽车，习惯上我们会根据混合动力汽车驱动系统的连接方式或混合程度来对混合动力汽车进行分类，以便于更好地了解混合动力汽车的技术特性。

1）按混合动力汽车驱动连接方式分类

混合动力汽车的驱动系统主要有内燃机和驱动电机。通常，根据内燃机和驱动电机之间的连接关系（即内燃机的输出动力与驱动电机的输出动力到车辆驱动轴的连接方式），将混合动力汽车分成串联式、并联式和混联式三种类型，如图 4-1-4、图 4-1-5 所示。

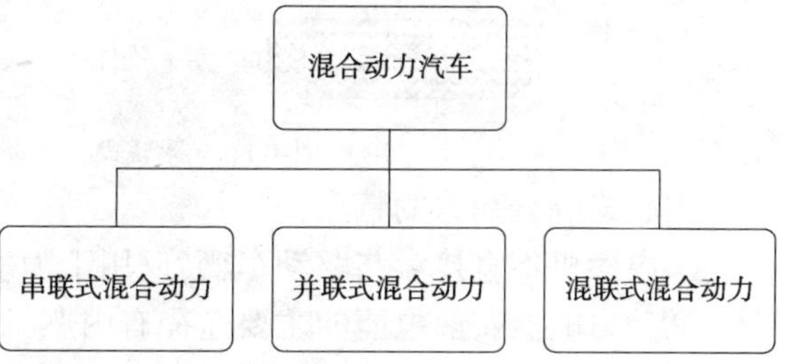

图 4-1-4 混合动力汽车按驱动连接方式分类

（1）串联式混合动力

在串联式混合动力设计中，车辆的驱动仅仅是由驱动电机来单独完成的，车辆动力电池的电能来自内燃机。

串联式混合动力车辆运行时，内燃机带动发电机工作，发电机输出的电能通过逆变器提供给驱动电机来驱动车辆,或者为车辆动力电池充电。在该类型的设计中,内燃机是不能直接给车辆提供动力的,其主要应用于城市大客车,在乘用轿车中应用很少。串联式混合动力连接方式如图4-1-6、图4-1-7所示。

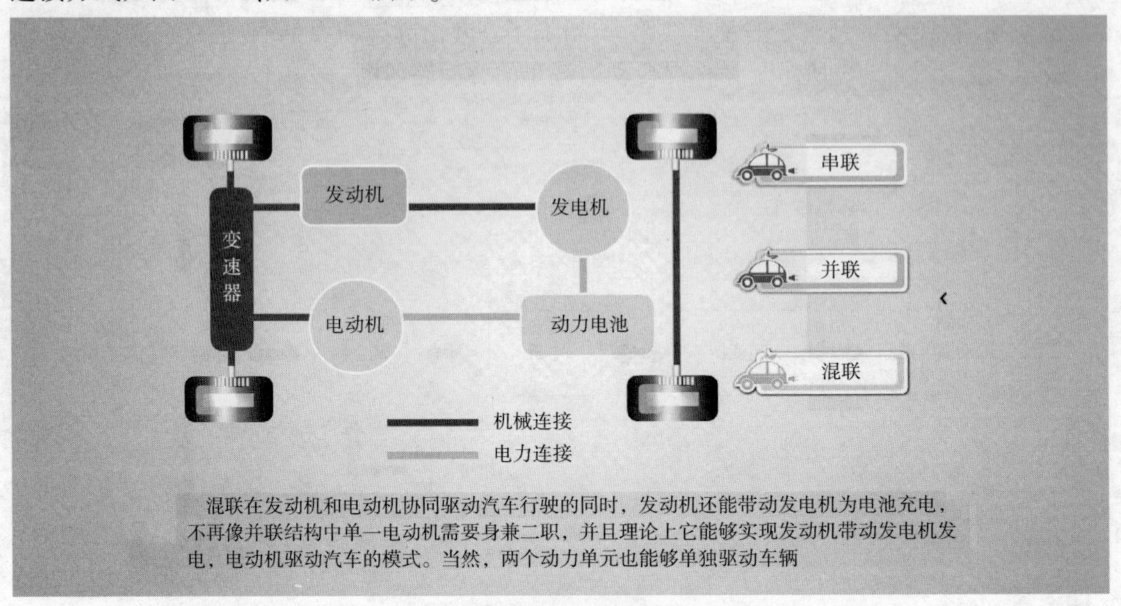

图4-1-5　混合动力汽车连接方式

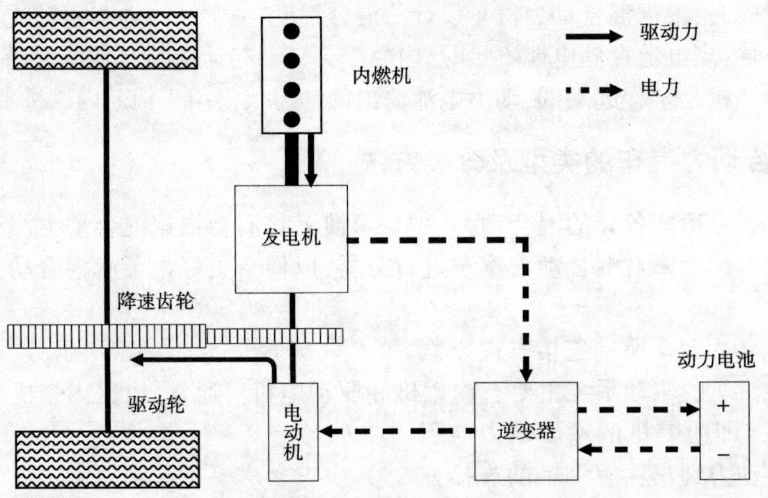

图4-1-6　串联式混合动力汽车连接方式示意图

串联式混合动力的特点:

①内燃机不直接参与驱动车辆,仅用于为动力电池充电;

②动力电池获取电能的主要途径有内燃机输出的电能和制动能量回收的电能;

③优点是内燃机能够在最佳的速度和负荷状态下运行,同时车辆也取消了离合器等部件;

④缺点是车辆仅通过电机驱动,因此必须设计有较大功率的电机来满足车辆在爬坡、急加速等大负荷运行工况,与此对应也导致内燃机和动力电池的质量增加,从而导致整车质量加大。

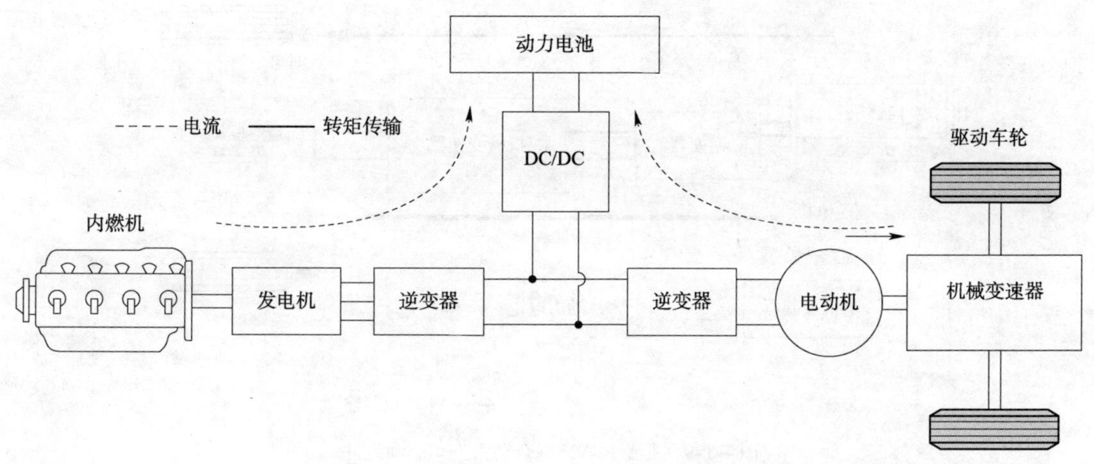

图 4-1-7　典型串联式混合动力汽车驱动组件

(2)并联式混合动力

在并联式混合动力设计中,车辆的驱动是由内燃机和驱动电机组合完成的,系统能支持仅靠其中的一种能量驱动车辆,也能支持内燃机和驱动电机同时驱动车辆。在这种设计中,动力电池和内燃机都是与变速单元相连接的。

在驱动车辆行驶时,大多数情况下,并联式混合动力汽车的驱动电机是辅助内燃机运行的。并联式混合动力汽车可以在比较复杂的工况下使用,应用范围比较广,如图 4-1-8、图 4-1-9 所示。

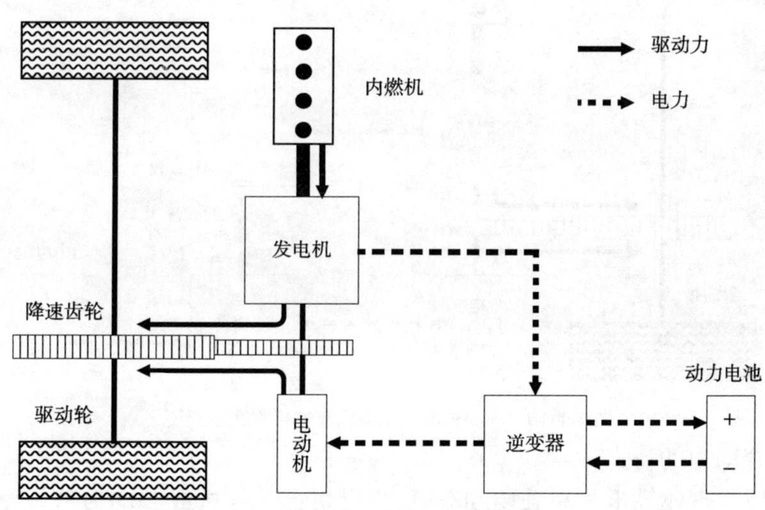

图 4-1-8　并联式混合动力汽车连接方式示意图

并联式混合动力的特点:

①内燃机和驱动电机共同驱动车辆行驶;

②没有单独设计有发电电机,在没有外部充电或辅助电源的情况下,动力电池获取电能的唯一途径是驱动电机的能量回收;

③优点是采用了一个或多个电机辅助内燃机,使得内燃机的设计可以更小;

④缺点是需要用复杂的软件来优化驱动电机和内燃机同时输向驱动轴的转矩。

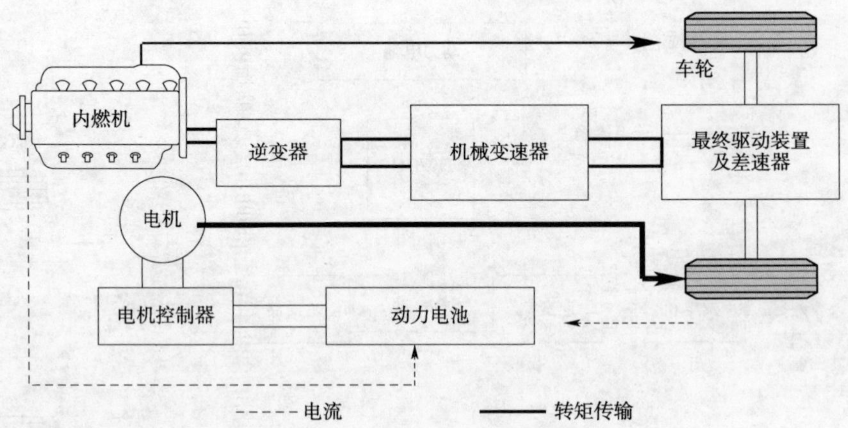

图 4-1-9 典型并联式混合动力汽车驱动组件

(3)混联式混合动力

混联式混合动力也称为串并联式,因为其集合了串联式和并联式的优点而设计的,它可以最大限度地发挥串联式与并联式的各自优点,如在车辆行驶中,系统可以通过动力分配装置一方面由驱动电机单独驱动车辆,另一方面再由内燃机来自主地发电。目前市场上合资品牌的混合动力汽车大多数采用这种设计类型,如图 4-1-10 所示。

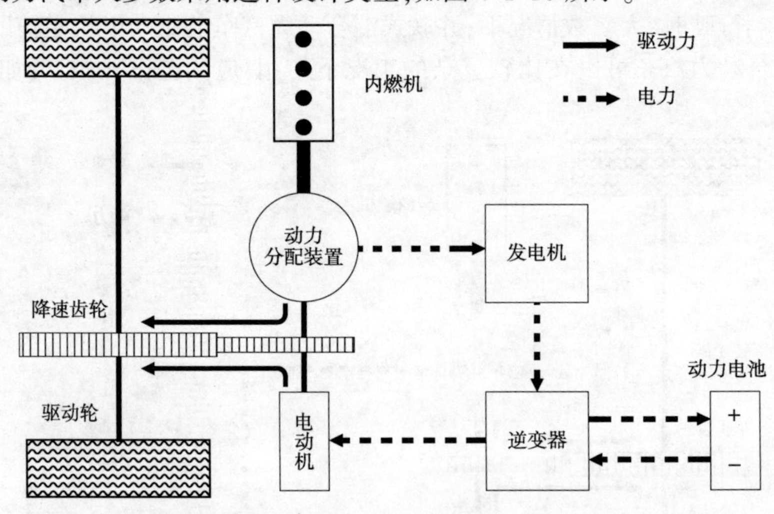

图 4-1-10 串联式混合动力汽车连接方式示意图

混联式混合动力的特点:

①系统可以实现驱动电机单独驱动车辆,内燃机自动停机或起动为系统充电;也可以实现内燃机和驱动电机共同驱动车辆。

②不足的是动力分配装置内部设计和管理系统较为复杂,需要较高的技术积累和研发投入。

2)按混合动力汽车的混合程度分类

对现有混合动力汽车进行分类还可以使用混合程度这个概念,这是目前市场销售中常用的习惯分类方式。但是到目前为止,并没有一个准确的混合程度标准。当前,大多数学者会采用混合程度认为是混合动力汽车中驱动电机的有效功率占车辆驱动系统总功率的百分

比这个概念，按照这个混合程度概念可以将市场上的混合动力汽车分为轻度混合动力、中度混合动力和重度混合动力三个等级，如图 4-1-11 所示。

(1)轻度混合动力

图 4-1-11　按混合动力汽车的混合程度分类

也称轻混，轻度混合动力的车辆混合程度低，没有内燃机的帮助，设计在车辆中的电机是不能够单独驱动车辆行驶的。轻度混合动力一般采用 36V、42V 电池组，并搭载一个低功率的起动/发电机通过曲轴皮带来辅助内燃机。在严格意义上来说，轻混并不能算是混合动力，因为车辆只靠单一的内燃机动力行驶，其电池输出能量只起辅助作用，一般只用于车辆自动起停、内燃机起动平滑辅助和制动能量回收。轻混驱动系统设计的优点是成本小，但同时节省的燃油也少，一般只能省油 8% ~15%。轻混动力系统结构如图 4-1-12 所示。

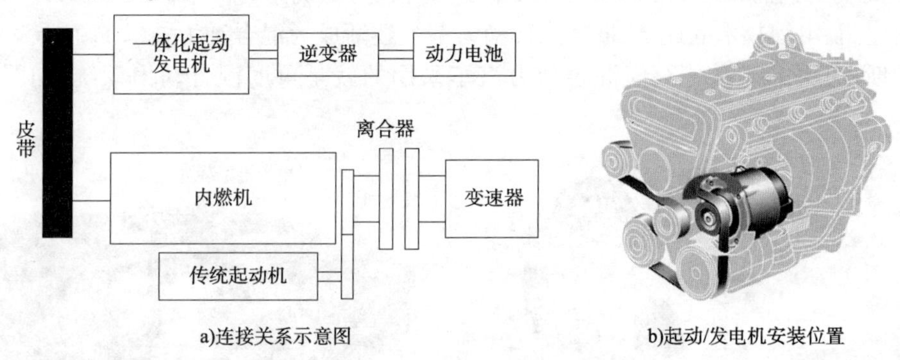

图 4-1-12　轻度混合动力系统结构示意图

典型代表的技术有通用旗下 BAS(Basic Assist System)系统的君越混合动力，梅赛德斯奔驰为 Smart 开发的一套名为 MHD(Micro Hybrid Drive)的怠速熄火系统，以及奇瑞汽车合作研发的 BSG(Belt - driven Starter/Generator)系统。

这种驱动系统的特点是由曲轴皮带驱动的起动/发电机取代了传统内燃机的发电机，由这个新型的起动/发电机提供车载电力系统的同时，还能快速起动车辆的内燃机。

(2)中度混合动力

中度混合动力的车辆一般采用 100V 以上的动力电池，混合度在 30% 左右。与轻度混合动力系统不同之处在于，中度混合动力系统采用的是高压动力电池和电机。在车辆加速或者大负荷工况时，电机能够辅助内燃机驱动车辆，补充内燃机本身动力输出的不足，提高整车性能。这种系统的混合程度较高，在城市循环工况下节省燃油可以达到 20% ~30%。

例如，本田汽车公司旗下的雅阁、思域，广汽丰田的雷凌混合动力汽车都属于这类系统，如图 4-1-13 所示。

这种驱动系统最主要的特点是，汽车行驶不能完全脱离内燃机单独依靠电力驱动。

(3)重度混合动力

也称强混，系统通常采用了 272 ~650V 的高压系统，混合度可以达到 50% 以上，在城市循环工况下节油率可以达到 30% ~50%。其特点是动力系统以内燃机为基础动力，动力电池为辅助动力，采用的电机功率更为强大，完全可以满足车辆在起步和低速时的动力要求。

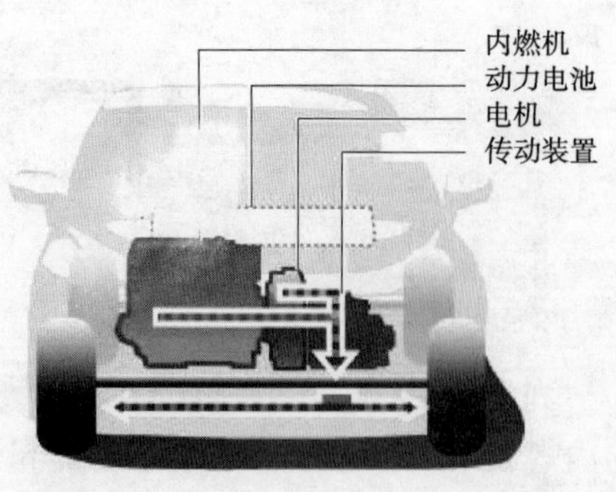

图 4-1-13　中度混合动力汽车

重度混合车型可以在低速时就像一款纯电动汽车一样，支持纯电动行驶；在急加速和爬坡运行工况下车辆需要较大的驱动力时，驱动电机和内燃机同时对车辆提供动力。

随着电机、电池技术的进步，重度混合动力系统逐渐成为混合动力技术的主要发展方向，丰田普锐斯、通用的凯雷德双模混合动力汽车采用的就是重度混合动力系统，如图 4-1-14 所示。

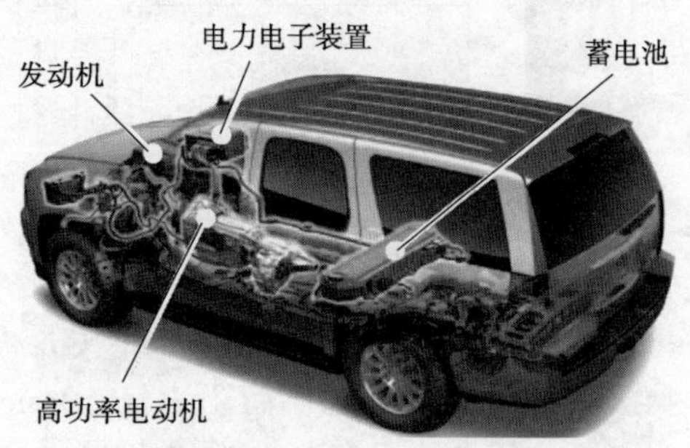

图 4-1-14　重度混合动力汽车

3）插电式混合动力汽车

插电式混合动力汽车 PHEV（Plug-in Hybrid Electric Vehicle），是可以通过外部连接的电源进行充电，同时在电池满电的状态下具有一定的纯电动行驶能力，是重度混合动力车型的一种特殊形态。

插电式混合动力可以采用串联或并联的结构，主要的优势在于纯电力行驶里程较长；电能不足时，车辆仍然可以重度混合模式行驶。一般插电式混合动力汽车都有随车充电器，可以使用 220V 外部电网为电池充电，而插电式混合动力公交车由于行驶路线固定，通常利用快速充电机对其充电。

插电式混合动力系统的电机功率比纯电动汽车的稍小，动力电池的容量介于重混合纯电动汽车之间。由于具有可利用夜间低谷电对动力电池充电、可降低排放等优势，插电式混合动力汽车已成为主流发展方向之一。

比亚迪秦和雪佛兰的沃蓝达都属于这种类型的混合动力汽车，如图 4-1-15 所示。例如，沃蓝达可以在纯电动模式下行驶 80km，待电量耗尽后可利用 1.4L 内燃机作为驱动力额外行驶 490km。如果想要继续行驶，用户只需为车辆充电或加油即可。

图 4-1-15　插电式混合动力汽车

4. 典型混合动力汽车车型的技术特点

目前,无论是自主品牌还是合资品牌,都陆续推出或正在研发混合动力汽车。典型混合动力汽车车型及技术特点介绍如下:

1)丰田普锐斯混合动力汽车

(1)第一代丰田普锐斯

1997 年,丰田首先在日本市场上推出了世界上第一款批量生产的混合动力汽车——普锐斯(Prius)。普锐斯混合动力系统由汽油内燃机和电动机组成,采用一种折中的方式弥补了汽油内燃机车和纯电动车两者之间的缺陷。2000 年,普锐斯经过细微的改动之后推向美国市场,随后进入欧洲,开始了其世界第一混合动力车型的历程。

第一代丰田普锐斯结构如图 4-1-16 所示,技术参数见表 4-1-1。

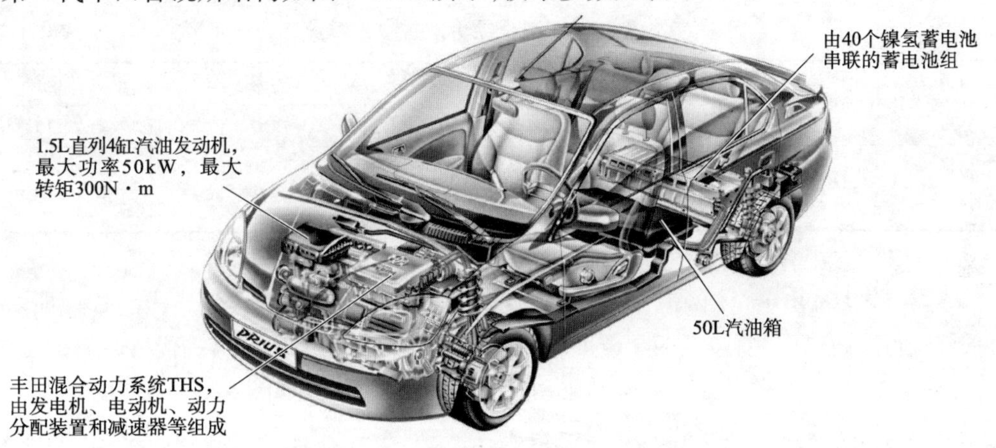

图 4-1-16　第一代丰田普锐斯结构示意图

第一代普锐斯混合动力汽车技术参数　　表 4-1-1

动力源	类　型	排量/电压/容量	最大功率(kW)	最大转矩(N·m)
内燃机	直列 4 缸汽油内燃机	1.5L	120	240
电动机	永磁同步交流型	274V	30	165
动力电池	40 个镍氢电池串联	6.5Ah	—	—

(2)第二代丰田普锐斯

2003 年 9 月,丰田在日本首先上市了全新第二代普锐斯,除了外表的改进外,最重要的是引入了第二代丰田混合动力系统 THS－Ⅱ。THS－Ⅱ是在 HSD（混合动力协同驱动）的概念下开发出来的，即电动机，内燃机在车辆各种状态中，采用不同的方式协同工作，来适应各种驾驶模式。THS－Ⅱ与 THS 基本理论相同，不过使用的电动机在同类电动机中性能较高。另外，为了更好地进行能源消耗管理，THS－Ⅱ使用一种新型的线路和制动能量回收系统，与高效的蓄电池组合，可以在制动的时候更好地对制动能量进行回收。

THS－Ⅱ最大的改进在于使用了高电压线路——内燃机、电动机和蓄电池之间的电压高达 500V，而上一代 THS 的电压只有 274V。

第二代丰田普锐斯结构如图 4-1-17 所示，主要技术参数见表 4-1-2。

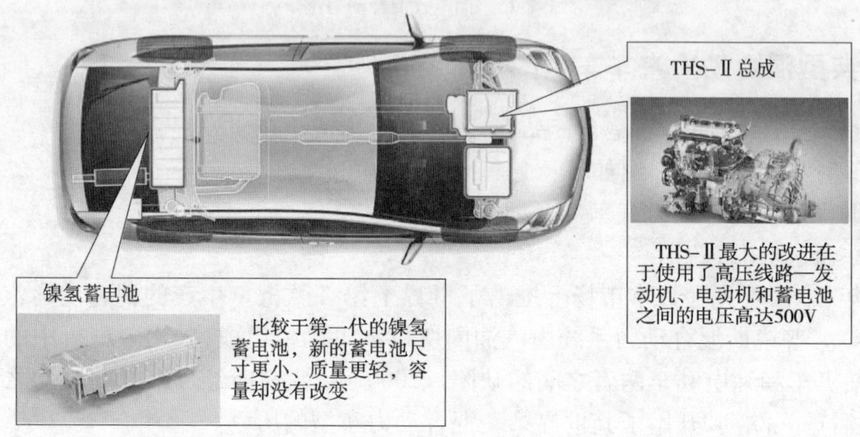

图 4-1-17　第二代丰田普锐斯结构示意图

第二代普锐斯混合动力汽车技术参数　　表 4-1-2

动力源	类　型	排量/电压/容量	最大功率（kW）	最大转矩（N·m）
内燃机	直列 4 缸汽油内燃机	1.5L	57	115
电动机	永磁同步交流型	500V	50	400
动力电池	28 个镍氢电池串联	6.5Ah	—	—

（3）第三代丰田普锐斯

2009 年，丰田推出了全新第三代普锐斯，并于 2010 年全面上市。新一代的普锐斯对混合动力系统进行了改进，主要包括两个方面：一个是使用全新的 1.8L 内燃机代替原有的 1.5L 内燃机；另外一个是对 HSD 混合动力协同驱动系统进行重新设计，如图 4-1-18 所示。

图 4-1-18　第三代普锐斯与制动能量回收

第三代丰田普锐斯搭载阿特金森循环 1.8L 直列 4 缸内燃机,取代第二代的 1.5L 内燃机,最大功率为 73kW,比第二代提高 16kW,转矩达到 142N · m,比老款增加 27N · m,加上电动机动力整车最大功率为 100kW,低速转矩进一步提升,这也意味着低速时候能够获得更好的燃油经济性。0 ~ 100km/h 加速时间比第二代提高 1s,仅需 9.8s。

第三代普锐斯提供 4 种不同的驾驶模式,Normal 为正常模式,EV - Drive 模式允许驾驶员在低速状态下单纯依靠电力行驶约 1.6km。Power 模式提高加速灵敏度,以提升运动性能。Eco 模式则可以帮助驾驶员获得最佳的燃油经济性。

第三代丰田普锐斯结构如图 4-1-19 所示,主要技术参数见表 4-1-3。

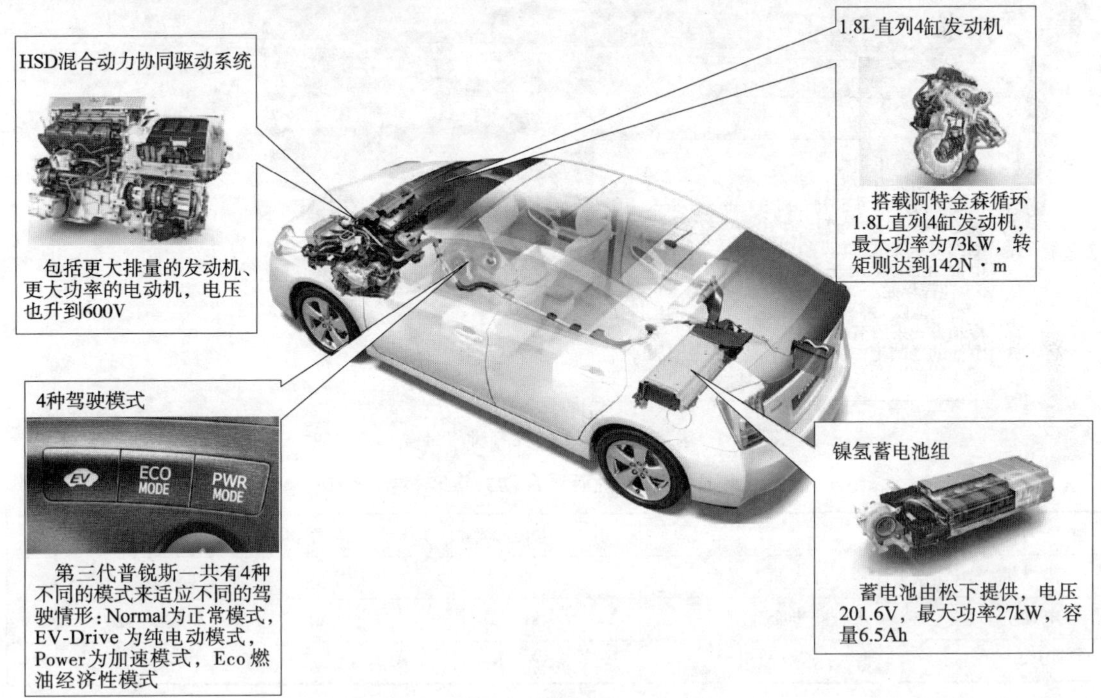

图 4-1-19　第三代丰田普锐斯结构示意图

第三代普锐斯混合动力汽车技术参数　　表 4-1-3

动力源	类　　型	排量/电压/容量	最大功率(kW)	最大转矩(N · m)
内燃机	直列 4 缸汽油内燃机	1.8L	73	142
电动机	永磁同步交流型	600V	60	207
动力电池	镍氢电池串联	6.5Ah	27	—

(4)第三代插电式丰田普锐斯

锂离子蓄电池组可通过家用电源来进行充电,因此,不受蓄电池剩余量和充电设施完善情况的限制。比起传统的混合动力车将更加能够降低油耗、抑制不可再生资源消耗、减排 CO_2 以及防止大气污染。普锐斯插电型混合动力汽车每升汽油可以行驶 55km,在充满电的情况下,纯电动模式续驶里程为 20km。充电时间:100V 电源需要 180min,200V 电源需要 100min。

当蓄电池的电量下降至一定程度时,系统就会自动的切换为混合动力模式行驶。在低温时起动以及用户用力踩下加速踏板等情况下,如果系统判断电池提供的功率较低时,就会起动内燃机驱动行驶。

第三代插电式丰田普锐斯汽车结构如图 4-1-20 所示，主要技术参数见表 4-1-4。

图 4-1-20　第三代插电式丰田普锐斯汽车结构示意图

第三代插电型普锐斯混合动力汽车技术参数　　表 4-1-4

动力源	类　型	排量/电压/容量	最大功率(kW)	最大转矩(N·m)
内燃机	直列 4 缸汽油内燃机	1.8L	73	142
电动机	永磁同步交流型	600V	60	207
动力电池	锂离子蓄电池串联	6.5A·h	—	—

2) 比亚迪秦混合动力汽车

秦是比亚迪股份有限公司自主研发的第二代双模混合动力的高性能轿车(图 4-1-21)，属于重度混合，并支持外部电源充电的混合动力汽车。

图 4-1-21　比亚迪秦混合动力汽车

在动力方面，秦搭载了1台1.5T内燃机、6速DCT自动变速器和1台高转速电机，并集合自主研发的磷酸铁锂电池，使得最大输出功率可以达到217kW，峰值转矩479N·m。电池组的容量设计为13kW·h，在纯电动状态下的最大续驶里程可以达到70km。

秦的驱动系统采用了并联的设计方式，使得即使在电力驱动系统失效的情况下，车辆依靠内燃机的驱动系统能够仍然保持行驶。

比亚迪秦的动力驱动系统结构如图4-1-22所示。

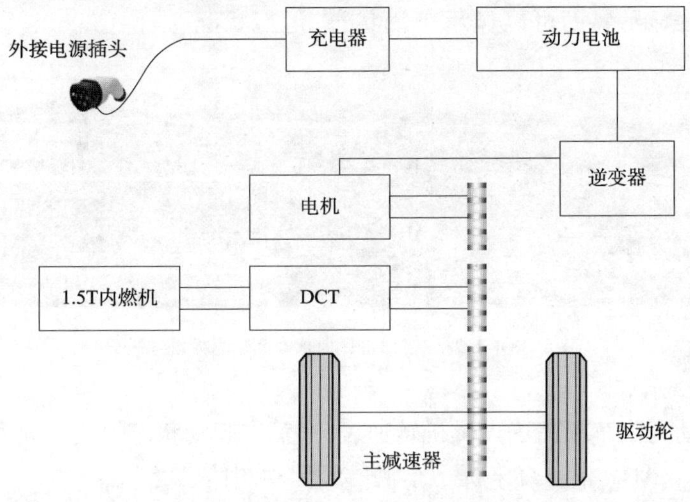

图4-1-22　比亚迪秦动力驱动系统结构示意图

任务实施

(一)工作准备

(1)防护装备：常规实训工装。

(2)车辆、台架、总成：丰田普锐斯，或比亚迪秦，或荣威550混合动力，或其他类型混合动力汽车。

(二)实施步骤

本工作任务主要包括两个子任务。

1. 调查和了解主流混合动力汽车的品牌与车型

利用互联网检索资料，或调研周边新能源汽车销售店面，了解当前主流混合动力汽车品牌与车型。

2. 使用和操控典型混合动力汽车仪表及混合动力操控部件

(1)检查车辆，如是插电式混合动力汽车，确保电量充足；

(2)使用车轮止动装置固定车轮，避免意外起动导致事故；

(3)进入车辆,点火开关置于ON位置,观察车辆仪表显示信息;

(4)打开车辆娱乐系统信息中心显示屏,选择与混合动力汽车相关的显示选项,观察显示的信息;

(5)观察并使用车辆其他混合动力汽车功能按钮。

以下以丰田普锐斯为例,介绍混合动力汽车的操作。

1)第三代普锐斯仪表与混合动力控制按钮

普锐斯的仪表显示界面可以显示车辆状态、运行状况、挡位信息以及混合动力系统信息,如图4-1-23所示。

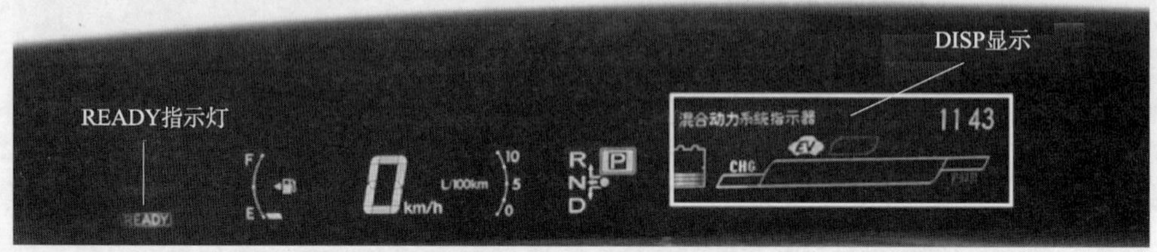

图4-1-23　丰田普锐斯仪表与信息系统

(1)READY指示灯

普锐斯混合动力汽车取消了内燃机转速表,车辆在起动状态下内燃机可能不一定运转,因此设置单独的READY指示灯来提示车辆已经起动的信息。

(2)DISP显示信息

按下转向盘上的DISP按钮(图4-1-24),可以在显示屏上切换显示以下信息:

①能源指示器。

②混合动力系统指示器。

③以及油耗、时钟、里程等传统信息。

(3)EV模式按钮

打开EV开关(图4-1-25),模式指示灯将点亮。在EV驱动模式下,仅通过由混合动力电池供电的电机来驱动车辆。

图4-1-24　丰田普锐斯转向盘DISP按钮

图4-1-25　EV模式开关

EV行驶模式可以在以下情况被激活:

①车辆行驶速度达到40km/h。

②内燃机已经暖机。

③动力电池正常状态。

2)比亚迪秦仪表显示信息及指示灯

比亚迪秦仪表有两种显示模式,如图4-1-26所示。

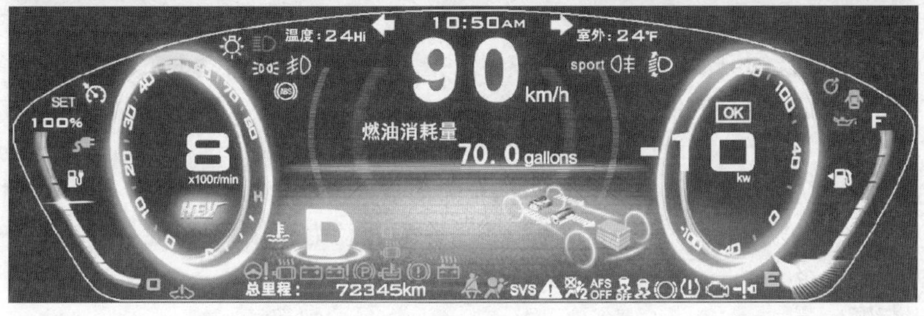

图4-1-26　比亚迪秦的仪表(两种显示模式)

组合仪表的部分指示灯含义见表4-1-5。

比亚迪秦仪表指示灯含义　　表4-1-5

指示灯图案	指示灯名称	说　明
OK	READY指示灯	M2电机控制器通过CAN发送"READY"指示灯点亮信号给组合仪表
EV	纯电动模式指示灯	—
HEV	混合动力模式指示灯	—
ECO	经济模式指示灯	—
SPORT	运动模式指示灯	—
	动力电池充电连接指示灯	工作于所有电源挡位:硬线传输,(车端)插上充电枪时,点亮指示灯
	动力电池电量低指示灯	剩余电池容量≤20%,指示灯点亮; 剩余电池容量>20%,指示灯熄灭
	电机过热警告灯	—
	电机冷却液温度过高警告灯	—

续上表

指示灯图案	指示灯名称	说　明
	动力系统故障警告灯	—
	充电系统故障警告灯	—
	动力电池过热警告灯	—

学习测试

1. 填空题

(1)目前按照认知习惯,混合动力汽车主要指________的混合动力汽车,简称________。

(2)混合动力汽车通常是根据驱动系统的________或________来进行分类。

(3)在并联式混合动力设计中,车辆的驱动是由________和________组合完成的。

(4)目前市场上合资品牌的混合动力汽车大多数________设计类型。

(5)按混合程度,混合动力汽车分为________混合动力、________混合动力和________混合动力三个等级。

2. 判断题

(1)混合动力汽车的驱动系统主要有内燃机和动力电池。 (　　)

(2)串联式混合动力汽车的驱动是由驱动电机来单独完成的。 (　　)

(3)混联式混合动力的系统可以实现纯驱动电机驱动车辆。 (　　)

(4)插电式混合动力只能采用并联的结构。 (　　)

(5)插电式混合动力系统的电机功率比纯电动汽车的大。 (　　)

3. 不定项选择题

(1)混合动力汽车的优势有(　　)。

A. 平衡内燃机输出转矩　　B. 节省燃油

C. 能够回收部分制动能量　　D. 能够提高内燃机功率

(2)串联式混合动力汽车连接驱动轴的部件是(　　)。

A. 发电机　　B. 驱动电机　　C. 内燃机　　D. 内燃机和驱动电机

(3)轻度混合动力汽车可以节省的燃油约为(　　)。

A. 8% ~15%　　B. 20% ~30%　　C. 30% ~50%　　D. 50% 以上

(4)混联式混合动力汽车连接驱动轴的部件是(　　)。

A. 发电机　　B. 驱动电机　　C. 内燃机　　D. 内燃机和驱动电机

(5)插电式混合动力汽车的高压动力电池电能来自(　　)。

A. 外部电源　　B. 车内发电机　　C. 自身发电　　D. 以上都不对

任务2　混合动力汽车的结构与运行模式

提出任务

一位混合动力车主反映他的车辆发动机总是运转，怀疑混合动力系统有故障。作为新能源汽车专业学生，你能否根据车主反馈的情况，正确判断出其中的原因，并给出合理的解释吗？

任务要求

知识要求

1. 能够描述混合动力汽车的基本特征；
2. 能够描述混合动力汽车的基本结构；
3. 能够描述混合动力汽车动力驱动单元结构与工作原理；
4. 能够描述混合动力汽车的运行模式。

能力要求

能够正确分析典型混合动力汽车的运行模式。

相关知识

1. 混合动力汽车基本特征

与传统汽车相比较，混合动力汽车在有些系统或部件上根据混合动力汽车运行需要，做了改进或升级，主要表现在：与纯电动汽车相同的是，混合动力汽车采用DC/DC转换器来替代原有12V发电机；采用电动驱动压缩机来替代皮带驱动压缩机，以及有的车辆采用PTC电加热来实现空调的暖风功能。

与传统内燃机汽车相比，混合动力汽车在以下三个方面做出了升级提高：

1）内燃机的升级变化

混合动力汽车的内燃机排量较小，同时由于大多数混合动力汽车取消了12V发电机、曲轴皮带驱动压缩机等部件，因此会简化辅助装置的皮带传动机构，主要的表现是不再需要通过曲轴皮带来驱动压缩机和12V发电机了。混合动力汽车通常采用电动空调压缩机或电子水泵,在曲轴上的皮带轮仍会保留,仅作为减振器用,如图4-2-2所示的丰田普锐斯内燃机曲轴皮带驱动部件明显减少了,仅保留一个发动机水泵和惰轮。

此外,对于一些插电式混合动力汽车,由于内燃机可能很少运行,因此还设计有独立的封闭式燃油炭罐系统,利用很大的炭罐来吸收燃油箱内的蒸发燃油气体。当需要继续添加燃油时,混合动力控制系统会首先释放系统封闭的燃油蒸汽压力,然后才执行燃油箱盖的打开和允许添加燃油指令。如图4-2-2所示的通用沃蓝达混合动力汽车上的一个大炭罐。

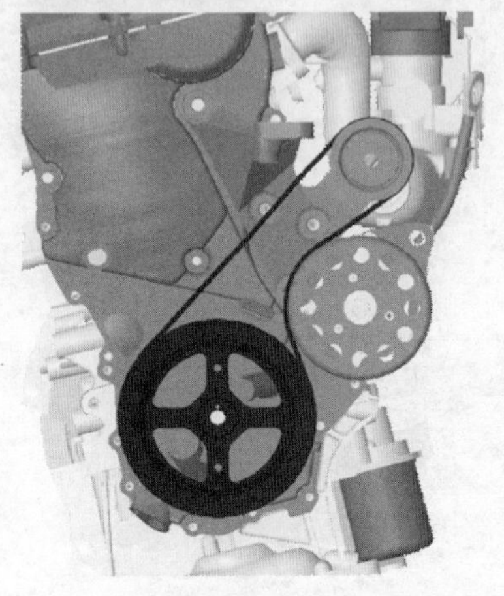

图4-2-1　丰田普锐斯内燃机曲轴皮带

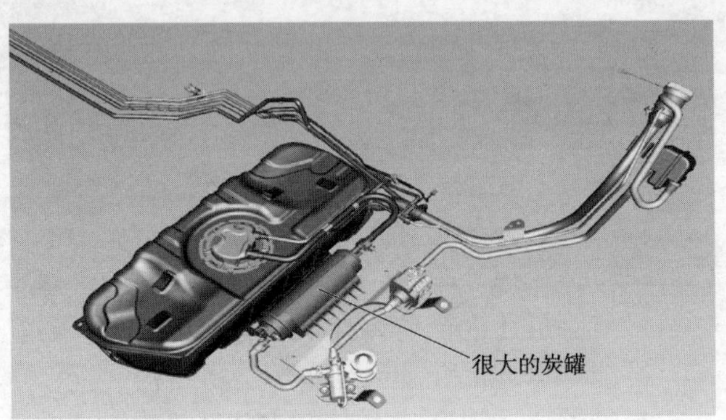

图4-2-2　沃蓝达插电混合动力燃油炭罐

2)转向系统的升级变化

由于混合动力汽车的内燃机可能偶尔会停止运转,因此内燃机将不能正确驱动一个液压转向助力系统的液压泵。目前,几乎所有的混合动力汽车上都使用了电动机械式转向系统,如图4-2-3所示。该系统的电机直接从车辆电源系统获取电能,无论内燃机是否运转,电机均能提供转向助力。

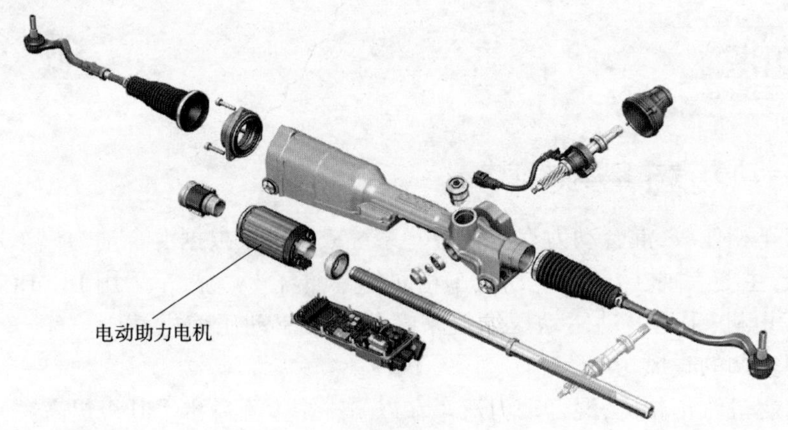

图4-2-3　混合动力电动助力转向系统

3)制动系统的升级变化

混合动力汽车通常会设计有电动真空泵(图4-2-4),无论内燃机是否关闭,改电动真空

泵均能为带有真空制动助力器的制动系统提供足够的真空，保证了混合动力汽车的制动安全。

图 4-2-4　混合动力汽车电动真空泵

有些混合动力汽车不再设计有真空助力系统的制动系统，改用电控液压制动系统。改系统的特点是驾驶员踩下制动踏板不再是直接将机械力传递到制动主缸，而制动踏板是一个传感器，传感器将信号先传递给制动系统模块，该模块根据制动需求，驱动液压制动系统的制动压力实现制动。普锐斯液压制动主缸结构示意图如图 4-2-5 所示。

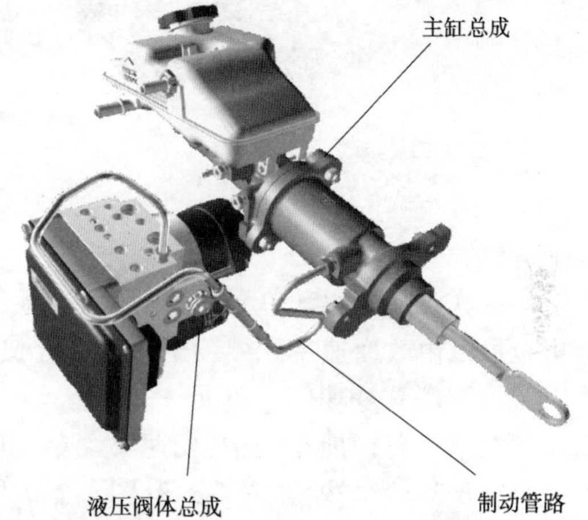

图 4-2-5　电控液压制动主缸与制动模块

该系统的最大优点是可以无缝配合混合动力的制动能量回收控制。

2. 混合动力汽车的基本结构

混合动力汽车的结构较为复杂，它具有传统汽车与纯电动汽车的双重部件。如图 4-2-6 所示，混合动力汽车配置有内燃机、动力电池、动力驱动单元、DC/DC 转换器，如果是插电式混合动力汽车还配置有车载充电器等。

图 4-2-6　混合动力汽车基本结构

由于动力电池、DC/DC 转换器等部件与纯电动汽车在结构原理上并无区别，但是动力驱动单元的设计却是混合动力汽车的中心，即是车辆混合动力驱动形式的反映，也是一辆混合动力汽车技术性能的重要表现。

在混合动力的车型中，中度、重度混合动力其内部在传统内燃汽车基础上主要增加有高压动力电池组和改进的变速驱动单元，并为特定车辆需求增加一些其他附属部件。

3. 变速驱动单元的结构

混合动力汽车的变速驱动单元(图4-2-7)不同于现有的自动变速器或手动变速器,其内部主要包含有:

图4-2-7 混合动力变速驱动单元

(1)用于驱动和发电的三相电机;

(2)用于实现动力切换的离合器;

(3)用于实现输出动力变速的齿轮机构。

混合动力汽车变速驱动单元目前有两种应用比较广泛的类型,分别以丰田普锐斯为代表的混联形式变速驱动单元和以比亚迪秦为代表的并联式变速驱动单元。

混联式变速驱动单元的机构可以实现更多的混合驱动模式,例如纯电动驱动模式、内燃机与电机复合工作模式以及各种工况下的不同组合模式,通常这种变速驱动单元内部设计有两个电机。

并联式变速驱动单元的机构最大优点是可以在电力驱动模式下失效时,单纯依靠内燃机也可以由改变速单元继续驱动车辆行驶。

1)混联式变速驱动单元

在丰田普锐斯车型中,变速驱动单元内部设计有两个驱动电机 MG1 和 MG2,并设计有一个行星齿轮机构,如图4-2-8、图4-2-9及视频所示,其连接关系如下:

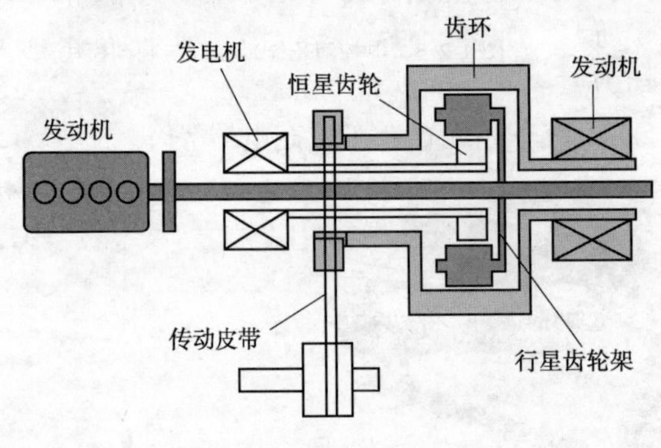

a)内部连接关系

b)行星齿轮机构

图4-2-8 普锐斯变速驱动单元内部连接关系示意图

(1)内燃机与内部行星齿轮机构的行星架相连接。

(2)MG1 与行星齿轮机构的太阳轮相连接。

(3)MG2 与行星齿轮机构的齿圈以及车辆输出轴相连接。

从其内部连接关系可以判断出来,该变速单元中即存在着内燃机提供动力给 MG1 发电,MG2 用于驱动车辆的串联形式;也存在着在 MG1 固定情况下,内燃机和 MG2 同时利用行星齿轮机构驱动车辆的并联形式。因此,可以从这样的结构中判断出普锐斯采用是混联形式。

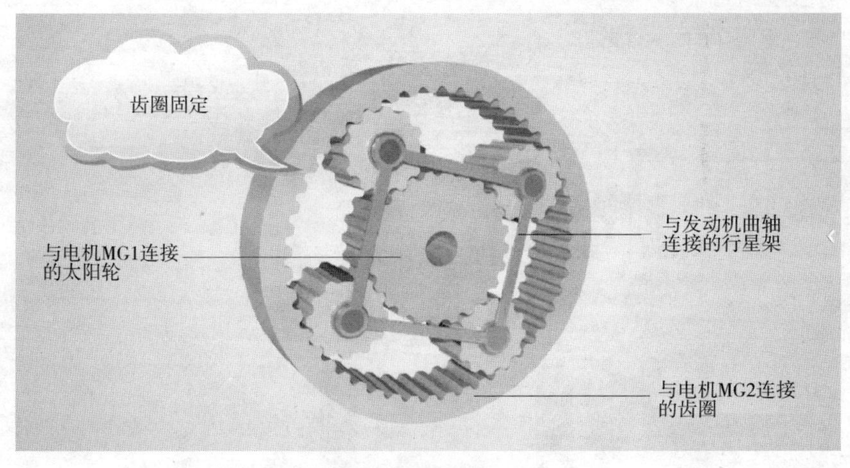

图 4-2-9　行星齿轮运作工作原理

混合动力汽车采用的电机通常是三相交流电机，它替代了传统汽车上的发电机和起动机。需要起动内燃机时，内部的电机作为起动机，带动内燃机运转；内燃机起动后，又会作为发电机，为车辆提供持续电能，如图 4-2-10 所示。

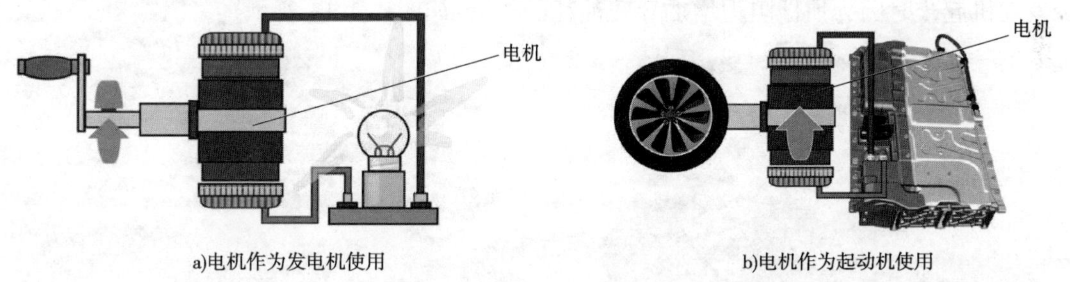

a)电机作为发电机使用　　b)电机作为起动机使用

图 4-2-10　混合动力汽车电机的作用

2）并联式变速驱动单元

在比亚迪秦的变速驱动单元中，组合设计有一个 DCT 双离合变速器和一台驱动电机，并通过一套减速机构进行并联起来。

如图 4-2-11 所示，其内部的连接关系是：

（1）驱动电机通过单独的一套减速机构与齿轮变速器相连；

（2）内燃机通过 DCT 双离合变速器以及另外一套减速机构与齿轮变速器相连。

比亚迪秦的电机是由外圈的定子与内圈的转子组成，是汽车的动力源之一，向外输出转矩，用于驱动汽车前进、后退；同时也可以作为发电机发电（例如，在滑行、制动过程中以及发动机输出的额外转矩的势能或者动能通过电机转化为电能存储）。电机采用交流永磁同步电机，额定功率为 40kW。

驱动单元外观如图 4-2-12 所示。

4. 混合动力汽车的运行模式

混合动力汽车在运行过程中，通常可以细分成以下几种运行模式：

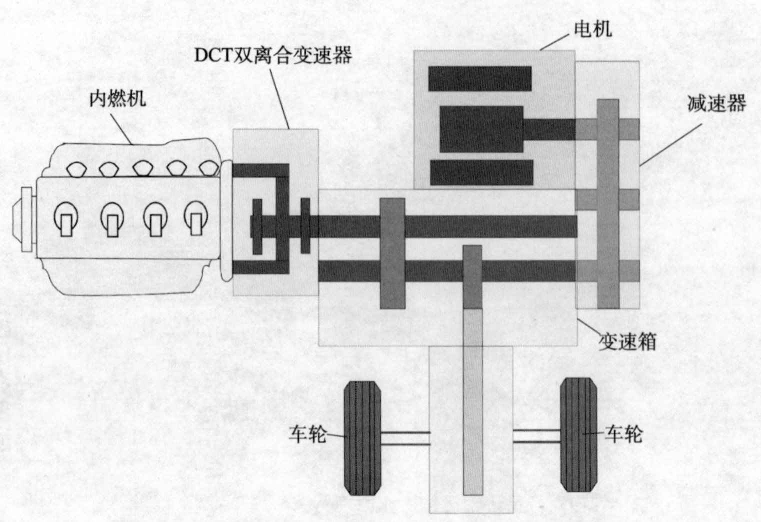

图 4-2-11　比亚迪秦变速驱动单元总成示意图

1) 起步加速

混合程度较轻车型,在起步时电动机辅助发动机驱动,提供强有力的加速能力,同时减少发动机起步时因为惯性阻力增加导致油耗的加大,如图 4-2-13 所示。

图 4-2-12　比亚迪秦变速驱动单元外观结构

a)纯电力驱动

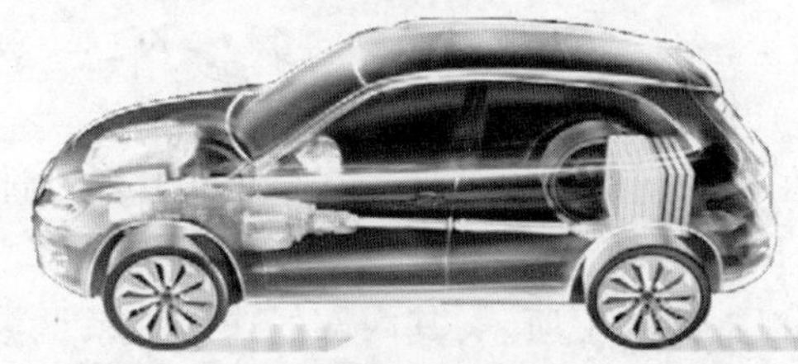

b)电机辅助内燃机驱动

图 4-2-13　纯电力驱动或电机辅助内燃机驱动

图 4-2-14　纯电机驱动模式

而目前有些混合程度较重的车型,在起步时都是由纯电力驱动的,内燃机出于关闭状态,如图 4-2-14所示。

2) 低速巡航行驶

在低速巡航行驶时,内燃机处于关闭状态的,只靠电机驱动车辆行驶,如图 4-2-14 所示。

3) 加速

在加速状态下时,如果此时内燃机已经起动,那么会由电机辅助内燃机,提供强有力的

加速动力。如果内燃机在未起动状态下时,通常遇到大负荷情况下,系统会自动起动内燃机来为车辆提供更高的动力,如图 4-2-15 所示。

4)高速巡航

在高速巡航状态情况下,电机通常被关闭,只由内燃机进行驱动,以稳定的低油耗行驶。因为在这种工况下,内燃机的运行也是在最经济的油耗下进行的,如图 4-2-16 所示。

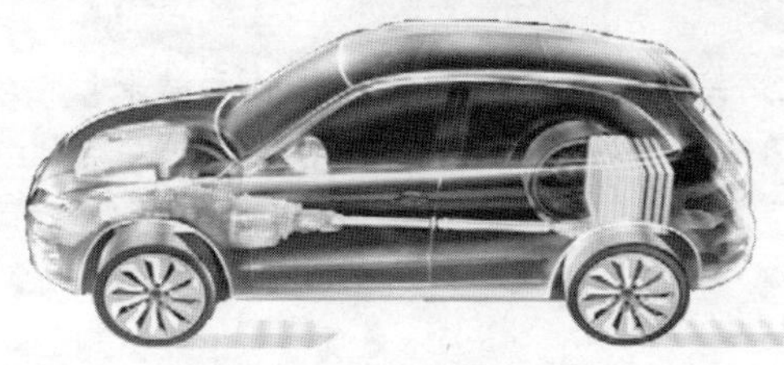

图 4-2-15　混合驱动模式

图 4-2-16　仅内燃机运行模式

5)减速

系统会优先执行制动能量回收,将制动能量转化为电能存储在蓄电池中,此时内燃机会被关闭,减少能耗,提高充电效率,如图 4-2-17 所示。

6)自动停车

怠速时,混合动力汽车具有最大的特点是内燃机会被自动停止,此时能源消耗和排放为零,如图 4-2-18 所示。

图 4-2-17　制动能量回收模式

图 4-2-18　自动停机模式

任务实施

(一)工作准备

(1)防护装备:无特别要求。

(2)车辆、台架、总成:丰田普锐斯,或比亚迪秦,或荣威 550 混合动力,或其他类型混合动力汽车。

(3)专用工具、设备:无。

(4)手工工具:无。

(5)辅助材料:无。

(二)实施步骤

本操作任务主要集合前面的知识,进一步驾驶并操控混合动力汽车,记录并分析其运行模式。

操作前准备：

(1)检查并确认车辆无故障,如果是插电式混合动力汽车,需要提前充满电。

(2)将车辆四轮利用两柱举升机离地 15～20cm。

警示!

(1)整个操作过程必须由实训教师完成,学生仅通过显示装置记录显示结果!

(2)车辆运行期间,严禁车辆前后站立学生!

1. 起动车辆

起动车辆并操作混合动力汽车信息显示屏,找到显示信息。

位于混合动力汽车的娱乐系统显示屏或仪表信息显示中心,均设计有车辆运行状态的实时能量图。该能量图指示了行车过程中动力电池与驱动电机之间电能的流动情况,如图 4-2-19 所示。

图 4-2-19　典型混合动力汽车能量图显示界面

能量图会显示以下状态信息：

(1)电源关闭：动力电池驱动没有电能流向车轮。

(2)电池驱动：当电能从动力电池流向车轮时,电池图标会被激活。

(3)制动能量回收：当车辆进行再生制动或者滑行时,再生的电能会由车轮返回至电池。

2. 操作车辆

释放车辆驻车制动,并将挡位挂入 D 挡,尝试运行以下形式状态,并记录能量图显示的状态。

(1)空载起步；

(2)加速；

(3)匀速；

(4)急加速；

(5)释放加速踏板滑行；

(6)制动车辆。

3. 分析记录的能量显示状态

1)THS 简介

普锐斯的中枢是丰田混合动力系统 THS(Toyota Hybrid System),它利用汽油内燃机和电动机两种动力系统,通过串联和并联相结合的形式进行工作,如图 4-2-20 所示。系统在行车过程中可以不断检测车辆行驶工况,然后通过管理控制系统,对车辆动力分配装置的工作模式进行调整,从而达到节油减排的目的。

2)THS 的工作模式

(1)起步或中低速

当车辆处于起步或中低速运转时,内燃机不用于驱动车辆,而由蓄电池供电给电动机,电动机直接驱动车辆,此时车辆不排放废气,如图 4-2-21 所示。

图 4-2-20　丰田混合动力系统

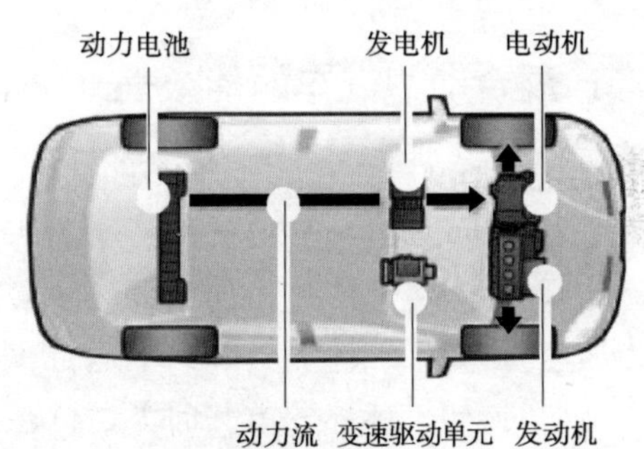

图 4-2-21　纯电驱动车辆

(2)普通行驶状态

当车辆处于普通行驶状态时,车辆的行驶动力以内燃机为主,内燃机驱动车轮,同时也带动电动机工作,如图 4-2-22 所示。

(3)急加速

车辆瞬间加速时,车辆动力电池会提供额外的动力给电动机,电动机会辅助内燃机来提高整车动力,改善整车加速性能,此时内燃机瞬态加速性能大幅提高,如图 4-2-23 所示。

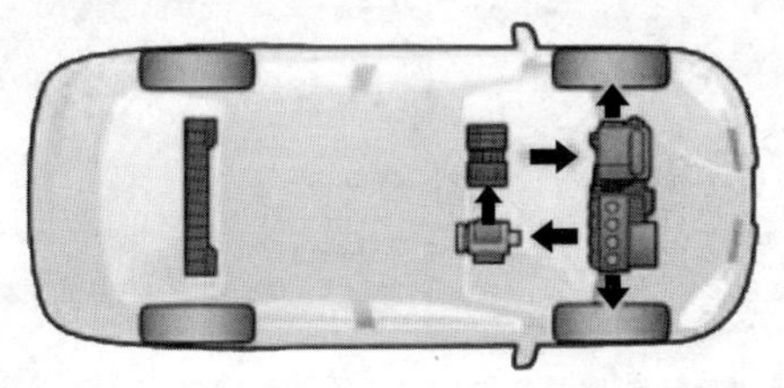

图 4-2-22　内燃机起动

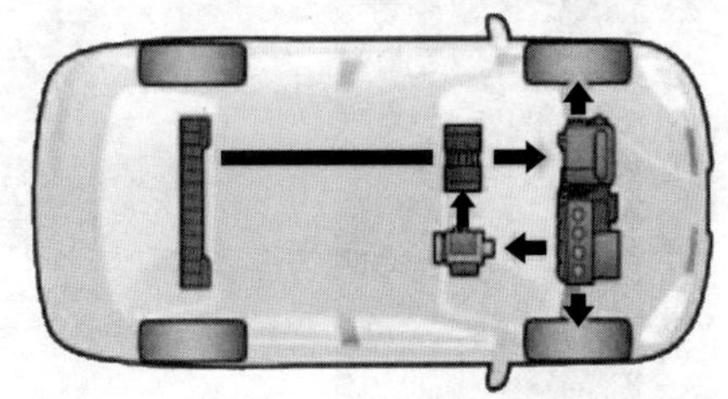

图 4-2-23　电池与内燃机同时工作

(4)减速、制动

当车辆减速、制动时,车轮驱动电动机,电动机起到发电机作用,再生制动将动能转变为电能,并储存于镍氢蓄电池,如图 4-2-24 所示。

(5)蓄电池能量低

当系统检测到蓄电池电量低时,内燃机可以在驱动车辆的同时,随时带动发电机运转给蓄电池充电,如图4-2-25所示。

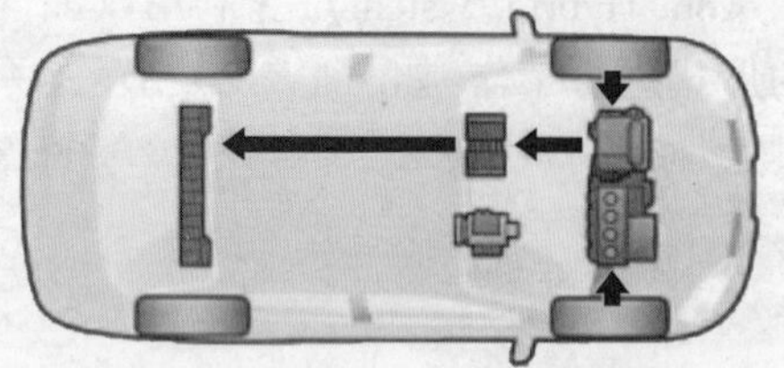

图4-2-24 制动能量回收

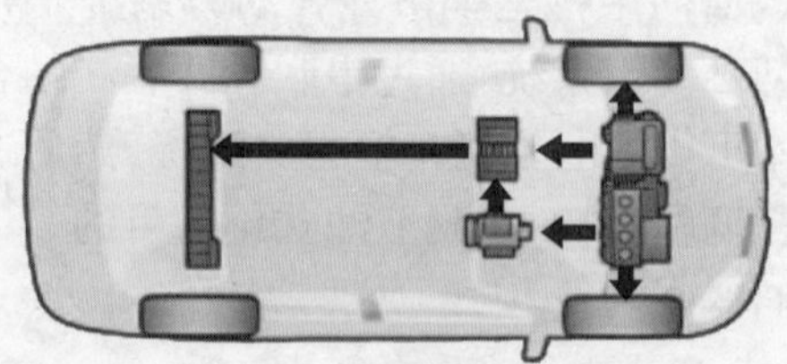

图4-2-25 内燃机补充发电

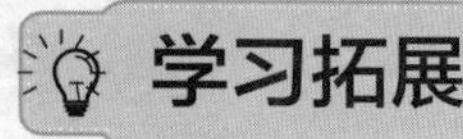

1. 混合动力汽车的能效表

很多混合动力汽车仪表中都会设计有一个与其功能类似的能量指示符号,该符号用以显示运行效率,提示驾驶员以最佳效率的方式驾驶。当屏幕中球体为绿色,且处于中间位置时,车辆的燃油经济性或电力使用的效率最高,如图4-2-26所示。

当加速时,如果球体变黄并向上运行,表示加速过猛,不利于效率最佳化。

当制动时,如果球体变黄并向下运行,表示制动过猛,也不利于效率最佳化。

2. 混合动力汽车工作模式介绍

1)纯电动模式

纯电动模式(图4-2-27),由动力电池给驱动电机供电,再由电机驱动车辆行驶。

图4-2-26 典型混合动力汽车能效表形式

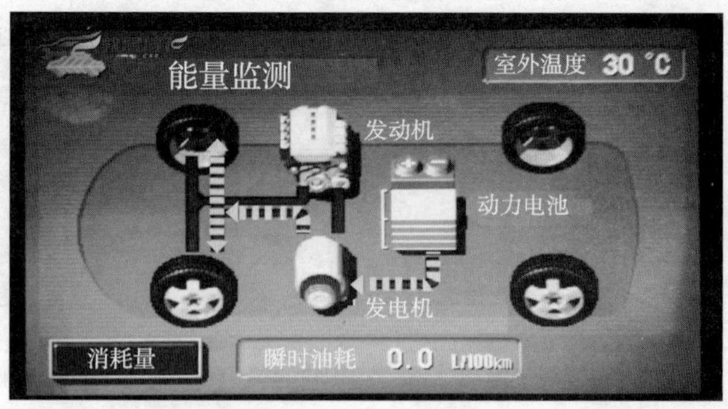

图4-2-27 纯电动模式

2)传统燃油模式

传统燃油模式(图4-2-28),由发动机直接驱动车辆行驶。

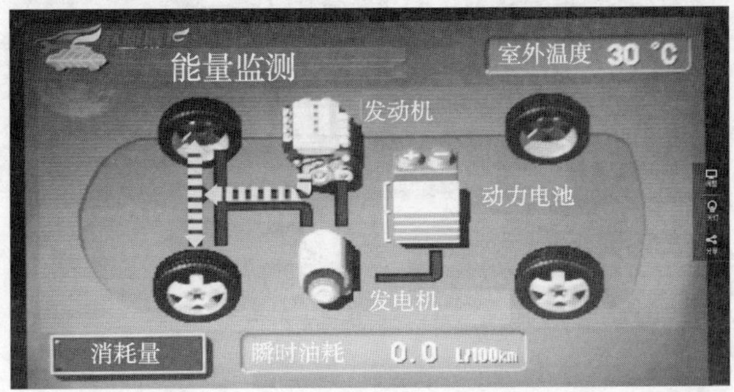

图4-2-28　传统燃油模式

3)能量回收模式

能量回收模式(图4-2-29),在制动或惯性滑行中释放出多余能量,并通过发电机将其转化为电能。

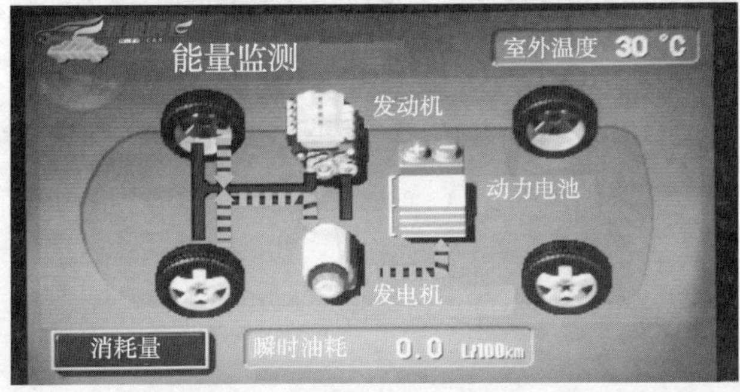

图4-2-29　能量回收模式

4)怠速充电模式

怠速充电模式(图4-2-30),由发动机带动发电机给动力电池充电。

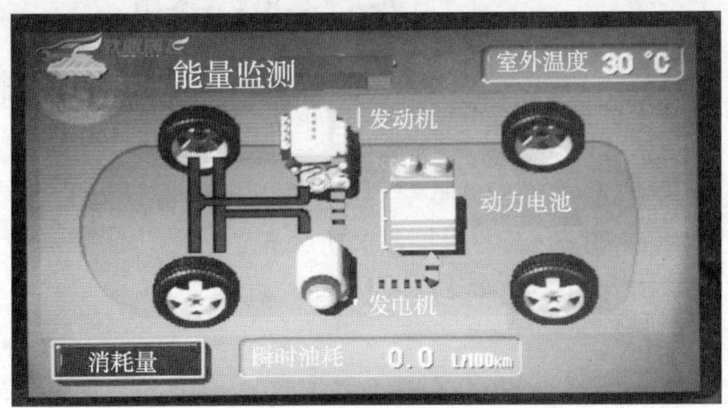

图4-2-30　怠速充电模式

5)驱动与发电模式

驱动与发电模式(图4-2-31),由发动机驱动车辆行驶,驱动轮牵引电机给动力电池供电。

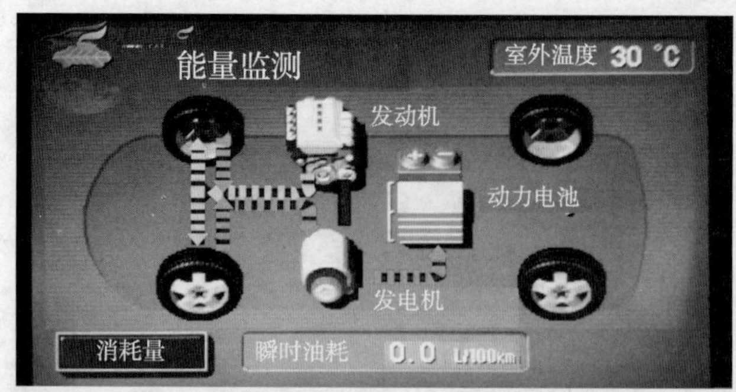

图 4-2-31 驱动与发电模式

6)全速驱动模式

全速驱动模式(图 4-2-32),需求更大加速度时,电机和发动机一起传输动力驱动车辆行驶。

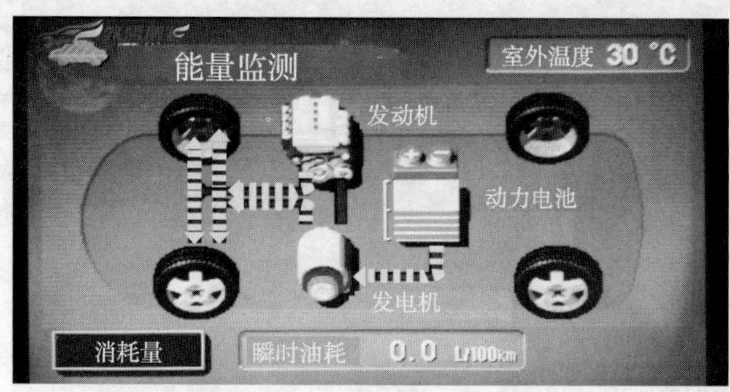

图 4-2-32 全速驱动模式

学习测试

1. 填空题

(1)混合动力汽车采用________来替代 12V 发电机,采用________的压缩机来替代皮带驱动的压缩机。

(2)混合动力汽车通常会设计有________,为带有真空制动助力器的制动系统提供足够的真空。

(3)混合动力汽车变速驱动单元的典型类型,是以丰田普锐斯为代表的________变速驱动单元和以比亚迪秦为代表的________变速驱动单元。

(4)混合动力汽车一般在低速巡航行驶时,内燃机是处于________状态的,只靠________驱动车辆行驶。

(5)混合动力汽车的娱乐系统显示屏或仪表信息显示中心,均设计有车辆运行状态的实时________。

2. 判断题

(1)几乎所有的混合动力汽车上都使用了电动机械式转向系统。 ( )

(2)混合动力汽车的结构比传统汽车简单。 ( )

(3)混合动力汽车的变速驱动单元与传统的自动变速器或手动变速器一样。（　　）

(4)混合动力汽车采用的电机通常是三相交流电机,它替代了传统汽车上的发电机和起动机。（　　）

(5)混合动力车型在减速时,系统会优先执行制动能量回收。（　　）

3. 不定项选择题

(1)以下部件会使用在油电混合动力汽车上的是(　　)。

A. 逆变器　　B. 车载充电器

C. 驱动电机　　D. 高压动力电池

(2)混合动力汽车高压动力电池大多数采用的冷却形式是(　　)。

A. 水冷　　B. 风冷

C. 水冷和风冷组合　　D. 不用冷却

(3)给混合动力汽车 12V 蓄电池充电的部件是(　　)。

A. DC/DC 转换器　　B. 车载充电器

C. 逆变器　　D. 电池能量管理模块

(4)混合动力汽车在制动运行工况下,驱动电机的功能是(　　)。

A. 驱动车辆继续加速　　B. 作为发电机回收能量

C. 代替内燃机起到辅助制动　　D. 断电空转

(5)混合动力汽车在自动停机期间,内燃机的运行状态是(　　)。

A. 停止运转　　B. 继续怠速

C. 正常转速或提升一定转速　　D. 以上都不对

项目五

其他能源动力汽车

本项目主要介绍其他类型的新能源汽车，分为两个任务学习。

任务1　燃料电池汽车技术与结构原理；

任务2　替代燃料汽车技术与结构原理。

通过以上两个任务的学习，你将能够熟悉燃料电池技术和常见的燃料电池汽车类型，并了解当前替代燃料汽车常见的替代燃料，以及典型替代燃料汽车的类型和技术特点。

任务1 燃料电池汽车技术与结构原理

提出任务

燃料电池汽车作为零排放、零油耗被越来越多的汽车厂商所青睐。你作为一名新能源汽车专业的人员,你的主管让你为客户做一个关于燃料电池汽车的报告,你能胜任此项任务吗?

任务要求

知识要求

1. 能够描述燃料电池的类型;
2. 能够描述 PEM 燃料电池的结构与工作原理;
3. 能够描述典型的燃料电池汽车的结构与工作原理。

能力要求

能够检索市场上知名燃料电池汽车品牌,并归纳说明其功能差异。

相关知识

1. 燃料电池的介绍及类型

1)氢能源与燃料电池

氢在地球上属于最丰富的元素之一,但是它不能以其自然形式存在,例如在大气中,氢是和氧共同作用形成水存在的。在很多化合物中也能找到氢,例如天然气、甲醇、原油等。要把氢存储起来用作燃料,必须进行一系列工序把这些物质分离出来,如图 5-1-1 所示。

燃料电池就是氢动力电池,氢是一种优质燃料。与等量的化石燃料相比,它的比能非常高。1kg 氢的能量是 1kg 汽油能量的 3 倍。

燃料电池是一种把氢氧化学能转化成电能的电化学装置,如图 5-1-2 所示。在燃料电池内发生的化学反应与水的电解过程刚好相反,电解是通过施加电流将水分解成其组成成分为氢和氧的过程,在电解时需要消耗能量。

2)燃料电池的优点

燃料电池产生电能,并且由于氢和氧提供电能给燃料电池,所以燃料电池本身不会产生任何碳排放，排放的只有水和热量。

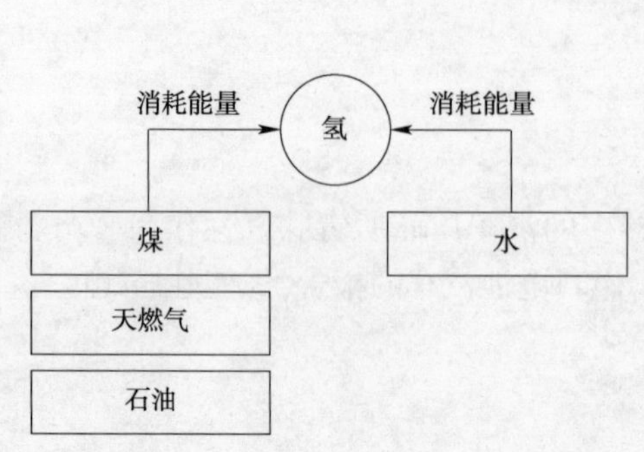

图 5-1-1　氢需要消耗能量将它从自然界存在的形式中分离出来

图 5-1-2　典型燃料电池外观

燃料电池的能量效率也比一般内燃机高，由内燃机提供动力车辆的能量效率只有 15% ~ 20%，而燃料电池汽车的能量效率能达到 40% 以上。

此外，如果利用燃料电池作为汽车，其运动部件非常少，稳定性更强。

3）燃料电池应用于汽车存在的问题

虽然目前很多汽车制造商开始设计和研发燃料电池汽车，并致力于提高燃料电池系统的设计，但是没有一款由燃料电池提供动力的汽车能够量产化生产。原因主要是成本高、缺少加燃料的基础设施、无安全保障、汽车续驶里程不足，以及不能够经久耐用和冷起动问题等。这些都影响和制约了燃料电池汽车的发展。

4）燃料电池的类型

燃料电池的类型很多，主要的区别在于所用的电解质种类不同。有些电解质常温下运行效果很好，而有些需要在温度高达 900℃ 的情况下才能正常工作。表 5-1-1 所示为目前比较常见的燃料电池。

常见的燃料电池类型　　表 5-1-1

类型 项目	PAFC 磷酸燃料电池	PEM 质子交换膜燃料电池	MCFC 熔融碳酸盐燃料电池	SOFC 固态氧化物燃料电池
电解质	磷酸	磺酸聚合物	锂、钾碳酸盐	稳态钇氧化锆
燃料	天然气、氢	天然气、氢	天然气、合成气	天然气、合成气
工作温度（℃）	182 ~ 210	80 ~ 100	593 ~ 704	649 ~ 1815
电效率（%）	40	30 ~ 40	43 ~ 44	50 ~ 60
制造商	ONSI 公司	艾维斯塔、PP 公司等	IHI、日立、西门子	霍尼韦尔公司
应用	固定电源	汽车、移动电源	工业及公共电源	固定电源

最合适汽车使用的燃料电池是 PEM 电池，也称为质子交换膜电池。PEM 燃料电池必须用氢作为能源，可以是直接存储在车辆上的氢，或是由另一种燃料生成的氢。

2. PEM 燃料电池

质子交换膜燃料电池发电过程不涉及氢氧燃烧，能量转换率高，发电时不产生污染，发

电单元模块化，可靠性高，组装和维修都很方便，工作时也没有噪声。所以，质子交换膜燃料电池是一种清洁、高效的绿色环保电源。在燃料电池内部，质子交换膜为质子的迁移和输送提供通道，使得质子经过膜从阳极到达阴极，与外电路的电子转移构成回路，向外界提供电流。因此，质子交换膜的性能对燃料电池的性能起着非常重要的作用，其性能的好坏，直接影响电池的使用寿命。

1）工作原理

在原理上，质子交换膜燃料电池相当于电解水的“逆”装置。其单电池由阳极、阴极和含催化剂涂层的质子交换膜构成，阳极为氢燃料发生氧化的场所，阴极为氧化剂还原的场所，两极都含有加速电极电化学反应的催化剂，质子交换膜作为电解质。工作时，相当于一个直流电源，其阳极即电源负极，阴极为电源正极，其工作原理如图 5-1-3、图 5-1-4 及视频所示。

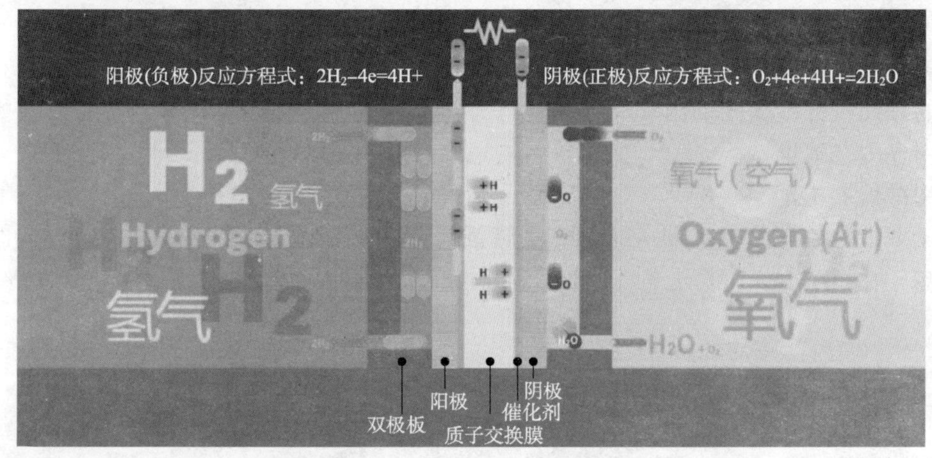

图 5-1-3 PEM 电池工作原理示意图

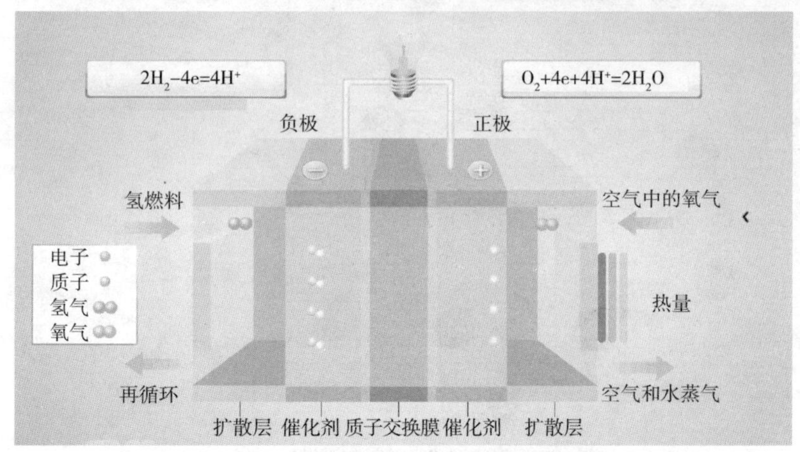

图 5-1-4 燃料电池工作原理及视频

氢气直接被输送到负极，氧气直接被输送到正极。氢以分子的形式被输送至负极，在有催化剂的情况下氢气被分解成 H + 离子（质子）。通过外电路输送氢原子的电子（e－）产生用于进行工作的电。然后，这些相同的电子被送到正极，通过膜返回的 H + 离子在有催化剂的情况下，在正极与氧发生化学反应产生水和热量。

2)燃料电池堆

单个燃料电池本身没有多少用途,因为它产生的电动势小于 1V。运用在汽车上的燃料电池通常是把数百个燃料电池组合在一起做成一个燃料电池堆,如图 5-1-5 所示。在这种布置中,燃料电池串联在一起,这样的电池堆的总电压是每个单电池电压的总和。电池堆中的燃料电池是首尾连接,汽车中的燃料电池堆含有约 400 多个电池。

图 5-1-5　汽车用燃料电池堆由数百个单电池串联而成

燃料电池堆的总电压由组成该电池堆的电池数量决定。然而电池堆的产电能力由电极的表面积决定。由于燃料电池堆的输出功率与电压和电流都有关系,所有增加电池数量或者增大电池的表面积都能提高输出功率。根据车辆所需要的输出功率及空间限制,有些燃料电池车使用多个电池堆。

3)甲醇燃料电池

由于采用氢作为燃料电池燃料时,存储氢需要使用的高压汽缸的成本和安全性均不是很理想。因此,另一种改进的 PEM 燃料电池方法是用液态甲醇替代氢气,如图 5-1-6 所示。

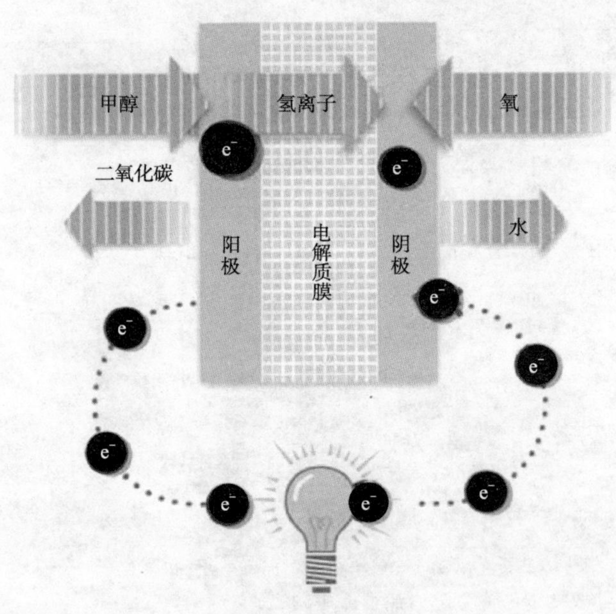

图 5-1-6　甲醇燃料电池用甲醇取代了氢气作为燃料

制造甲醇最常用的方法是用天然气合成甲醇,甲醇的化学式是 CH_3OH。它比气态氢的能量密度更高,因为常温下它以液态形式存在,无需使用压缩机或其他高压设备。使用液态燃料取代高压气体给燃料汽车添加燃料,添加过程将更加简单,几乎类似于燃油汽车添加汽油,如图 5-1-7 所示。

但是, 甲醇本身具有腐蚀性,不能存储在现有的燃油箱中,需要一个专门的装置单独处

理和存储甲醇。此外，在甲醇燃料电池中，甲醇穿过膜装置会降低电池的工作性能。直接甲醇燃料电池的结构中也需要大量的催化剂，这些问题导致其成本升高。

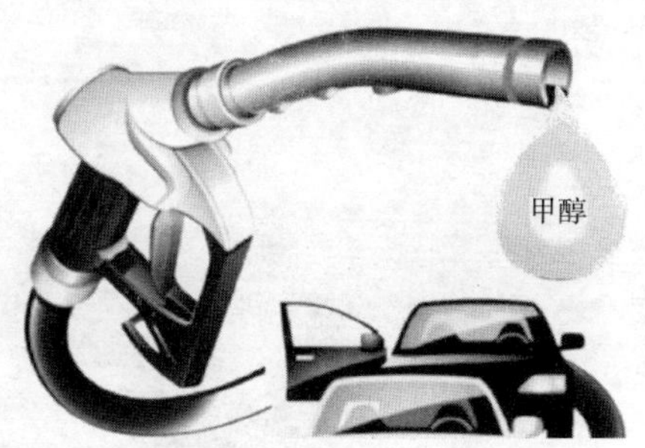

图 5-1-7　直接甲醇燃料电池的加注方式与汽油车相似

3. PEM 燃料电池汽车的结构与工作原理

燃料电池汽车是指以氢气或甲醇等为燃料，通过化学反应产生电流，依靠电动机驱动的汽车，其基本驱动原理如图 5-1-8 所示。燃料电池车辆是无污染汽车，燃料电池的能量转换效率比内燃机要高 2 ~ 3 倍，从能源的利用和环境保护方面而论，燃料电池汽车是一种理想的车辆。

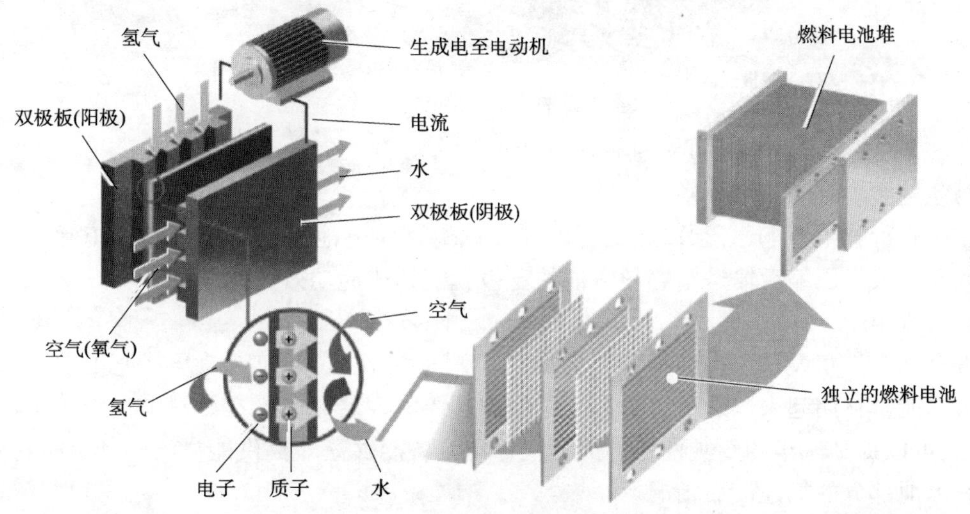

图 5-1-8　燃料电池汽车驱动原理图

燃料电池汽车的主要结构是上述的燃料电池堆及相应的附属装置，图 5-1-9 所示为本田 FCX 燃料电池汽车的动力传动示意图，其组成部件及功能如下：

1）增湿器

增湿器位于燃料电池系统盒内，在通往电池堆阴极的空气管道里面。

PEM 燃料电池的水管理系统非常重要，水太多会妨碍氧气与正极接触，水太少会让电解质变干，降低其电导性。燃料电池内水的多少及其位置对确定燃料电池的起动温度有很大影响，因为水在燃料电池内会结冰阻碍电池的起动。增湿器的作用是通过让正在阴极蒸发的水分循环给燃料电池提供充足的水分。

2）燃料电池冷却系统

正常工作过程中燃料电池会产生热量。余热会导致聚合物电解质膜损坏，所以必须用液体冷却系统把余热从燃料电池堆中带走。燃料电池产生的热属于低品位热能，在冷却液与周围空气之间的温度差别很小，这种情况下，热转移会很慢，必须用表面积非常大的散热器，如图 5-1-10 所示的是本田 FCX 散热器。

有些情况下，如果前机舱位置不够，散热器也会被安装在其他位置，例如在本田的 FCHV 车型中，该车下面装了一个辅助散热器来提高冷却系统的散热能力。

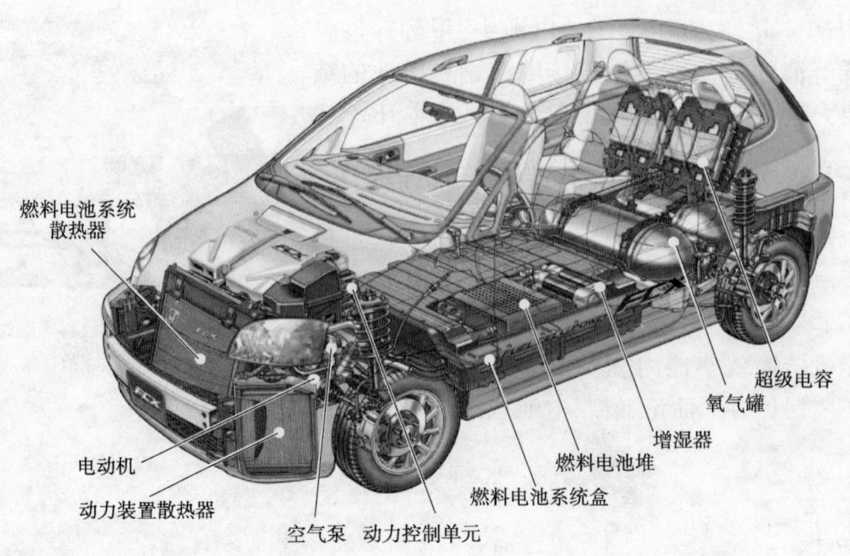

图 5-1-9 本田 FCX 燃料电池汽车动力系统结构示意图

3)空气泵

在所有行驶条件下,必须以适当压力和流速给燃料电池堆送风使电池堆正常工作。车载空气泵把大气压缩后输送给燃料电池的正极就能达成此功效。

4)二次电池

混合动力汽车设计能提高带传统传动机构汽车的效率,因为制动及其他正常运行过程中损失的能量存储起来以后可以供高压电池或超级电容器使用。在燃料电池汽车中设计二次电池,可以提高汽车的驾驶性能。因为电存储设备能够立即提供能量给驱动电机,并能克服燃料电池部分的加速滞后情况。

(1)高压电池

大多数燃料汽车设计中用镍氢电池作为二次电池,通常安装在汽车后部,如图 5-1-11 所示。二次电池的结构与燃料电池堆相似,由很多单个电池串并联构成一个高压电池组。

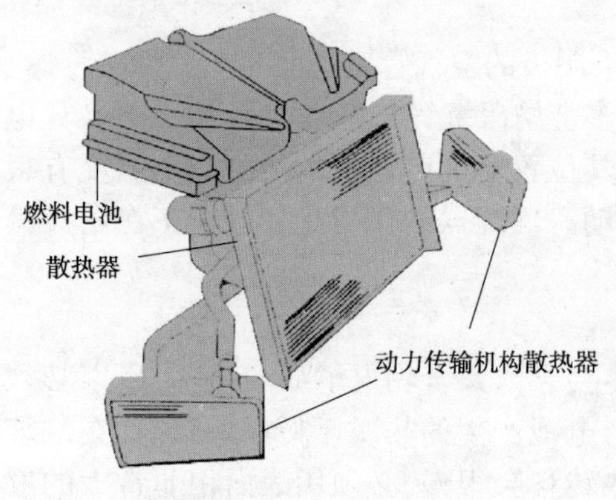

图 5-1-10 本田 FCX 散热器

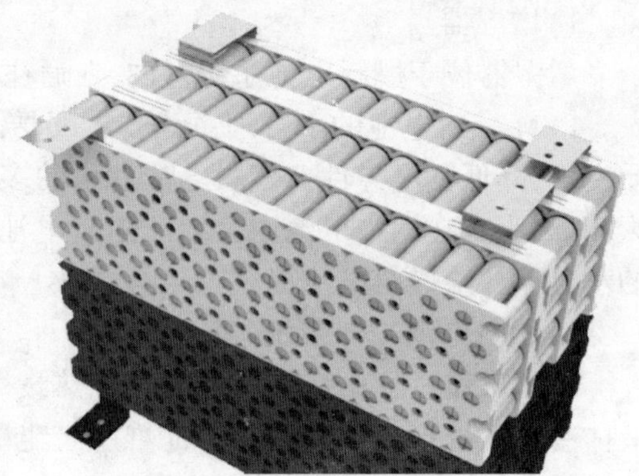

图 5-1-11 高压电池组

(2)超级电容器

电池中存储电能的另一种形式是超级电容器。电容器是一种能阻止直流电、允许交流

电通过的电气设备。然而,电容器也能利用正负电荷之间的静电吸引存储电能。

超级电容器与传统电容器的构造大不相同。超级电容器是建立在双电层理论基础上的一种全新电容器,其中两个活性炭电极浸在有机电解液里。电极的表面积非常大,被膜隔开,允许离子移动但是能阻止两个电极接触,如图 5-1-12 所示。由于离子在电解液内移动,所以发生充电和放电情况,但是并没有发生化学反应。超级电容器能够快速、高效地充放电,这个特点使得超级电容器很适合使用在燃料电池汽车上作为辅助二次电池用。

用于燃料电池汽车的超级电容器由多个并联在一起的圆柱形电池组成,这样的效果是总电容等于各个单电池电容的总和。例如,10 个并联在一起的 1.0F 的电容器的总电容是 10.0F。电容越大,表示存储电能力越强,从而给燃料电池汽车内的电动机辅助力就越大。

5)燃料电池驱动电机

用于燃料电池汽车的驱动电机与目前混合动力汽车内的驱动电机非常相似,普通驱动电机以交流同步设计为基础,有时也用直流无刷电机。交流电机不使用换向器或者电刷,取而代之的是三相定子和永磁转子,如图 5-1-13 所示。用逆变器产生电机需要的三相高压交流电。虽然电机本身结构简单,单独起动和控制系统却相对复杂。

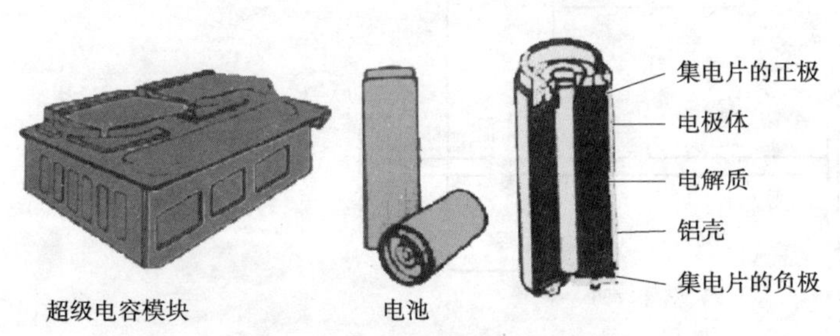

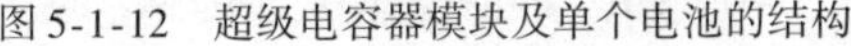

图 5-1-12　超级电容器模块及单个电池的结构

图 5-1-13　驱动电机结构

6)驱动桥

除氢燃料外,燃料电池汽车的高效纯节能还体现在电传动技术上。燃料电池汽车使用的驱动电机,只能简单地减小它们的最终传动,需要用一个差速器把动力输送到主动轮。无须换挡,完全取消了如液力变矩器、离合器等机构。也不用倒车挡,只给驱动电机反向供电即可以实现倒车。驱动桥总成如图 5-1-14 所示。

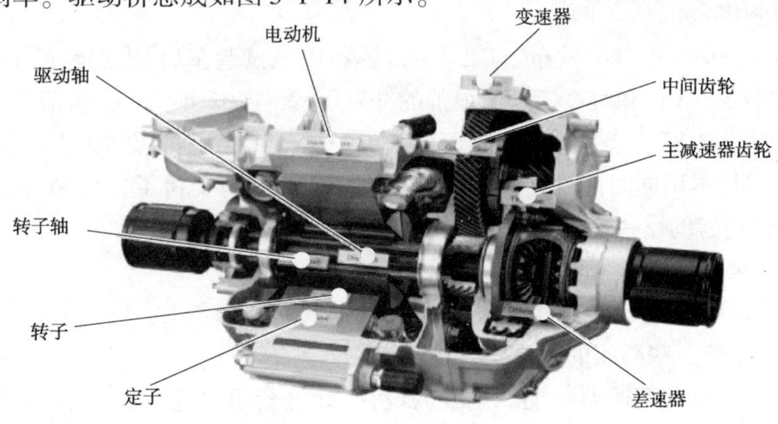

图 5-1-14　驱动桥总成

用于燃料电池汽车的驱动桥非常简单，几乎没有运动件，因而结构稳定耐用，运转平稳无噪声。

7）电源控制单元（PCU）

燃料电池汽车的传动机构由电源控制单元（PCU）控制，它控制燃料电池的输出功率，并给各部件供电。PCU 的作用之一是充当逆变器，把燃料电池堆输出的直流电转变成三相交流电，给汽车的驱动电机供电，如图 5-1-15 所示。

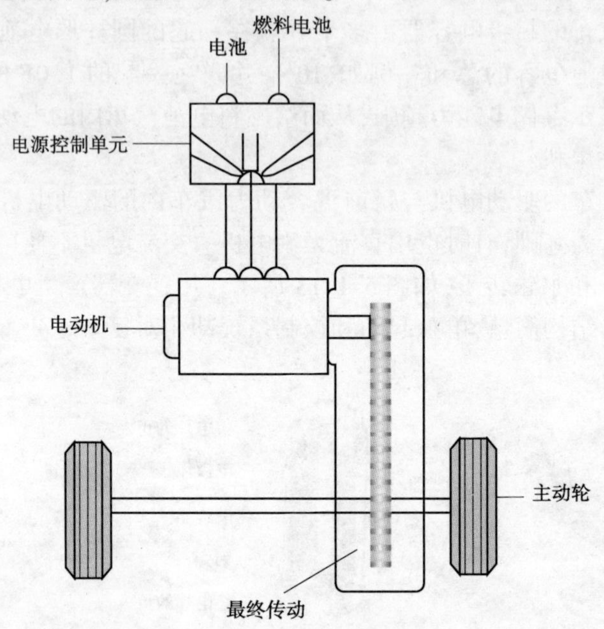

图 5-1-15　丰田燃料电池车辆电源控制单元控制各个部件之间电流关系

再生制动过程中，驱动电机充当发电机，将汽车的动能转变成高压电池组充电的电能。PCU 又将电机发出的三相交流电压转变成直流电压输送给燃料电池，燃料电池输出的直流电也通过 PCU 的控制给高压电池组充电。

4. 典型的燃料电池汽车

1）本田燃料电池汽车

本田 FCX 自 1999 年首次发布“FCX－V1”燃料电池试验车后，先后经过了“FCX－V2”、“FCX－V3”、“FCX－V4”和“FCX”五代艰苦的开发历程。2002 年“FCX”世界首次取得美国政府认定；同年 9 月“FCX”世界首次获得美国环境保护厅（EPA）“零污染车辆”认定（图 5-1-16）。2002 年 12 月 2 日，本田同时向日本政府和美国洛杉矶市政府交付了首批 FCX，成为世界上第一家实现商品化销售的燃料电池车生产厂家。

（1）FCX 主要组成部件及位置（图 5-1-17）

①动力控制单元（PCU）。PCU 结构更加的紧凑，置于电动机之上。这样装置，在前部受到撞击时，可以保护一些高压的部件。

②集成的电动机和变速器装配。紧凑的设计，让这套组合进入到小型车内成为可能。

③超级电容。位置微斜置于后座位之后，确保足够的行李舱空间。

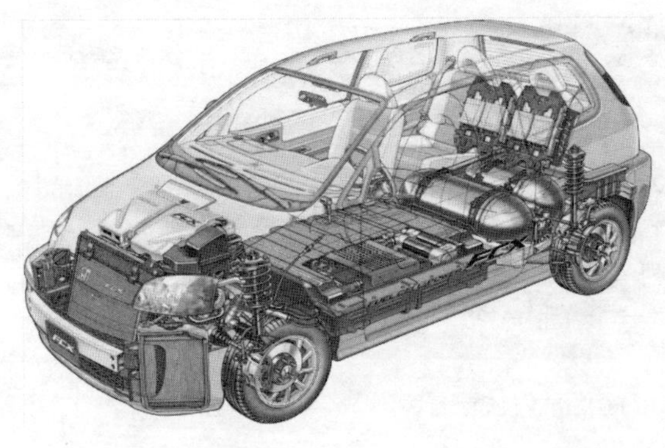

图 5-1-16　本田 FCX 车型

④后车架结构。双段式后车架,包含一个副车架,可以在撞击时有效地保护储氢罐。

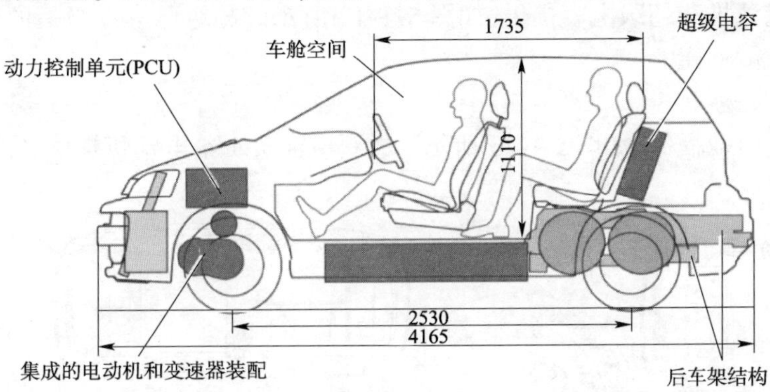

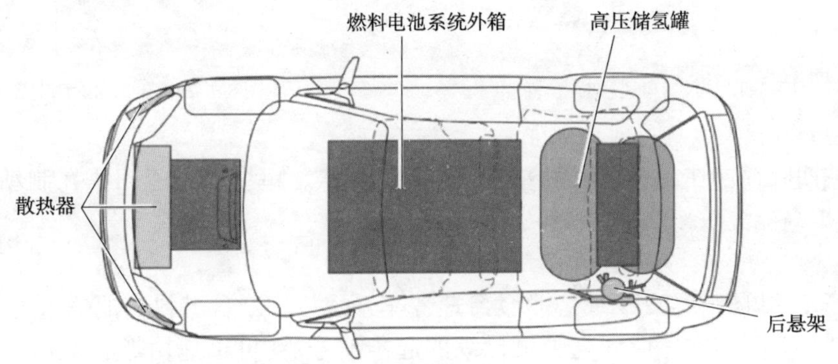

图 5-1-17　本田 FCX 主要组成部件及位置(尺寸单位:mm)

⑤散热器。由于采用了紧凑的电动机和变速器,因此可以使用一个更大的燃料电池系统散热器,微斜置于车头的两侧还安装了稍小的散热器,供驱动系统散热。

⑥燃料电池系统外箱。外箱包括燃料电池堆及其他动力生成部件,位于地板之下,以保证足够的车舱空间。

⑦高压储氢罐。位于后座之下,以确保足够的行李舱空间。

⑧后悬架。悬架的安装与高压储氢罐和副车架保持一致,易于安装。

⑨组合仪表。本田 FCX 的仪表与传统汽车相比,主要增加有超级电容容量显示和超级电容充电显示,并同时显示出动力输出显示,如图 5-1-18 所示。

图 5-1-18 本田 FCX 组合仪表

(2)本田 FCX 的运行模式

①起步和加速时。

输出由燃料电池堆和超级电容提供,如图 5-1-19 所示。超级电容在极短的时间内辅助燃料电池达到最大的性能。

②轻微加速和巡航时

输出只由燃料电池提供,如图 5-1-20 所示。燃料电池负责给电动机提供必需的动力,电容不用辅助。

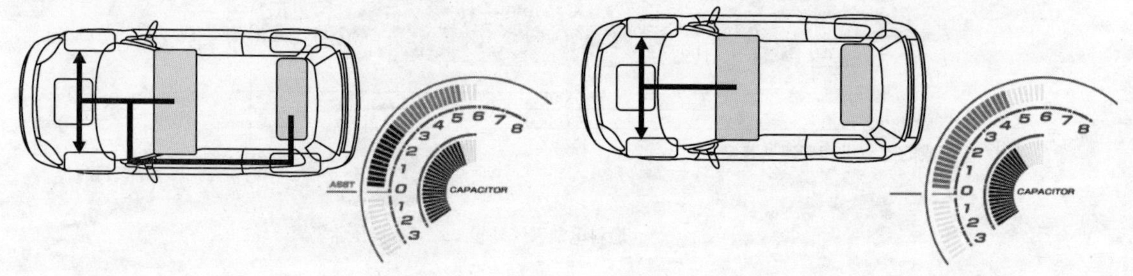

图 5-1-19 起步和加速时

图 5-1-20 轻微加速和巡航时

③减速时

能量被回收存储在超级电容里,如图 5-1-21 所示。超级电容能回收在制动时产生的能量,有效地提高能源效率。

④停车时

怠速停车,如图 5-1-22 所示。自动怠速停车系统将切断从燃料电池输送过来的输出,以节省燃料消耗。系统在感应到驾驶员操纵的起步信号后,可迅速由燃料电池和超级电容协同提供所需的动力。

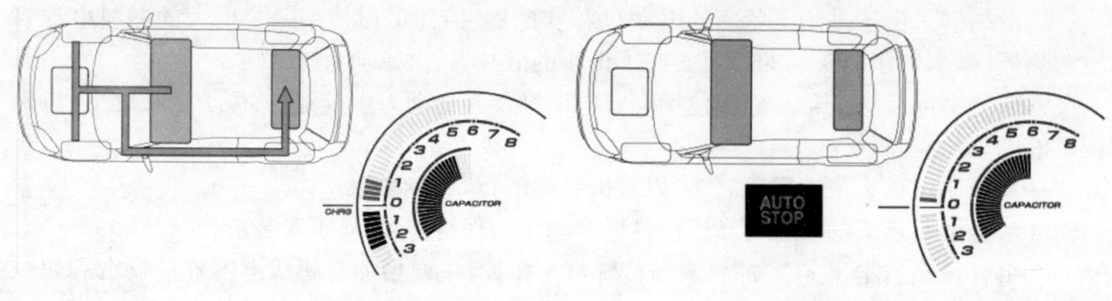

图 5-1-21 减速时

图 5-1-22 停车时

2）奔驰 B 级 F－Cell 燃料电池车

在 2005 年的日内瓦车展上，当年的戴姆勒·克莱斯勒作为燃料电池驱动的先行者，发布了新一代燃料电池汽车：奔驰 B 级燃料电池车，从而将燃料电池汽车家族的车型范围拓展到运动旅行车。

作为一款适合旅行、家庭和休闲的汽车，B 级 F－Cell 燃料电池车采用了奔驰创新的夹层式车身结构，这种独特的设计，非常便于应用燃料电池动力系统，如图 5-1-23、图 5-1-24 所示。B 级 F－Cell 燃料电池车的高转矩电动机，能输出超过 100kW 的功率，比前一代 A 级燃料电池车的功率高出 35kW。在这惊人的技术数据背后，暗示着 B 级 F－Cell 燃料电池车充满活力的驾驶感受与零排放运行的完美融合。

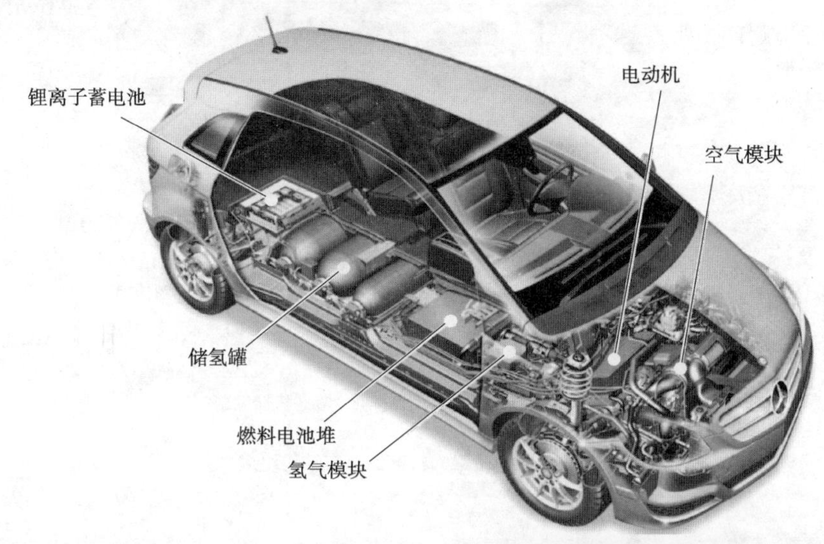

图 5-1-23　奔驰 F－Cell 燃料电池汽车结构图

a)

b)

图 5-1-24　氢气加注口和锂离子蓄电池

在减少了燃料消耗并进一步提高了存储容量之后，B 级 F－Cell 燃料电池车的续驶里程已达约 400km。2009 年底，B 级 F－Cell 燃料电池车型正式投入批量生产，首批 200 台于 2010 年初交付欧洲和美国消费者。

3）通用燃料电池汽车车型

基于欧宝赛飞利的“氢动三号”燃料电池汽车，由 200 块相互串联在一起的燃料电池单元组成的燃料电池堆产生电力。燃料电池堆所产生的电能传递给电动机后，通过功率为60kW的三相异步电动机驱动车辆行驶，几乎不产生任何噪声。“氢动三号”0～100km/h的加速时间约为16s，最高时速达到150km/h。氢储存罐分为两种，一种罐为内储存的是温度为-253℃的液态氢，另一种罐为内储存的是承受最高压力可达70MPa(700bar)的压缩氢。一次充气行驶里程分别可达400km和270km。

通用燃料电池汽车结构如图5-1-25所示。

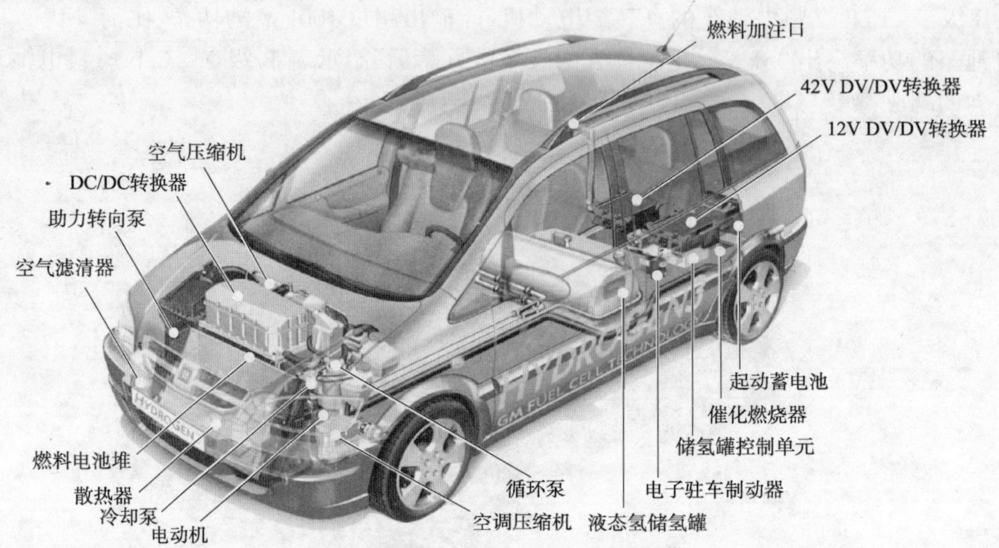

图5-1-25　通用燃料电池汽车结构组成

任务实施

(一)工作准备

(1)防护装备：常规实训工装。

(2)车辆、台架、总成：燃料电池工作示教板，或燃料电池工作模型。

(二)实施步骤

本任务主要包括2个子任务：

1. 分析说明燃料电池类型及工作原理

根据实训中心的燃料电池示教板，分析并说明示教板所示燃料电池的类型以及燃料电池的工作原理。

2. 检索资料

查找当前市场上典型的燃料电池汽车，并归纳相应品牌燃料电池汽车涉及的以下信息。

(1)燃料电池汽车的技术发展。

(2)燃料电池汽车所采用的燃料电池类型。

(3)燃料电池汽车的基本结构。

学习拓展

1. 氢气的存储

1)背景

燃料电池汽车面临的一个难题是怎样在车上存储足够的氢气来让汽车能有合理的行驶里程。氢气的能量比很好,但是它的能量密度小于传统的液体燃料,即使在高压情况下,其物理密度也很小。例如,早期的通用汽车的一款燃料电池汽车使用了3个储氢罐,如图5-1-26所示。

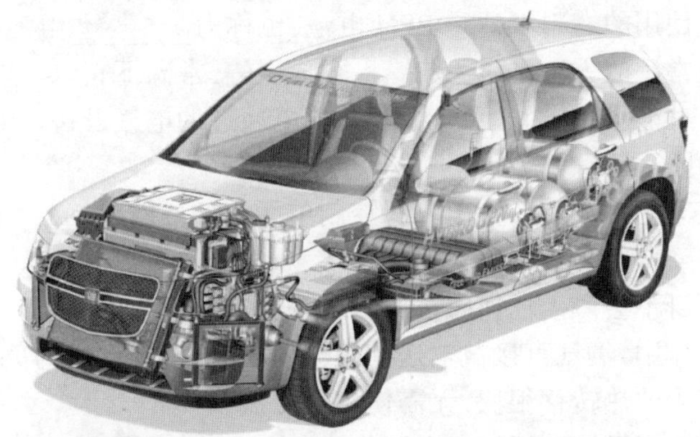

图5-1-26　通用的一款燃料电池汽车3个储氢罐

2)改进存储方式

(1)高压压缩气体

目前大多数燃料电池汽车使用压缩氢气,它以高压气体的形式存储在储氢罐内(图5-1-27)。一般设计是用多个小存储罐代替一个大存储罐,这种方式的优点是能把存储罐分散布置在车辆的多个狭小空间中;其缺点是占用辅助空间大,相对氢气存储量小。

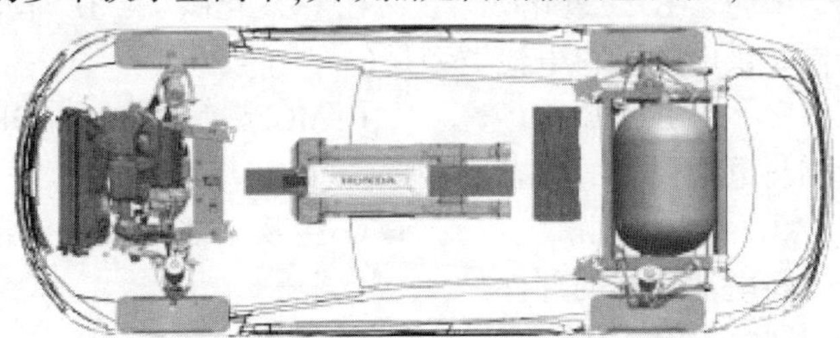

图5-1-27　本田FCHV采用额定压强为35MPa的高压储氢罐

高压储氢罐一般是由几层碳纤维铝套筒包起来制作而成的,罐外层是一层纤维玻璃。与传统汽车的加油过程不同,燃料电池汽车用一个特殊的高压配件给压缩氢气存储罐加氢气。

(2)液氢

使氢气液化以达到提高其能量密度的目的,但是这要求液氢存储在-253℃的低温罐内。这样能够提高汽车的续驶里程,但是降低了总的工作效率,因为液化氢气需要大量的能量,存储时还存在蒸发现象。

(3)固态氢

目前发现以固态形式存储氢的一种方法是以金属氢化物的形式存储,与镍金属电池的工作方式相似。

学习测试

1. 填空题

(1)燃料电池就是________电池,是一种把氢氧化学能转化成________的电化学装置。

(2)最合适汽车使用的燃料电池是 PEM 电池,也称为________电池。

(3)制造甲醇最常用的方法是用________合成甲醇,常温下它以________存在。

(4)电容器是一种能阻止________、允许交流电通过的电气设备。电容器也能利用正负电荷之间的静电吸引________。

(5)燃料电池汽车的__________由电源控制单元(PCU)控制。

2. 判断题

(1)燃料电池本身不会产生任何碳排放,排放的只有水和热量。 (　　)

(2)燃料电池工作中,氢气直接被输送到正极,氧气直接被输送到负极。 (　　)

(3)燃料电池产生的热转移很快,无需使用散热器。 (　　)

(4)大多数燃料汽车设计中用镍氢电池作为二次电池。 (　　)

(5)除氢燃料外,燃料电池汽车的高效纯节能还体现在电传动技术上。 (　　)

3. 单项选择题

(1)燃料电池是通过_____和_____产生电(　　)。

A. 汽油/氧气　B. 氮气/氧气　C. 氢/氧　D. 水/氧

(2)燃料电池的排放物是(　　)。

A. 水　B. 二氧化碳　C. 一氧化碳　D. 非甲烷烃

(3)最常用于给汽车供电的燃料电池类型是(　　)。

A. PAFC　B. PEM　C. MCFC　D. SOFC

(4)可以直接给燃料电池供电的液态燃料是(　　)。

A. 甲醇　B. 乙醇　C. 生物柴油　D. 汽油

(5)以下不属于燃料电池汽车的部件是(　　)。

A. 驱动电机　B. 内燃机　C. 逆变器　D. PEM 燃料电池

任务2　替代燃料汽车技术与结构原理

提出任务

替代燃料汽车技术作为当前新能源汽车的另一个发展方向,虽然现在市场上很少有此类新能源汽车,但是在未来燃料提炼技术的进一步发展,替代燃料汽车也作为一个其中的发展方向。

你作为一名新能源汽车的学生,你能向其他同学叙述当前有哪些类型的替代燃料汽车吗?

任务要求

知识要求

1. 能够描述燃气类汽车的常见类型;
2. 能够描述生物燃料汽车的燃料类型;
3. 能够描述氢气汽车的组成结构与工作原理;
4. 能够描述典型的替代燃料汽车的特点。

能力要求

1. 能够查询和分析典型燃气类汽车的特点;
2. 能够查询和分析典型生物燃料类汽车的特点;
3. 能够查询和分析典型氢气汽车的结构特点。

相关知识

1. 燃气汽车

以可燃气体为燃料的汽车称为燃气汽车。目前常用的燃气汽车有压缩天然气汽车CNGV、液化天然气汽车LNGV、液化石油气汽车LPGV。它们分别以压缩天然气、液化天然气和液化石油气为燃料。也有与传统汽油、柴油配合使用的,称为双燃料汽车。其中,氢气汽车HICEV则是正在研发的最有前景的燃气汽车。

1)压缩天然气汽车CNGV

压缩天然气汽车CNGV(Compressed Natural Gas Vehicle)使用的燃料是压缩的天然气,

是天然气压缩到 20MPa 并以气态储存在容器中。它的主要成分是甲烷(CH_4),气体密度约 0.8kg/m³,热值约 38MJ/m³,燃点约 450℃,无色、无味、无毒、无腐蚀性、易燃易爆、燃烧充分、不留炭黑和杂质,被誉为“绿色燃料”。

天然气汽车结构如图 5-2-1 所示,天然气和汽油加注口如图 5-2-2 所示。

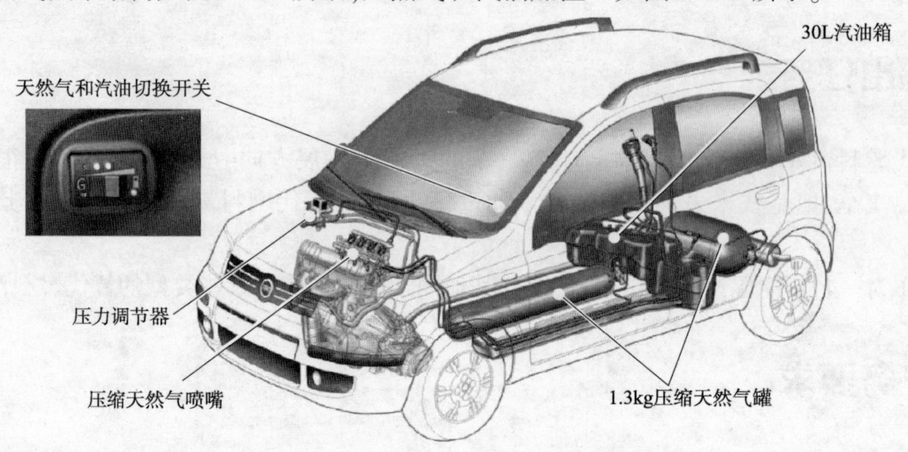

图 5-2-1 压缩天然气汽车 CNGV 主要结构

2)液化天然气汽车 LNGV

液化天然气汽车 LNGV(Liquefied Natural Gas Vehicle)使用的燃料是液化的天然气(图 5-2-3),是天然气经过超低温深冷到 -162℃形成的,成分与压缩天然气相同,其体积约为同量气态天然气体积的 1/600。液体密度约 450kg/m³。

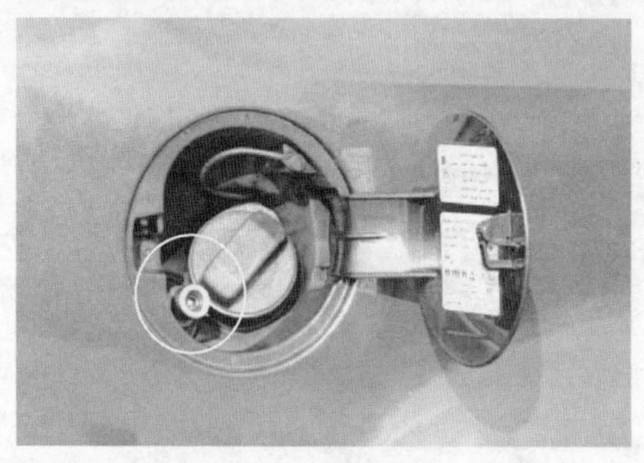

图 5-2-2 途安 TSI EcoFuel 的压缩天然气(左下)和汽油加注口

图 5-2-3 LNG 目前更多的是运用于商用车

3)液化石油气汽车 LPGV

液化石油气汽车 LPGV(Liquefied Petroleum Gas)使用的燃料是液化的石油气,是从石油中提炼出来的,主要成分是丙烷。LPG 的加注状态和加注口位置如图 5-2-4 所示。

使用压缩天然气 CNG 和液化石油气 LPG 汽车的优点:

(1)有害气体排放低。天然气和液化石油气在常温下为气态,容易与空气混合形成均匀的可燃混合气,燃烧完全,可以大幅度减少 CO、HC 和微粒的排放。另外,天然气和液化石油气的火焰温度低,因此,NO 的排放量也相应减少。

(2)热效率高。天然气辛烷值高达 130,因此可提高发动机的压缩比,从而获得较高的发动机热效率。

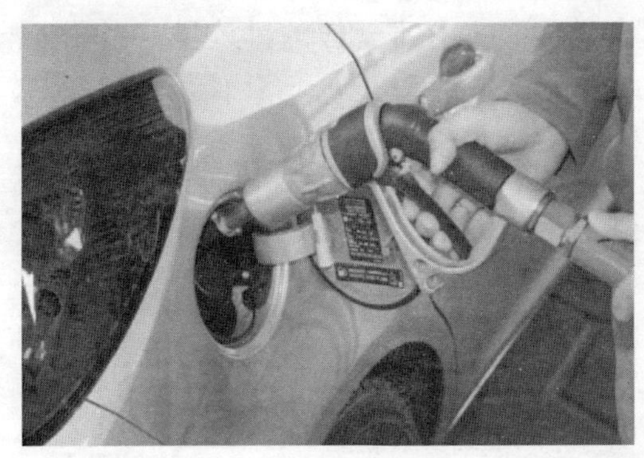

图 5-2-4 LPG 的加注状态和上面的加注口

(3)冷起动性和低温运转性能良好。在暖机期间无需加浓混合气。

(4)可以燃用稀混合气。其燃烧界限宽,稀燃特性优越,可以减少 NO 的生成和改善燃料的经济性。

(5)延长润滑油更换周期。因其不稀释润滑油,可以延长润滑油更换周期和发动机使用寿命。

存在的不足:

(1)燃气的储运性能差。因为天然气在常温、常压下是气体,所以体积大,储运性能差。目前,广泛采用将天然气压缩到 20MPa 高压或将石油气压缩到 1.6MPa,充入车用气瓶内储运的办法,这些气瓶既增加了汽车自重,又减少了载货空间。

(2)一次充气的续驶里程短。动力性能有所下降。CNG(压缩天然气)或 LPG(液化石油气)均呈气态进入汽缸,使发动机充气系数降低;另外,与汽油或柴油相比,CNG 或 LPG 的理论混合气热值小,因此,CNG 或 LPG 将使发动机功率下降。

(3)LNG 的制取比 CNG 要更复杂,而且在常温下只有保持在 -162℃以下才能呈现为液态,故 LNG 的气瓶和传输管路需要具有良好的绝热性能,其设计制造复杂,成本较高。

2. 生物燃料汽车

生物燃料(Bio - Fuel)就是由生物原料生产的燃料,这些生物原料包括农林产品或其副产品、工业废弃物、生活垃圾等。农业和林业生产的碳水化合物是目前的主要生物原料,目前我们所说的生物燃料一般是指生物液体燃料,最广泛使用的是醇类燃料和生物柴油。

1)醇类燃料

使用醇类燃料(甲醇、乙醇等)的汽车统称为醇燃料汽车。使用甲醇燃料的汽车也称甲醇汽车,使用乙醇(酒精)燃料的汽车也称乙醇汽车,同时使用甲醇或乙醇与汽油的汽车也称为灵活燃料汽车 FFV(Flexible Fuel Vehicle)。

醇类燃料主要以玉米、小麦、薯类、糖或植物等为原料,经发酵、蒸馏而制成,再经过进一步脱水和不同形式的变性处理后成为醇类燃料,如图 5-2-5 所示。

醇类燃料一般不会直接用作汽车燃料,而是按一定的比例与汽油混合在一起使用,这有利于增加燃料的辛烷值。例如,按照我国的国家标准,乙醇汽油是用 90% 的普通汽油与 10% 的燃料乙醇调和而成。它可以有效改善油品的性能和质量,降低一氧化碳、碳氢化合物等主要污染物排放。它不会影响汽车的行驶性能,还能减少有害气体的排放量。当在汽油中掺兑少于10%的乙醇时,对车用汽车发动机无需进行大的改动,即可直接使用乙醇汽油。

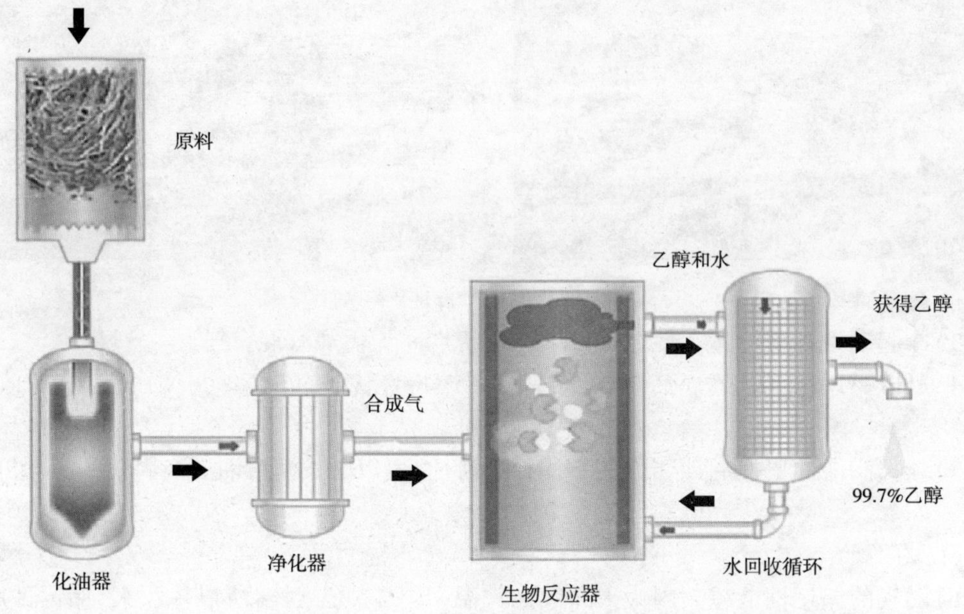

图5-2-5 获得乙醇的流程

例如,F－250 Super Chief 氢燃料概念车(图5-2-6)配备除汽油外,还可以使用乙醇及氢燃料的发动机"TRI－FLEX";一次加满汽油、E85燃料或氢以后,行驶里程可达805km。使用氢燃料行驶,燃烧效率可提高12%、CO_2 排放可减少99%;使用E85燃料行驶,燃烧效率可提高10%,CO_2 排放可减少75%左右。

图5-2-6 2006年福特推出的F－250 Super Chief概念车

2)生物柴油

生物柴油是指以油料作物、野生油料植物和微藻等水生植物油脂以及动物油脂、餐饮垃圾油等为原料油通过酯交换工艺制成的可替代石化柴油的再生性柴油燃料。

作为一种可替代石化燃料的可再生燃料,生物柴油具有以下多个特点:

(1)它是以可再生的动物及植物脂肪酸单酯为原料,可以降低对石化燃料的依赖,包括自产和进口。

(2)生物柴油非常环保,使用生物柴油的汽车所排放出来的有害物质仅为传统柴油汽车的10%左右,颗粒物为普通柴油的20%左右。

(3)生物柴油可以使用于普通的柴油发动机汽车,可按任意比例与普通柴油掺和使用,在普通的加油站就可以加油。

麻风树作为我国西南亚热带植物,是重要的生物柴油提取原料(图5-2-7)。根据不同的生产方法,1t麻风树果仁最多可以制造出超过300L生物柴油。

3. 氢气汽车

这里所说的氢气汽车与燃料电池汽车不同，虽然都是以氢为能源，但是转换能量方式不同，燃料电池汽车是将氢气化学能转化为电能驱动电机运转，而氢气汽车则是直接将氢气喷入汽缸燃烧，推动曲柄连杆机构，驱动汽车运动。它是将氢气化学能直接转化为机械能。

图 5-2-8 所示为宝马 745h 氢气汽车。

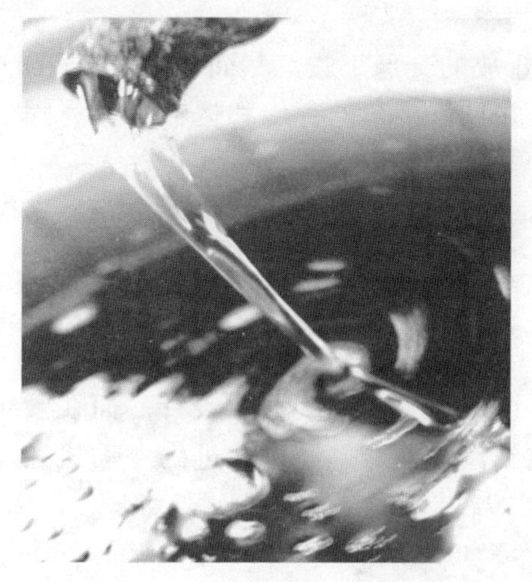

图 5-2-7　麻风树生产生物柴油

4.4L V8发动机
最大功率135kW
70L汽油箱
储氢罐140L
可行驶300km

图 5-2-8　宝马 745h 氢气汽车

1）氢气汽车基本组成

氢气汽车与传统汽车不同主要在燃料供给系统。氢气燃料供给系统的结构示意图如图 5-2-9 所示。主要由氢气储存装置、高压电磁阀、过滤器、减压阀和压力表、氢气流量计量装置、电控单元和传感器、氢气喷射器，以及输送氢气的氢气无缝金属管等组成。其中电控系统由各种传感器如发动机转速、加速踏板位置、氢气压力和温度传感器等和控制单元 ECU 组成。

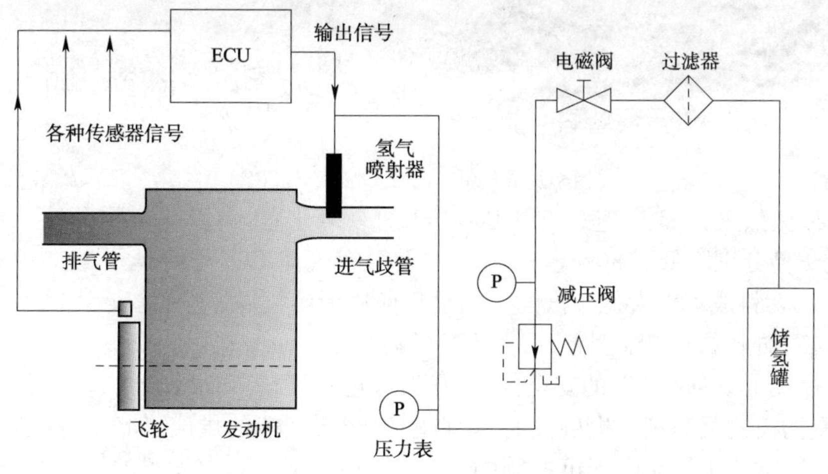

图 5-2-9　氢气汽车燃料供给系统结构

2)氢气汽车基本工作原理

工作时,氢气电磁阀打开,来自储氢罐的氢气经过过滤器、电磁阀到减压阀减压,再通过氢气喷射器喷入进气歧管,与空气混合后,进入燃烧室燃烧,推动活塞做功,输出动力。排气生成的水从排气管排出。

氢气喷射器喷氢的时间和数量由 ECU 控制,取决于外部各种传感器输入的信号,如加速踏板位置、进气量、温度等。其基本控制原理与电控汽油机类似。

3)氢气汽车的特点

氢气燃烧生成水,所以氢气汽车是一种真正实现零排放的交通工具。然而,虽然氢气的来源广泛,但是氢气的提取需要消耗大量能源,成本高,并且氢燃料的存储和运输都较为困难,这些制约了氢气汽车的发展。

4.典型的替代燃料汽车

1)大众汽车压缩天然气车型:途安 TSI EcoFuel

大众途安 TSI EcoFuel(图 5-2-10)以天然气作为主要燃料,在进气歧管内装备了天然气喷射装置,并由一根共同的高压管道提供燃料。动力系统主要为天然气模式设计。而在紧急状况下,发动机管理系统可自动将燃料供给模式切换到汽油模式。经过改进的发动机控制单元可完美地处理任一种操作模式。

图 5-2-10　途安 TSI EcoFuel 燃气汽车

由于采用天然气做燃料,途安 TSI EcoFuel 的一氧化碳、碳氢化合物及氮氧化合物排放较原汽油机车型分别降低了 80%、73%与 80%,温室气体 CO_2 也降低了 23%。消耗天然气 4.8kg/100km,燃料成本大大低于汽油。如果只使用天然气做燃料,途安 TSI EcoFuel 能持续行驶约 370km,加上 11L 汽油容量,最多可持续行驶 520km。

为提高途安 EcoFuel 车型的安全性,大众汽车进行了深入而周全的设计:如电磁阀在发动机熄火、汽油模式及车辆发生碰撞时,能自动切断天然气的供应;储气罐的热安全阀与流量控制阀设计,降低了管线中不可控制的压力下降;而储气罐中配置的压力阀,可以避免加气时储气罐的天然气向外倒流等。因此,在安全性上,途安 EcoFuel 与普通汽油或柴油车型

并无差异。

大众汽车压缩天然气车型主要技术参数见表5-2-1。

大众汽车压缩天然气车型主要参数表　　表5-2-1

年款	型号	排量（L）	最大功率（kW）	最大转矩（N·m）	储气罐容量（kg）	天然气巡航能力（km）	每行驶100km消耗天然气（kg）	每行驶1km排放 CO_2（g）
2007	途安 EcoFuel	2.0	80	160	18	310	5.8	125
2008	开迪 EcoFuel	2.0	80	160	18	310	5.8	128
2009	帕萨特 TSI EcoFuel	1.4	110	220	22	420	4.4	119
2009	帕萨特 旅行车 TSI EcoFuel	1.4	110	220	22	420	4.4	121
2009	途安 TSI Eco-Fuel	1.4	110	220	18	370	4.8	129

2）奔驰汽车压缩天然气车型：E200NGT

NGT是Natural Gas Technology的英文缩写，是奔驰运用的压缩天然气技术的简称。E 200 NGT是奔驰以E级车为基础开发的压缩天然气和汽油为燃料的双燃料汽车，如图5-2-11所示。它采用与E200KOMPRESSOR的同样的1.8L直列4缸发动机，最大功率120kW，最大转矩240N·m，0～100km/h加速只需要9.8s，最高时速220km/h，无论采用哪种燃料，E200NGT的性能都不会发生改变。

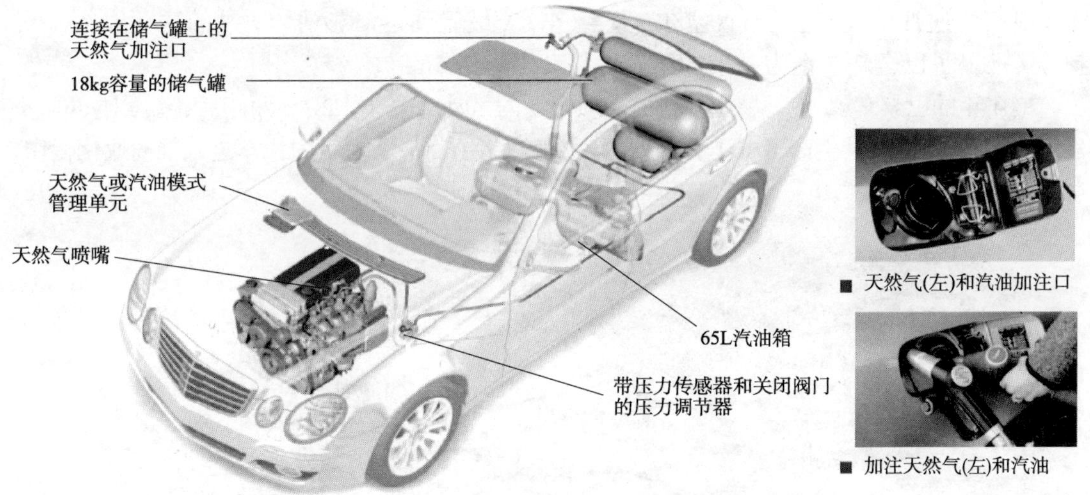

图5-2-11　奔驰E200NGT压缩天然气汽车

驾驶员可以通过转向盘上的按钮来随时切换两种模式。开启天然气模式以后，仪表盘上会显示当前储存天然气的数量，当天然气耗尽的时候，系统会自动的切换到汽油模式。汽油箱容量为65L，位于备胎位置的储气罐可储存18kg天然气。当所有的燃料都充满时，E200NGT持续行驶里程为1000km。该型号还可以选装80L的汽油箱，续驶里程能再增加200km。

3）国产主要品牌压缩天然气汽车

国内主要品牌压缩天然气汽车见表 5-2-2。

国产主要品牌压缩天然气汽车　　表 5-2-2

年款	型号	排量（L）	最大功率（kW）	最大转矩（N·m）	储气罐容量（L）	天然气巡航能力（km）	每 1km 平均费用（元）	厂家建议零售价（万元）
2009	力帆 620CNG	1.6	78.66	137	60	190	0.15	7.28
2009	比亚迪 F3 CNG	1.6	73.5	134	60	200	0.14	8.98
2009	东风雪铁龙爱丽舍 CNG	1.4	78	142	65	190	0.20	8.48
2009	长安铃木天语 CNG	1.6	80	144	75	220	0.16	11.08
2010	长安悦翔 CNG	1.5	72	137	65	200	0.22	6.59

4）宝马氢气汽车 Hydrogen 7

早在 20 世纪 70 年代，宝马就开始了氢燃料的研究。第一代氢动力车是宝马在 1979 年推出的 520 汽车，装配有可使用氢气和汽油的双燃料发动机，从此拉开了宝马的液氢动力车的序幕。在 1984—1995 年间，宝马又研制了第三代氢动力车，虽然有过大量的路试，但也仅限于试验阶段。1999 年，宝马又推出了由 15 辆 750hL 组成的氢动力车队。这 15 辆 750hL 在德国汉诺威 2000 年世博会上作为贵宾接待车，为宝马的氢动力市场化迈出了坚实的一步。同年，世界上第一个液氢加气站也在慕尼黑机场投入使用。

2001 年，宝马举行了“清洁能源世界巡展”。在这次活动中，宝马清洁能源车队 2 月 1 日从中东的迪拜出发，途经布鲁塞尔、米兰、东京，最后到达洛杉矶。9 月的法兰克福车展，宝马又推出了以全新 7 系为基础的第六代氢动力车 745h。

2004 年的巴黎车展，宝马展出了打破 9 项记录的氢动力赛车 H2R。两年后，宝马 Hydrogen 7 诞生（图 5-2-12），一共生产了 100 辆，正式交付特定的用户使用，氢动力汽车进入准商业化运作。

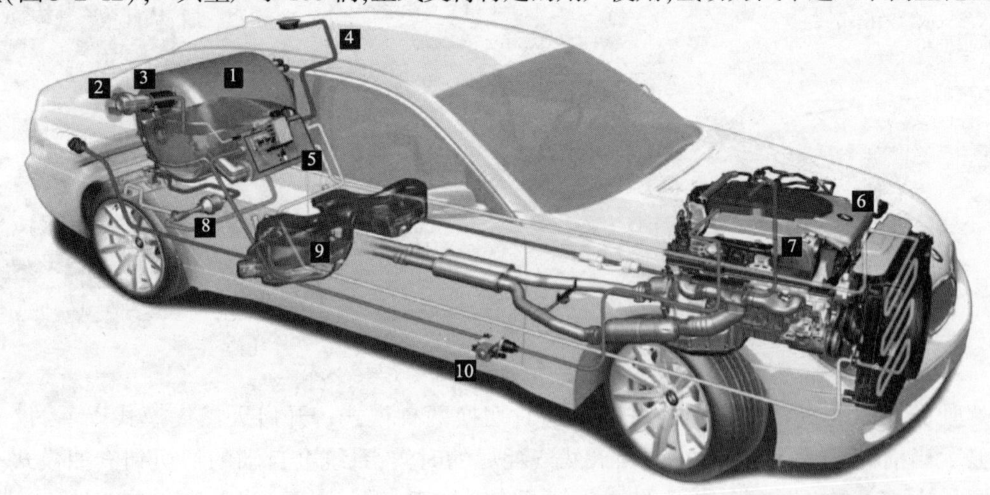

图 5-2-12　宝马 Hydrogen7 汽车

1-8kg 液化氢燃料罐；2-液化氢加注口；3-液化氢连接器；4-放空阀安全管路；5-辅助装置（包括氢交换器和燃料箱控制单元）；6-可使用液化氢和汽油的内燃机；7-供氢气道及进气歧管；8-蒸发管理系统；9-74L 汽油箱；10-压力控制阀

Hydrogen 7 采用 6.0L V12 缸发动机，最大功率有 191kW，最大转矩为 390N·m。这台豪华汽车可以在 9.5s 内加速到 100km/h，最高时速可达到 230km/h。

Hydrogen7 依然是一台使用汽油燃料和氢燃料的双燃料汽车，它装有一个 8kg 的液态氢储氢罐和一个 74L 的汽油箱(图 5-2-13)。采用液态氢的好处是在相同体积的储存空间里，低温状态下储存的液态氢，比加压储存的气态氢，所包含的能量要大 75% 左右。8kg(约 114L)的液态氢可行驶 200km；74L 的油箱可行驶 500km。

要想将氢气液化，必须将温度降低至 -253℃，并且一直保持这个温度。因此，储氢罐要有很好的隔热性能。Hydrogen7 的储氢罐由 2mm 厚的不锈钢内胆和外胆组成，在内、外胆之间，有 30mm 厚的真空隔热层。虽然宝马采用了十分有效的隔热措施，但仍不能保证氢气完全不会被蒸发。为了防止储氢罐中压力过大，通过蒸发管理系统控制燃料的蒸发过程：一旦超过既定的压力水平，系统就会允许蒸发的氢气在受控状态下从蒸发阀逸出，自动与空气混合并经催化剂氧化成水，半满的储氢罐缓慢地蒸发大约 9 天时间(其蒸发过程是安全可控的)，仍然有足够的氢保存在储氢罐中，足以在氢燃料运行模式下行驶一定的距离。

在使用汽油燃料时，汽油是直接喷射入汽缸的；而使用氢燃料时，氢气和空气要在进气歧管中形成混合气，才能喷入汽缸(图 5-2-14)。由于两种燃料的燃烧性质完全不同，因此发动机的管理系统将精确地控制使用各种燃料时发动机的各项参数。氢气燃烧得快，与空气混合后的燃烧过程更快，这是氢气具有的显著优点，利用宝马 V12 发动机上的 Valvetronic 电子气门管理系统和双 VANOS 凸轮轴控制系统，发动机管理系统可以针对氢气空气混合物的特定特点和要求，来进行燃料喷射和气门正时、升程的控制。

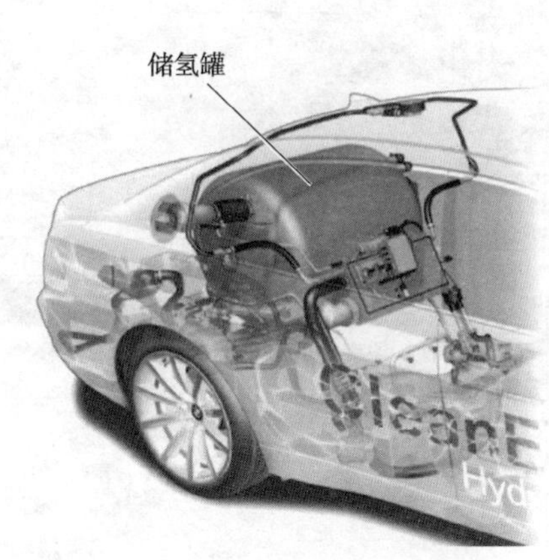

图 5-2-13　宝马 Hydrogen 7 储氢罐

图 5-2-14　宝马 Hydrogen 7 发动机

5)马自达 RX-8 Hydrogen RE

马自达 RX-8 Hydrogen RE(图 5-2-15)于 2003 年东京车展首次露面，随着 2004 年的路试、2006 年的租赁，现在已经开始准商业化运作。RX-8 Hydrogen RE 的动力源自一台 RENESIS 氢转子发动机，RENESIS 是马自达新一代转子发动机的称谓，该发动机 1999 年在 RX-EVOLV 概念车上露面，2003 年随着 RX-8 量产而正式走向市场。新一代的 RENESIS 转子发动机最大的改进是采用了侧排气/侧吸气技术，排气量为 0.65L×2，自然吸气，输出最大功率却可达到 184kW，最大转矩达 216N·m。燃油经济性和净化尾气排放方面也得到了大幅度的改善。

图 5-2-15　马自达 RX－8 Hydrogen RE

马自达 RX－8 Hydrogen RE 结构如图 5-2-16 所示。

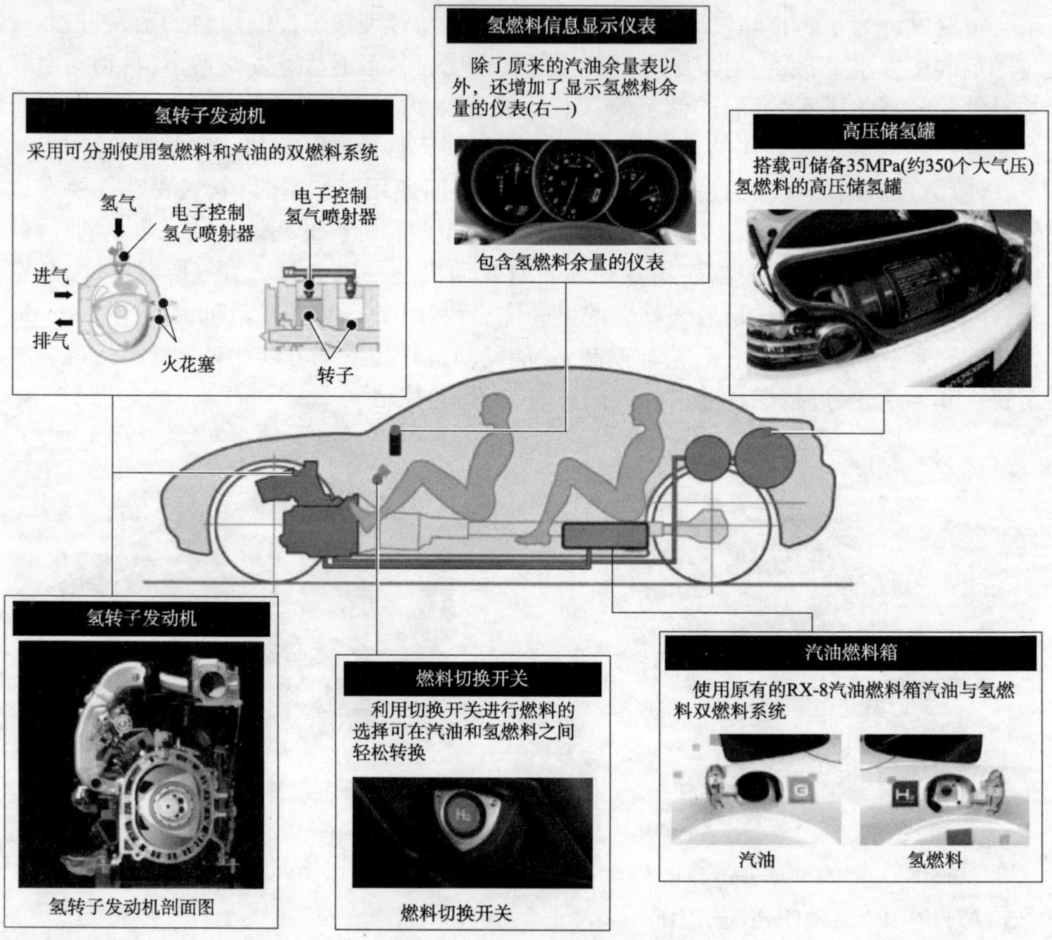

氢转子发动机
采用可分别使用氢燃料和汽油的双燃料系统
氢气
电子控制氢气喷射器
电子控制氢气喷射器
进气
排气
火花塞
转子

氢燃料信息显示仪表
除了原来的汽油余量表以外，还增加了显示氢燃料余量的仪表(右一)
包含氢燃料余量的仪表

高压储氢罐
搭载可储备35MPa(约350个大气压)氢燃料的高压储氢罐

氢转子发动机
氢转子发动机剖面图

燃料切换开关
利用切换开关进行燃料的选择可在汽油和氢燃料之间轻松转换
燃料切换开关

汽油燃料箱
使用原有的RX-8汽油燃料箱汽油与氢燃料双燃料系统
汽油
氢燃料

图 5-2-16　马自达 RX－8 Hydrogen RE 结构图

马自达 RX－8 Hydrogen RE 上的 RENESIS 转子发动机(图 5-2-17)，被设计成为可使用氢燃料和汽油双燃料的发动机。发动机外壳上安装了 4 个氢气喷射器。在使用汽油为燃料行驶时发动机与 RX－8 是完全一样，采用两侧进排气；当使用氢气为燃料行驶时，发动机便可通过安装在 RENESIS 外壳上的喷射器直接喷射氢气，由于氢气密度小，喷射量比汽油多得多，因此每个转子配备两个喷射器。使用氢燃料时，氢转子发动机最大输出功率为 81kW、最大转矩为 120N · m。使用汽油时，氢转子发动机的最大功率为 154kW、最大转矩为 222N · m。

马自达 RX－8 Hydrogen RE 上的 RENESIS 转子发动机，被设计成为可使用氢燃料和汽油双燃料的发动机。

马自达 RX－8 Hydrogen RE 在行李舱安置了一个容量 74L，35MPa（约 350 个大气压）的储氢罐，可以行驶 60km 左右。马自达还有意研发 70MPa（约 700 个大气压）的储氢罐。为了确保安全，该车还配备了 4 个氢气泄露检测装置。驾驶员可以通过切换按钮来选择使用汽油或氢燃料，仪表上也多出了一项氢气余量显示，以提醒驾驶员关注氢气余量。

图 5-2-17　RENESIS 转子发动机

任务实施

（一）工作准备

（1）防护装备：常规实训工装。

（2）车辆、台架、总成：替代燃料汽车工作示教板，或替代燃料汽车工作模型。

（二）实施步骤

本任务主要检索和分析替代燃料汽车的资料。

1. 分析替代燃料汽车资料

利用互联网搜索目前市场上典型的燃气类汽车、生物燃料类型汽车以及氢气汽车，并围绕以下知识点进行分析：

（1）对应汽车的类型及发展。

（2）基本结构组成。

（3）优势与不足。

2. 撰写报告

根据查询获取的信息，撰写《替代燃料汽车的现状与发展报告》。

学习拓展

太阳能电动汽车

太阳能汽车是利用太阳能电池将太阳能转换为电能，并利用该电能作为能源驱动行驶的汽车，它是电动汽车的一种。

太阳能汽车主要由太阳能电池组(图5-2-18)、向日自动跟踪器、驱动系统、控制器、机械系统等组成。

图5-2-18 太阳能电池组

1)太阳能电池组

它是太阳能汽车的核心,由一定数量的单体电池串联或并联组成电池方阵;太阳能单体电池由半导体材料制成,当太阳光照射在该半导体材料上时,半导体的电子－空穴对被激发,形成"势垒",也就是P-N结;由于势垒的存在,在P型层产生的电子向N型层移动而带正电,而在N型层产生的空穴向P型层移动而带负电,于是在半导体元件的两端产生P型层为正的电压,即形成了太阳能电池,如图5-2-19所示。太阳能电池的电流大小与太阳光照射强度的大小和太阳能电池面积的大小成正比。车用太阳能电池将很多太阳能电池排列组合成太阳能电池板,以产生所需要的大电流和高电压。

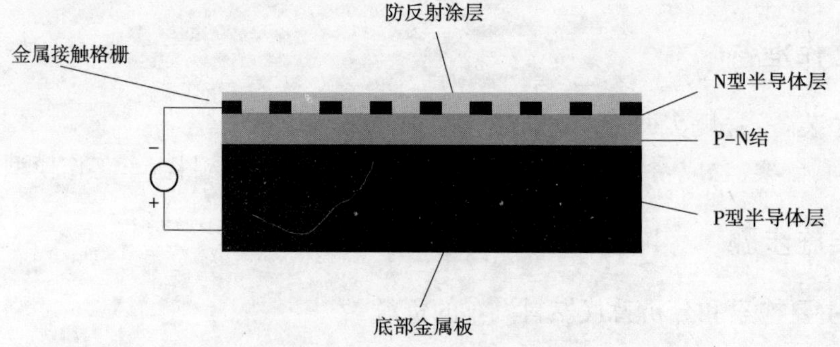

图5-2-19 太阳能电池工作原理

2)向日自动跟踪器

太阳能电池能量的多少取决于太阳能电池板接收太阳辐射能量的数量,由于相对位置的不断变化,太阳电池板接收的太阳辐射能量也在不断变化。向日跟踪器的作用就是保持太阳电池板正对着太阳,最大限度地提高太阳电池板接收太阳辐射能的能力(太阳能汽车由太阳能电池板在向日自动跟踪器的控制下始终正对太阳,接收太阳光,并转换成电能,向电动机供电,再由电动机驱动汽车行驶,它实际上是一种电动汽车,其工作原锂与串联式锂合动力汽车SHEV基本相同)。

太阳能汽车能量流动路径如图5-2-20所示。

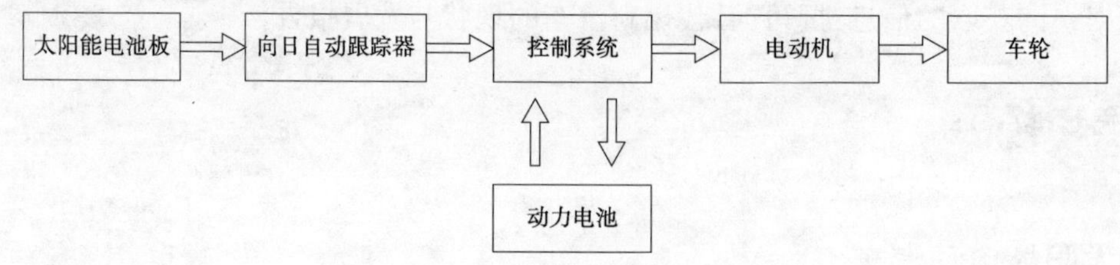

图5-2-20 太阳能汽车能量流动路径

3)驱动系统

太阳能汽车采用的驱动电动机主要有交流异步电动机、永磁电动机、直流电动机等,其

驱动系统与 EV 基本相同。

4)控制器

控制器主要对太阳能电池组进行管锂和对电动机进行控制,其作用与电动汽车控制系统相同。

5)机械系统

机械系统主要包括车身系统、底盘系统和操纵系统等。太阳能汽车最具魅力的可以说是车身了。除满足汽车的安全和外形尺寸要求外,汽车的外形是没有其池限制的。一般来说,太阳能汽车的外形设计要使汽车在行驶过程中的风阻尽量小,同时又要使太阳能电池板的面积尽量大。太阳能汽车要求底盘的强度和安全度达到最大,而且质量尽量轻。

学习测试

1. 填空题

(1)以可燃气体为燃料的汽车称为________。

(2)液化石油气汽车使用的燃料是液化的石油气,是从______中提炼出来的,主要成分是________。

(3)醇类燃料按一定的比例与________混合在一起使用,这有利于增加燃料的________。

(4)氢气燃烧生成________,所以氢气汽车是一种真正实现________的交通工具。

(5)宝马 Hydrogen 7 是一台使用汽油燃料和氢燃料的________汽车。

2. 判断题

(1)压缩天然气汽车使用的燃料主要成分是甲烷(CH_4)。 (　　)

(2)生物燃料最广泛的运用是氢类燃料和生物汽油。 (　　)

(3)醇类燃料通常直接用来当汽车燃料。 (　　)

(4)氢气汽车与就是燃料电池汽车。 (　　)

(5)替代燃料都是没有污染的。 (　　)

3. 不定项选择题

(1)下列说法正确的是(　　)。

A. CNG 汽车排放物没有污染　　B. LPG 汽车排放物没有污染

C. 氢气汽车排放物没有污染　　D. 以上说法都不对

(2)最广泛的运用的生物燃料是(　　)。

A. 醇类燃料　　B. 生物汽油　　C. 生物柴油　　D. 天然气

(3)液化石油气也称为(　　)。

A. E85　　B. 生物燃料　　C. M85　　D. LPG

(4)给 CNG 汽车燃气运输采用(　　)。

A. 油箱　　B. 车用气瓶　　C. 家用气瓶　　D. 以上都不对

(5)以下部件属于氢气汽车燃料供给系统的是(　　)。

A. 高压电磁阀　　B. 过滤器

C. 减压阀和压力表　　D. 电容器

附录　新能源汽车术语、部件名称认知

随着新能源汽车革命的到来,产生了很多新能源汽车相关的专用名词,整理归类如下。

1. 整车类

混合动力汽车(Hybrid Electric Vehicle):简称 HEV,狭义的混合动力即是指油电混合动力汽车即采用传统的内燃机和电机作为动力源,也有的发动机经过改造使用其他替代燃料,例如压缩天然气、丙烷和乙醇燃料等。

纯电动汽车(Pure Electric Vehicle):简称 EV,是指以电力作为驱动动力,用电机驱动车轮行驶,符合道路交通、安全法规各项要求的车辆。注意如果是以动力电池为存储容器的,也成为 BEV。

燃料电池汽车(Fuel Cell Electric Vehicle):简称 PCEV,是一种用车载燃料电池装置产生的电力作为动力的汽车。

插电式混合动力汽车(Plug in Hybrid Electric Vehicle):简称 PHEV,是新型的混合动力汽车。区别于传统汽油动力与电驱动结合的混合动力,插电式混合动力驱动原理、驱动单元与电动车相同,唯一不同的是车上装备有一台发动机。

纯内燃机驱动(Internal Combustion Engine) 汽车:简称 ICE,100% 的动力能源来自内燃机输出。

液化石油气(Liquefied Petroleum Gas)汽车:简称 LPG,用液化石油气汽车。

2. 蓄电池类

1)描述电池特性的相关术语及定义

活性物质(Active material):是指正负极中参加成流反应的物质,能通过化学反应产生电能的材料。

开路电压(Open Circuit Voltage):电池没有负电荷时,即未充放电时正负极两端的端电压,单位为伏(V)。开路电压值与电池体系及荷电状态有关,如锂离子电池充满电后的开路电压一般为 4.1 ~4.2V;充半电后的开路电压一般为 3.7 ~3.8V。

标称电压(Nominal Voltage):电池 0.2C 放电时全过程的平均电压。

工作电压(Working Voltage):电池在工作时(有负荷时)正负极两端的端电压,也叫做闭路电压(Closed Circuit Voltage),工作电压的具体值与电池体系、工作电流(即倍率)、工作温度、充电条件相关。

终止电压(End Voltage):电池放电或充电时,所规定的最低放电时间或最高的充电电压。

荷电保持能力:电池充满电保存一段时间后,以一定倍率放电,放电容量与实际容量比值。

恒流充电(Constant Current Charge):在恒定的电流下,将充电电池进行充电的过程。一

般设置终止电压,当电压到达该值时,充电过程结束。

恒压充电(Constant Voltage Charge):在恒定的电压下,将充电电池进行充电的过程。一般而言,该恒定的电压为充电终止电压。一般设置终止电流,当电流小于该值时,充电过程结束。

放电(Discharge):电流从电池流经外部电路的过程,此时化学能转换为电能。

放电特性(Discharge Voltage):电池放电时所表现出来的特性,例如放电曲线、放电容量、放电率、放电深度、放电时间等。

放电曲线(Discharge Curve):电池放电时其电压随时间的变化曲线。

放电容量(Discharge Capacity):电池放电时释放出来的电荷量,一般用电流与时间的乘积表示,例如 A·h,mA·h(1A·h=3600 库伦)。

放电速率(Discharge Rate):表示放电快慢的一种量度。所用的容量 1h 放电完毕,称之为 1C 放电;5h 放电完毕,则成为 C/5 放电。

放电深度(Depth of Discharge):表示电池放电程度的一种量度,为放电容量与额定容量的比值,单位为%。例如,80% DOD,是指放电时放出额定容量的 80% 停止。

持续放电时间(Duration Time):电池在一定的外部负荷下在规定的终止电压前所放电时间之和。

库仑效率(Coulombic Efficiency):在一定的充放电条件下,放电时释放出来的电荷与充电时充入的电荷的百分比,也称为放电效率。

利用率(Utilization):实际放电容量与理论容量的百分比。

内阻(Internal Resistance):电池正负极两端之间的电阻,电池内阻包括欧姆电阻和电化学电阻,欧姆电阻和极化电阻之和为电池的内阻。欧姆电阻由集流体、电极材料、电解液、隔膜电阻及各部分零件的接触电阻组成。极化电阻是指电化学反应时由极化引起的电阻,包括电化学极化和浓差极化引起的电阻。其值越小性能越佳。大电流放电和低温放电时,内阻对放电特性的影响尤为明显。

漏液(Liquid Leakage):电解液从电池流出的现象。

内部短路(Internal Shortage):电池内部正极和负极形成电通路时的状态;主要是由于隔膜的破坏、混入导电性杂质、形成枝晶等造成。

过放电(Over Discharge):超过规定的终止电压在低于终止电压时继续放电。此时容易发生漏液或电池的使用寿命受到影响。

自放电(Self Discharge):电池在搁置过程中,没有与外部负荷相连接而产生容量损失的过程。

存储寿命(Shelf/Storage Life):电池在没有负荷的一定条件下进行放置以达到性能劣化到规定的程度时所能放置的时间。

循环寿命(Cycle Life):在一定条件下,将充电电池进行反复充放电,当容量等电池性能达到规定的要求以下时所能发生的充放电次数。

日历寿命(Calendar Life):电池在使用及搁置条件下以达到性能劣化到规定的程度时所能需要的时间。

能量型蓄电池(High Energy Density Battery):以高能量密度为特点,主要用于高能量输

出的蓄电池。

功率型蓄电池(High Power Density Battery):以高功率密度为特点,主要用于瞬间高功率输出、输入的蓄电池。

容量恢复能力(Charge Recovery):蓄电池在一定温度下,储存一定时间后再行充电,其后放电容量与额定容量之比。

充电终止电流(End - of - Charge Current):在指定恒压充电时,蓄电池终止充电时的电流。

镍氢电池(Nickel - Metal Hydride Battery):镍氢电池。

2)描述电池容量的相关术语及定义

容量:电池在一定的放电条件下所能释放出的电量称为电池的容量。

理论容量:假设电极活性物质全部参加电池的成流反应所能提供的电量。

实际容量:指电池在一定的放电条件下实际放出的电量。它等于放电电流与放电时间的乘积,实际容量的计算方法为 $C=I \cdot t$

额定容量:指设计和制造电池时,按照国家或相关部门颁布的标准,保证电池在一定的放电条件下能够放出的最低限度的电量。

标称容量:用来鉴别电池适当的近似容量,一般指 0.2C 放电时的放电容量。

比容量:单位质量或单位体积的电池所能够给出的电量。相应称为质量比容量和体积比容量。

电池的能量:指在一定放电制度下,电池所能输出的电能,通常用瓦时(W·h)表示。

理论能量:假设电池在放电过程中始终处于平衡状态,其放电电压保持电动势(E)的数值,活性物质的利用率为100%,此条件下电池所输出的能量为理论能量 W_0。

实际容量:在电池放电时实际输出的能量。在数值上等于电池实际容量(C)与电池平均工作电压($V_平$)的乘积 $W=C \cdot V_平$

比能量:单位质量或单位体积电池所能输出的能量。

功率:电池在一定放电制度下,单位时间内输出的能量,单位为瓦(W)或千瓦(kW)

比功率:单位质量或单位体积电池输出的功率。比功率的大小表征电池所能承受的工作电流的大小,一个电池的比功率大,表示它可以承受大电流放电。

SOC 动力蓄电池充电容量状态(sate of charge):指电池使用一段时间或长期搁置不用后的剩余容量与其完全充电状态的容量的比值,常用百分数表示。其取值范围为0~1,当SOC=0 时表示电池放电完全,当 SOC=1 时表示电池完全充满。

容量密度(Capacity Density):单位质量或体积所能释放的电量,一般用 mAh/g 或 Ah/kg 表示(通常用于表示电极材料的容量)。

能量密度(Energy Desity):又称为比能量,单位质量或体积所能释放的能量,称为重量比能量或体积比能量。一般用 Wh/L 或 Wh/kg 表示。

功率密度(Power Density):单位质量或体积所能释放的功率,一般用 W /L 或 W/kg 表示。

3)描述电池充放电的相关术语及定义

电动势:电池的两个电极的平衡电势之差。

开路电压：指在开路状态下（几乎没有电流通过时），电池两极之间的电势差。

工作电压：指电池在接通负荷后的放电过程中，两极显示的电压。

额定电压：指某电池开路电压的最低值。或者说是在规定条件下电池工作的标准电压。

放电终止电压：也称放电截止电压。

充电电压：指二次电池在充电式，外电源加在电池两端的电压。

放电电流：通常用放电率表示，放电率是指放电时的速率，通常有"时率"和"倍率"两种表示方法。

时率：是指以放电时间表示的放电速率。即以一定的放电电流放完额定容量所需的时间。

倍率：是指电池在规定时间内放出额定容量所需的电流值。数值上等于额定容量的倍数。

放电深度：表示放电程度的一种度量。为放电容量与总放电容量的百分比。通常称为DOD（Depth of Discharge）

电化学容量：通常指单位质量的活性物质充电或放电到最大程度时的电量，一般用mAh/g表示。

不可逆容量损失：在充放电过程中，电极的充放电效率低于100%，即放电的电化学容量低于充电，损失的部分被称为不可逆容量损失。通常由电极表面发生的不可逆副反应引起。

循环性：电极材料在反复充放电过程中保持电化学容量的能力。

3. 充电系统

充电（Charge）：利用外部电源使电池的电压和容量上升的过程，此时电能转化为化学能。

充电特性（Charge Characteristic）：电池充电时所表现出来的特性，例如充电曲线、充电容量、充电率、充电深度、充电时间等。

充电曲线（Charge Curve）：电池充电时其电压随时间的变化曲线。

整车充电模式（Vehicle Charge Mode）：将电动汽车直接与充电设备相连接进行充电的方式。

直流充电（DC Charge）：采用直流电源为电动汽车提供电能的方式。

交流充电（AC Charge）：采用交流电源为电动汽车提供电能的方式。

电池更换模式（Battery Swap Mode）：通过更换动力蓄电池为电动汽车提供电能的方式。

侧向换电（Side - Swapping of Battery Pack）：电池箱安装在车体两侧时的电池箱更换方式。

底部换电（Bottom - Swapping of Battery Pack）：电池箱安装在车体底部时的电池箱更换方式。

端部换电（Rear - Swapping of Battery Pack）：电池箱安装在车体前后舱时的电池箱更换方式。

充电设备（Charging Equipment）：与电动汽车或动力蓄电池相连接，并为其提供电能的设备，一般包括非车载充电机、车载充电机、交流充电桩等。

非车载充电机(Off – Board Charger):安装在电动汽车车体外,将交流电能变换为直流电能,采用传导方式为电动汽车动力蓄电池充电的专用装置。

车载充电机(On – Board Charger):固定安装在电动汽车上运行,将交流电能变换为直流电能,采用传导方式为电动汽车动力蓄电池充电的专用装置。

交流充电桩(AC Charging Spot):采用传导方式为具有车载充电装置的电动汽车提供交流电源的专用供电装置。

充电连接装置(Connection Set for Charging):电动汽车充电时,连接电动汽车和电动汽车供电设备的组件,除电缆外,还可能包括供电连接手柄等。

限于篇幅,其他新能源汽车相关的术语,请参阅相关章节的内容。

参考文献

[1] 王刚. 新能源汽车[M]. 北京:清华大学出版社,2015 年.

[2] 王振坡,孙逢春,刘鹏. 电动汽车原理与应用技术[M]. 北京:机械工业出版社,2014.

[3] 邹国荣,程明. 电动汽车的新型驱动技术[M]. 北京:机械工业出版社,2010.

[4] 王志福,张承宁. 电动汽车驱动理论与设计[M]. 北京:机械工业出版社,2012.

[5] 许晓慧,徐石明. 电动汽车及充换电技术[M]. 北京:中国电力出版社,2012.

[6] 徐海明. 电动汽车充电站运行与维护技术[M]. 北京:中国电力出版社,2011.

[7] 陈全世. 先进电动汽车技术[M]. 北京:化学工业出版社,2007.

[8] 林程,韩冰. 北京市纯电动汽车技术培训教程[M]. 北京:北京理工大学出版社,2012.

[9] 章桐,贾永轩. 电动汽车技术革命[M]. 北京:机械工业出版社,2010.

[10] 许崇良,张传发. 电动汽车与混合动力[M]. 山东:山东大学出版社,2013.

[11] 赵立军. 电动汽车测试与评价[M]. 北京:北京大学出版社,2012.

[12] 崔胜民. 新能源汽车技术[M]. 北京:北京大学出版社,2014.

[13] 胡骅,宋慧. 电动汽车[M]. 北京:人民交通出版社,2012.

[14] 赵立军,佟钦智. 电动汽车结构与原理[M]. 北京:北京大学出版社,2012.

[15] 王贵明,王金懿. 电动汽车及其性能优化[M]. 北京:机械工业出版社,2010.

[16] 何洪文. 电动汽车原理与构造[M]. 北京:机械工业出版社,2012.

[17] 北汽新能源汽车公司. E150EV 维修手册[Z]. 2013.

[18] 北汽新能源汽车公司. E150EV、E160EV 培训课件/技术资料[Z]. 2013-2016.

[19] 比亚迪汽车公司. 比亚迪秦维修手册[Z]. 2013.

[20] 比亚迪汽车公司. 比亚迪秦培训课件/技术资料[Z]. 2013-2016.

[21] 比亚迪汽车公司. 比亚迪 E6 培训课件/技术资料[Z]. 2013-2016.

[22] 丰田汽车公司. 普锐斯维修手册[Z]. 2006.

[23] 丰田汽车公司. 普锐斯培训课件[Z]. 2005-2006.

[24] 上汽公司. 荣威 E50 维修手册[Z]. 2012.

[25] 上汽公司. 荣威 E50/550 培训课件/技术资料[Z]. 2012-2016.

人民交通出版社汽车类中职教材部分书目

一、全国交通运输职业教育教学指导委员会规划教材 教育部中等职业教育汽车专业技能课教材					
书　号	书　名	作　者	定　价	出版时间	课　件
978-7-114-12216-3	汽车文化	李　青、刘新江	38.00	2017.3	有
978-7-114-12517-1	汽车定期维护	陆松波	39.00	2017.3	有
978-7-114-12170-8	汽车机械基础	何向东	37.00	2017.3	有
978-7-114-12648-2	汽车电工电子基础	陈文均	36.00	2017.3	有
978-7-114-12241-5	汽车发动机机械维修	杨建良	25.00	2017.3	有
978-7-114-12383-2	汽车传动系统维修	曾　丹	22.00	2017.3	有
978-7-114-12369-6	汽车悬架、转向与制动系统维修	郭碧宝	31.00	2017.3	有
978-7-114-12371-9	汽车发动机电器与控制系统检修	姚秀驰	33.00	2015.8	有
978-7-114-12314-6	汽车车身电气设备检修	占百春	22.00	2017.3	有
978-7-114-12467-9	汽车发动机及底盘常见故障的诊断与排除	杨永先	25.00	2015.8	有
978-7-114-12428-0	汽车自动变速器维修	王　健	23.00	2017.3	有
978-7-114-12225-5	汽车网络控制系统检修	毛叔平	29.00	2017.3	有
978-7-114-12193-7	新能源汽车结构与检修	陈社会	38.00	2017.3	有
978-7-114-12209-5	汽车检测与诊断技术	蒋红梅、吴国强	26.00	2017.3	有
978-7-114-12565-2	汽车检测设备的使用与维护	刘宣传、梁　钢	27.00	2017.3	有
978-7-114-12374-0	汽车维修接待实务	王彦峰	30.00	2015.8	有
978-7-114-12392-4	汽车保险与理赔	荆叶平	32.00	2015.9	有
978-7-114-12177-7	汽车维修基础	杨承明	26.00	2017.3	有
978-7-114-12538-6	汽车商务礼仪	赵　颖	32.00	2016.1	有
978-7-114-12442-6	汽车销售流程	李雪婷	30.00	2015.8	有
978-7-114-12488-4	汽车配件基础知识	杨二杰	20.00	2017.3	有
978-7-114-12546-1	汽车配件管理	吕　琪	33.00	2017.3	有
978-7-114-12539-3	客户关系管理	喻　媛	30.00	2016.1	有
978-7-114-12446-4	汽车电子商务	李　晶	30.00	2017.3	有
978-7-114-13054-0	汽车使用与维护	李春生	28.00	2016.8	有
978-7-114-12382-5	机械识图	林治平	24.00	2017.3	有
978-7-114-12804-2	汽车车身电气系统拆装	张　炜	35.00	2017.3	有
978-7-114-12190-6	汽车材料	陈　虹	29.00	2017.2	有
978-7-114-12466-2	汽车钣金工艺	林育彬	37.00	2015.8	有
978-7-114-12286-6	汽车车身与附属设备	胡建富、马　涛	22.00	2017.3	有
978-7-114-12315-3	汽车美容	赵俊山	20.00	2017.3	有
978-7-114-12144-9	汽车构造	齐忠志	39.00	2017.3	有
978-7-114-12262-0	汽车涂装基础	易建红	30.00	2015.8	有
978-7-114-13290-2	汽车美容与装潢经营	邵伟军	28.00	2016.12	有

二、中等职业教育国家规划教材					
书　号	书　名	作　者	定　价	出版时间	课　件
978-7-114-12992-6	机械基础（少学时）（第二版）	刘新江、袁　亮	34.00	2016.06	有
978-7-114-12872-1	汽车电控发动机构造与维修（第三版）	王　囤	32.00	2016.06	有
978-7-114-12902-5	汽车发动机构造与维修（第三版）	张　嫣、苏　畅	35.00	2016.05	有
978-7-114-12812-7	汽车底盘构造与维修（第三版）	王家青、孟华霞、陆志琴	39.00	2016.04	有
978-7-114-12903-2	汽车电气设备构造与维修（第三版）	周建平	43.00	2016.05	有
978-7-114-12820-2	汽车自动变速器构造与维修（第三版）	周志伟、韩彦明、顾雯斌	29.00	2016.04	有
978-7-114-12845-5	汽车使用性能与检测（第三版）	杨益明、郭　彬	25.00	2016.04	有
978-7-114-12684-0	汽车材料（第三版）	周　燕	31.00	2016.01	有

咨询电话：010-85285962；010-85285977. 咨询 QQ：616507284；99735898